北京外国语大学基本科研业务费资助出版

平衡的艺术：

德国红绿联合政府外交研究
（1998~2005）

THE ART OF BALANCING:
A Study of the Diplomacy of
the German Red-Green Alliance
（1998-2005）

吴 江 著

社会科学文献出版社
SOCIAL SCIENCES ACADEMIC PRESS (CHINA)

北京外国语大学基本科研业务费资助出版

目　录

第一章 绪论

外交之道，贵在平衡。扩张的野心曾导致德国在历史上两度发动世界大战，失衡的外交不仅给人类带来了无尽的灾难，也给德意志民族烙下了难以抚平的创伤。第二次世界大战结束后，德国被一分为二，处于冷战前沿的两个德国均选择"一边倒"政策，逐步融入各自选择的阵营。如何在融入西（东）方和兼顾东（西）方之间进行平衡，实现民族利益和国家利益的统一曾是这个时期德国外交面临的最大挑战。统一的实现使得德国外交摆脱了这一两难，开启了新的时代。

统一后，德国外交政策在观念上和实践上都发生了一些新的变化，研究和分析这些变化是德国问题研究领域的重要课题之一。外交平衡术是一个比较新颖的视角。统一后的德国外交是否面临平衡挑战？如果是，平衡挑战的根源是什么？如何看待这一平衡挑战对新时期德国外交的影响？本书旨在以平衡术为新的视角来审视统一后的德国外交。之所以选择执政七年之久的红绿联合政府①作为本书的研究对象，是因为德国外交在这七年间面临的平衡挑战对于统一后的德国外交而言具有代表性。

---

① 德国的政党大都有自己的代表颜色。联盟党（Unionspartei，联盟党是姊妹党——基民盟和基社盟的总称）的代表色是黑色，社民党（SPD）的代表色是红色，自民党（FDP）的代表色是黄色，绿党（Bündnis 90/die Grünen）的代表色是绿色，所以德国的"红绿联合政府"意指社民党和绿党联合组阁的政府，颜色放置的先后顺序取决于联合执政的党派在联邦大选中票数的多少。

第一节　研究现状

1998年9月27日，第14届联邦议会选举如期进行，选举结果给统一后的德国政治舞台带来了翻天覆地的变化：联盟党丢失了6.3%的选票，得票率仅为35.1%，社民党获得40.9%的选票，成为议会第一大党，和绿党一共获得联邦议院总共669个议席的345个议席，成功实现联合组阁。[①] 1949年以来，德国内阁成员第一次通过联邦议会选举实现彻底更换，德国首次诞生了由社民党和绿党组成的红绿联合政府。社民党主席格哈德·施罗德（Gerhard Schröder）战胜执政16年之久的赫尔穆特·科尔（Helmut Kohl），当选为德国战后第七任总理，副总理兼外交部长由来自绿党的约什卡·菲舍尔（Joschka Fischer）担任。虽然社民党和绿党在此之前已经拥有在州一级政府合作的经历，但是两党携手登上联邦的政治舞台还是第一次。2002年，社民党和绿党以微弱多数实现连任。2005年，红绿联合政府提前遭遇解体。截至目前，社民党和绿党未能实现在联邦层面再度携手执政。

目前，国内学术界尚未出版过专门论述德国红绿联合政府外交的专著。有关这届政府外交的分析散见于各类学术论文、报刊文章等。德国学术界对德国红绿联合政府外交的研究则比较丰富，但是得出的结论大相径庭。

积极评价

德国埃尔兰根大学历史系教授朔尔根（Gregor Schöllgen）2003年出版专著《登场——德国重返世界舞台》（*Der Auftritt - Deutsch-*

---

① 参见 Bundestag, "Ergebnisse der Bundestagswahlen", http://www.wahlrecht.de/ergebnisse/bundestag.htm，最后访问日期：2015年2月25日。

lands Rückkehr auf die Weltbühne），对德国红绿联合政府外交的赞誉之辞溢于言表。朔尔根教授认为德国总理施罗德把德国送上了"德意志道路"（参见 Schöllgen，2003：133）。德国由此展现出来的新的自信并没有引起邻国的困惑。德国统一时，曾经有国家对过于强大的德国表示了害怕，现如今，这种害怕已经让位于"对于一个地处欧洲中部无法被治愈的病夫的担心"（参见 Schöllgen，2003：130）。在该书的后记中，朔尔根指出跨大西洋时代已经终结，欧洲完全不必隐藏自己。正如德国外长所指出的那样，欧洲人虽然有不足，但是他们能够胜任别人无法完成的事情。欧洲真的不必担心与其他地区作比较，尤其不用担心与美国作比较（参见 Schöllgen，2003：159 – 163）。

德国社民党政治家、"新东方政策"的理论奠基人巴尔（Egon Bahr）认为"德意志道路"是"理所当然的，而且也是正常的"（参见 Bahr，2003）。他在 2003 年出版的有关红绿联合政府外交政策的专著中指出，德国不应该逃脱自己的历史，但也不应该成为历史的俘虏。我们已经长大，自己对自己的道路负责，当然也包括自己所犯的错误。德国应该为在伊拉克战争中的"单干"感到自豪，因为德国的《基本法》禁止德国参加任何侵略战争。"搭便车"的时代已经结束。德国必须在第三帝国时期对权力的痴迷状态（Machtbesessenheit）和冷战时期对权力的遗忘状态（Machtvergessenheit）之间寻找平衡（参见 Bahr，2003：145 – 155）。针对德美关系在红绿联合执政时期遭遇的危机，巴尔认为施罗德无须填补德国和美国之间的鸿沟，德国只需遵从自己的利益。

消极评价

德国波恩大学政治系教授施瓦茨（Hans Peter Schwarz）则对执政七年的红绿联合政府外交的评价并不乐观："红绿联合政府的外交

一开始很节制，不过 2002 年之后误入歧途，迄今已经完全失败。这届政府的外交完全不具备可行性，讨好法国，肆无忌惮地批评美国，欧盟扩张过度，宪法条约遭遇搁浅，再加上联合国安理会常任理事国席位之争，德国外交不可能（比这届政府的外交）更不专业了。"[1] 2005 年，施瓦茨教授出版专著《迷失方向的共和国》（Republik ohne Kompass），详细论述了红绿联合政府内政外交，仅从标题就能读出他对红绿联合政府的失望。

德国波恩大学政治系教授哈克（Christian Hacke）的评价也很消极："德国外交的核心行动领域从未如此萎缩，德国的利益结构从未如此受损。德国在欧洲政策中扮演的角色被边缘化，德国的联合国政策显得太业余，与美国的关系遭到重创，与法国的政策毫无自信，对俄罗斯和中国的政策缺乏批判性，对人权政策缺乏敏感度。迄今为止，没有哪届德国政府的外交被如此总结过。这主要是因为红绿联合政府的外交政治家们缺乏智慧、不谙熟外交艺术以及不具备从软执政力到硬执政力的跨度。"[2] 哈克教授尤其指出，伊拉克危机暴露出德国在大西洋联盟中的作用越来越弱。缺乏外交策略的德国正中法国的下怀，不再是法国、英国和美国之间的协调者，已沦落为法国的"小伙伴"。

德国特里尔大学政治学系教授毛尔（Hanns Maull）在 2003 年和他人合作出版的著作《德国越位了吗？红绿联合政府外交政策 1998～2003》（Deutschland im Abseits? Rot - grüne Außenpolitik 1998 - 2003）

---

① Hans - Peter Schwarz, "Das Ende der übertreibung. Deutschland braucht eine Außenpolitik des Ausgleichs", http://www. internationalepolitik. de/ip/archiv/jahrgang2005/august2005 -/，最后访问日期：2012 年 5 月 27 日。

② Christian Hacke, "Die Außenpolitik der Regierung Schröder/Fischer", http://www2. bpb. de/publikationen/L7928P, 5, 0, Die_Au% DFenpolitik_der_Regierung_Schr% F6derFischer. html#art5，最后访问日期：2015 年 1 月 27 日。

中指出，"要是用'文治力量'（Zivilmacht）理论的标准来评价红绿联合政府的外交政策，其结论从整体而言会是相当不妙。虽然红绿联合政府的外交政策一直都要求致力于国际关系的文明化，然而如果算上与往届政府相比明显困难的国内国际环境的话，这一政策的结果显然与理性预期相去甚远"（Maull，Harnisch und Grund，2003：17）。

2005 年 7 月 8 日，德国《星期五》周报以"这一切不止一个谎言"（Es war mehr als eine Lüge）为题，对红绿联合政府的外交进行了抨击，作者赫尔登（Lutz Herden）以德国派兵参加科索沃战争为例，指出 1999 年 3 月 24 日发生的一切可以用一句话总结：1945 年以来，德国人第一次重新发动战争。他们这样做——和其他的北约成员国一样——没有得到国际法的任何许可，他们在没有得到联合国的授权下进行干涉。德国的外交不可能经历比这还要大的转折了，这一转折不仅让人们看到德国向 1990 年 10 月 3 日以来宣告的朝着"一个拥有主权的德国的正常状态"回归的含义，同时还让人看到克制文化如此之快地被束之高阁。这一决裂发生在社民党和联合绿党执政时期。绿党宣称自己是和平的政党，在和平的意愿上不愿被其他政党超越，现在却用武力替代了成立之初的和平理念。① 文章的最后，赫尔登专门制作了表格，结合具体领域将 1998 年至 2005 年德国红绿联合政府的外交实践与 1998 年第一届红绿联合政府成立时联合执政纲领的外交和安全政策②进行了对比（见表 1-1）。

---

① Lutz Herden，"Es war mehr als eine Lüge"，http://www.ag-friedensforschung.de/themen/Aussenpolitik/bilanz.html，最后访问日期：2015 年 3 月 17 日。
② 为了便于读者了解和对照，笔者将德国两届红绿联合政府执政纲领的外交和安全政策部分译成了中文，详见本书的附录 1 和附录 2。

表1-1　德国红绿联合政府执政纲领和执政实践的对比①

外交领域	1998年红绿联合政府执政纲领的内容	1998～2005年的实践
北约	北约应该成为"稳固的全欧和平体制"的一部分；计划进行的北约改革将使北约自身防务之外的任务遵循联合国和欧安组织的规范和标准。	1999年华盛顿峰会达成的北约新的战略允许没有联合国授权的情况下跨北约防区之外作战；从这一刻起，为了确保原材料的来源，为了应对种族冲突和国家危机，允许进行干涉，哪怕突破北约防区。
欧安组织	欧安组织应该在法律上和结构上拥有更强的行动能力。	1998/1999年欧安组织驻科索沃的观察团未能按计划的规模执行任务，提前撤出。现今的欧安组织依附于联合国，进一步被边缘化。
联邦国防军海外派兵	德国军队参与国际安全的措施应该遵守国际法和德国的宪法。新的联邦政府积极支持确保联合国的绝对权威。	德国军队既参加了1999年没有联合国授权的北约空袭南斯拉夫的战争，也在"持续自由行动"的美国军事行动的框架内于2001年底对阿富汗进行了军事干涉。
欧洲外交与安全政策	欧盟应该在国际关系中"具有行动能力"。应该提高"欧盟以非军事的方式预防冲突以及和平的方式解决冲突的能力"。欧盟应该通过其国际存在帮助加强欧安组织和联合国。	1999年德国担任欧盟轮值主席国期间做出了将"欧洲军团"建设为欧盟危机反应部队的决定。按照《欧盟宪法条约》的规定，这支拥有60000人的部队即使在没有联合国授权的情况下也可以投入使用。2004年11月22日做出了建立13支"小型作战部队"的决定，德国也参与其中。"欧洲军备局"将欧盟的军备出口和军备生产紧密连接在一起。

---

① 该表格的原标题为"德国红绿联合政府的外交和安全政策"。为了更加突出表格的作用以及表格制作者的本意，笔者将标题调整为"德国红绿联合政府执政纲领和执政实践的对比"。

续表

外交领域	1998年红绿联合政府执政纲领的内容	1998～2005年的实践
军备出口	联邦政府将在"预防性的军备控制"中"审核"现有的军事装备援助项目，并"在原则上不会在这个领域签订新的条约"。欧盟和北约之外的军备出口应该予以限制，潜在的武器接受国的人权状况是"附加标准"。	2004年，德国是全世界第四大武器出口国，德国每年的武器出口平均值为8.3亿欧元，比科尔政府1995年至1998年的平均值（6.35亿欧元）超出了30%。仅在2003年，德国的武器出口一年内就上升了49%。

资料来源：Lutz Herden，"Es war mehr als eine Lüge"，http://www.ag - friedensforschung. de/themen/Aussenpolitik/bilanz. html，最后访问日期：2015年3月17日。

第二节　研究方法

本书主要采取文献法的研究方法，同时辅以个案分析法、比较分析法、因果分析法等政治学领域的研究方法。

文献法是搜集和分析以文字形式为主要载体、记录政治现象的各种形式的信息资料的一种研究方法（张铭，严强：2003：227）。按照文献的具体来源，可以分为个人文献、官方文献以及大众传播媒介等三大类。个人文献主要指个人日记、回忆录、自传以及信件等。德国红绿联合政府结束执政已十余年，当年执政的领导人相继推出自传或回忆录，如施罗德2006年出版的《抉择——我的政治生命》，菲舍尔2007年出版的《红绿岁月》等；官方文献主要是来自德国政府机构（如外交部、联邦总理府、国防部等）的资料，例如两届红绿联合政府的执政纲领等；大众传播媒介主要是指由报纸、杂志、电视、广播、互联网等向公众传播的信息和资料。本书主要参考了以德国《时代》周报、《法兰克福汇报》《世界报》《南德意志报》《明镜》周刊为代表的德国主流媒体有关红绿联合政府外交的报道，并参考了中国以及德国政治学领域知名学者有关此届政府外交评价的学术成果。当然，无论是何种形式的文献资料，都有可能存在因报道者的主观原因或是商业性质的干扰而导致观点缺乏客观性。这一点笔者在进行总体评价时予以了考虑。

在对搜集到的上述三类文献资料进行细致的分析、比较以及综合的基础上，笔者提炼出德国红绿联合政府时期德国外交领域具有代表性的平衡术案例，在专著的第二章进行了案例分析。这些外交案例分别涉及德国外交的核心领域，如德美关系、德国的欧盟政策、德国国防军海外派兵政策、德俄关系、德波关系等，具有较强的代表性。该章节的论述主要采取了个案分析法和比较分析法。个案分析法旨在分析德国红绿联合政府时期德国外交平衡术在主要外交领域的具体表现，比较分析法旨在对两个或多个外交案例进行对比性研究，在辨别不同案例异同的基础上推导出一般性的规律，这些规律浓缩为第二章各节的标题。

为了厘清影响德国红绿联合政府外交平衡术的内因和外因，本书的第三章至第五章借鉴了中国国际关系研究学者阎学通和孙学峰在著作《国际关系研究实用方法》中提出的国际关系研究中变量的不同分析层次，论述了影响德国红绿联合政府外交平衡术发生调整的六个层次的变量，并依次按照理论根源、内生根源以及外生根源进行了归类。以下分别介绍这六个层次的变量（参见阎学通，孙学峰，2003：53~55）。

1. 个人变量

个人变量是指决策者个人有关的变量，包括教育背景、政治经历、世界观、身体状况、政治地位、领导能力以及对国际形势的认识等。掌握德国红绿联合政府外交核心决策权的个人当属施罗德和菲舍尔。这两位核心人物在德国政坛的崛起标志着德国新一代的领导层的诞生，有关两人成长背景及其外交政策取向的分析详见本书第四章第四节。

2. 角色变量

角色变量是指抽象的个人作用，如总统、外交官、政策分析家。对于德国外交政策而言，德国总理和德国外长发挥着举足轻重的作用。此外，德国红绿联合政府是由社民党和绿党联合组成的政府，社民党政治家和绿党政治家之间的互动至关重要，相关的论述详见本书第四章第四节至第六节的相关内容。

3. 社会变量

这一层次的变量包括国内组织机构、政治形势、社会思潮、决策过程等。本专著主要围绕德国统一后两种政治文化并存的现象予以了分析，相关论述详见第四章第一节。当然，由于社会变量涵盖面较广，第四章的其他章节也直接或间接地体现了社会思潮、政治形势以及决策过程的影响。

4. 国家变量

国家层次的变量是以国家为单位，分析对象为例如国家利益、综合国力、贸易赤字、安全战略、国防开支等因素。有关这一层次的分析主要围绕德国的地缘政治特点以及历史反思展开，详见第四章第二节和第三节的内容。此外，第四章的其他章节也直接或间接与德国的综合国力、贸易赤字、安全战略等因素相关。

5. 国际组织变量

国际组织与国家都是国际政治中的行为体。根据不同的标准，国际组织可以分成不同的类别。其中对德国红绿联合政府外交起到最为直接影响的是区域性组织——欧盟。欧洲一体化进程是欧洲各民族主权国家摒弃传统的均势和霸权思维，共谋和平发展、试图超越"威斯特伐利亚体系"的伟大尝试。然而，民族国家超越"威斯特伐利亚体系"并非一蹴而就，其带给德国外交的挑战详见第二章第三节的相关案例分析。

6. 国际体系变量

常见的国际体系变量由国际格局、国际制度、国际主要矛盾、国际舆论、国际思潮等。本书主要分析了国际格局和国际思潮对德国红绿联合政府外交平衡术的影响。国际思潮方面笔者重点论述了新现实主义、新自由主义以及建构主义视角下统一后德国外交的走向，详见第三章的论述；国际格局方面专著着重分析了"单极"和"多极"不断交手以及全球化时代带来的两难，详见第五章的相关论述。

这六个层次的变量在德国红绿联合政府执政时期形成合力，共同导致德国外交面临不同的平衡术的挑战。在应对这些平衡术挑战的过程中，红绿联合政府的外交形成了"克制文化"和"责任文化"交织共生的特点，然而，一系列因素导致德国外交平衡路径尚未成型，德国红绿联合政府外交难逃失衡的指责，本书将在第六章对此进行总体评价。

2005 年，德国红绿联合政府提前遭遇解体，来自基民盟（CDU）的政治家安吉拉·默克尔（Angela Merkel）组建新的政府，并三度问鼎总理宝座，德国政坛进入"默克尔时代"。虽然红绿联合政府已经退出了联邦层面的政治舞台，但是"责任文化"和"克制文化"交织下的德国外交平衡挑战却一直在继续。这一延续不仅潜移默化地影响着默克尔政府时期的外交政策，甚至还体现在人事方面。红绿联合政府时期施罗德的得力干将——曾任联邦总理府部长的弗兰克·瓦尔特·施泰因迈尔（Frank Walter Steinmeiner）两度出任默克尔政府时期的外交部长，迄今仍在德国外交舞台发挥着重要的作用。本书最后一章以默克尔执政时期德国外交平衡术的实践和施泰因迈尔的外交理念为例，分析红绿联合政府外交平衡术的延续影响。

第二章　外交平衡术之具体表现

施罗德在 1998 年大选获胜的当晚曾就接下来红绿联合政府的工作重心做过以下的阐述："外交领域我的担心最少。这个领域主要事关利益和利益的协调。…… 最大的挑战来自内政，因为这一领域很具体地关系到德国人的期望。我不想让他们失望。"① 看来，这位拥有丰富内政经验的德国前下萨克森州州长立志要在内政领域大展身手，以延续为主的德国外交似乎不会有太多的改变。1998 年 10 月20 日，以"变革和更新"为题的红绿联合政府组阁纲领出台，在就这一组阁纲领发表讲话时，施罗德强调，由他执政的联合政府最重要的任务是减少失业人数。这一讲话再次预示着外交不会成为红绿联合政府工作的重中之重。

然而，红绿联合政府的外交实践并未完全证实施罗德当年的猜想。1998～2005 年的七年间，德国外交舞台呈现出一幅幅延续和改变交织的图景：德国外交支柱之一的德美关系遭遇冰期，欧美之间也日渐疏远；欧盟在经历历史性东扩的狂喜后，却因《欧盟宪法条约》在法国和荷兰公投遭到否决而陷入危机；德国在加快迈向政治大国的步伐时，却不得不面对"入常"的两难；拥有和平传统的社民党和以和平起家的绿党偏偏做出了两次派兵参战的决定；德国在敲响反恐警钟时，却难以在反恐和维护公民利益之间寻找平衡；德国在应邀参加莫斯科红场卫国战争胜利 60 周年阅兵仪式时，德波却

---

① 转引自 SPIEGEL Online，"Wahlsonderheft'98"，http：//www. spiegel. de/spiegel/print/d - 7593468. html，最后访问日期：2013 年 10 月 25 日。

又再次面临战争赔款问题的纠葛；德国重视发展与俄罗斯、中国的关系，彰显贸易为立国之本时，人权问题仍旧成为德国与这些国家之间未能解开的心结……

总体而言，红绿联合政府时期德国外交面临三种平衡术的挑战，呈现以下特点。

平衡术挑战之一： 单极和多极之间的平衡

中外学术界和战略界对新的世界格局的认识一直是仁者见仁，智者见智，比较具有代表性并得到国内大多数学者认同的是一超多强格局说。"美国学者塞缪尔·亨廷顿把 20 世纪 90 年代这一后冷战过渡期描绘为一个三层的一超多强结构，其中美国凭借其受限的单极地位而占据了顶层。第二层包括分布在世界不同地区的具有影响力的大国，但它们所能影响的范围与美国相比当然是难以望其项背的。这一层由俄罗斯、中国、日本、印度、伊朗、巴西、韩国和尼日利亚组成，这些国家有可能崛起成为权力中心并以某种方式挑战美国。第三层为中等地区大国，包括诸如巴基斯坦、沙特阿拉伯、阿根廷及乌克兰这样的国家，他们往往同更强大的地区大国存在利益上的冲突。第二层国家由于实力和地位的增强将很快成为全球权力均衡演变的主要驱动力，但具体的时间、路径的选择以及成功的概率取决于很多变量，难以准确预测。"（赫里普诺夫，2008：30～31）进入 21 世纪以来，唯一的超级大国——美国依仗其政治、经济、科技和军事优势，不断地挑战国际规则的底线，加快了构筑单极世界的步伐。1998～2005 年的七年间，曾被两极体制所掩盖的西方世界内部的矛盾日益凸显，德美之间、欧美之间以及欧盟内部的关系面临新的平衡挑战。本书将在第二章第一节选取以下三个典型案例论述红绿联合政府外交在单极与多极之间的平衡术：

案例一：分歧加剧的德（欧）美关系

案例二：难以兼顾的欧盟扩大与深化

案例三：举步维艰的"争常"之路

第二章第一节将在分析这三个典型案例的基础上论证以下观点：红绿联合政府时期德国外交呈现更加自信的特点，德国迈出了走向"政治大国"的步伐，德国外交的天平向"多极"倾斜，然而无论是德国还是欧盟，都不拥有足够的实力与美国抗衡，尚存的单极与不稳定的多极之间存在着激烈的斗争。

平衡术挑战之二：　利益和道义之间的平衡

维护并增进国家利益无疑是一国外交政策的核心。国际政治既有利益层面又要遵守道义原则。围绕着国际政治中的道义因素，学术界众说纷纭。广义的国际道义的内涵包括对国际规范的尊重与遵守，对国际和平的维护和争取，对国家平等的倡导和追求，对国际正义的伸张和支持，对全球利益的认同和增进以及对个人福祉的关怀和促进（参见刘兴华，2007：45~46）。一国外交若只重视利益忽视道义是不长久的，若只重视道义不顾利益则是盲目的。由于传统国家利益与狭隘的实力强权政策紧密相关，出于对战败历史的深刻反思，德国抛弃了过去对抗性的强权外交，对国家利益重新解读，改行适应战后世界相互依存状况的"贸易"和"民生"立国（参见杨烨，王道云，2008：18）。

然而，红绿联合政府执政的七年间，区域性以及全球性新问题不断涌现，以美国为首的北约将西方的价值观上升为国际道义，通过武力输出道义的案例屡见不鲜。道义成为利益的"遮羞布"之后引发了新的道义困境以及利益博弈。这也导致德国外交在利益和道义之间的平衡变得更加扑朔迷离。本书将在第二章第二节选取以下三个典型案例论述红绿联合政府外交在利益和道义之间的平衡术：

案例四：派兵参加科索沃战争

案例五：持续升温的德俄关系

案例六：波澜再起的德波关系

第二章第二节将在分析这三个典型案例基础上论证以下观点：红绿联合政府时期德国外交的天平摇摆于"贸易立国"和"文明治国"之间，利益与道义无法兼顾的两难愈来愈成为德国外交的挑战。

平衡术挑战之三： 外交和内政之间的平衡

"一国的外交是其国内政治的延伸，这句话多少被视为外交学的一条'公理'。"（章百家，2006：2）红绿联合政府执政时期，德国外交的一个显著特点是外交愈来愈受到内政的驱动。这首先与红绿联合政府领导人的成长路径有关，例如就任总理前长期担任州长的施罗德外交经验缺乏，曾被称为"内政总理"（Kanzler der Innenpolitik）（参见 Egle，2003：131）。同时，德国红绿联合政府特殊的组阁形式也导致内政因素权重的上升，红绿联合政府的诞生源于绿党在德国政治舞台上的崛起，终结于社民党的势微和分裂。德国的政治调色盘在红绿联合政府时期经历了从"两个半党制"到"流动五党制"的转变（参见冷慧，2010：14）。这同时意味着德国外交面临更多不同党派之间利益的平衡。选择的多样性导致了摇摆选民的增加，摇摆选民的增加又加大了两大全民党的竞选压力，这也导致红绿联合政府在进行外交决策时必须考虑民意、国内经济形势等各种内政因素。此外，欧盟的不断深化使得内政和外交的界限变得更加模糊，德国外交需要在外交和内政之间进行平衡。本书将在第二章第二节选取以下三个典型案例论述红绿联合政府外交在外交与内政之间的平衡术：

案例七：派兵参加阿富汗战争与信任案

案例八：伊拉克危机与德国2002年大选

案例九：《欧盟宪法条约》遭公投否决

第二章第三节将在分析这三个典型案例的基础上论证以下观点：红绿联合政府的外交打上了较深的内政烙印，部分颠覆性的外交决策（如派兵阿富汗，实现首次跨北约防区作战）借助于内政手段才得以完成，内政因素在一定程度上挑战了德国外交传统，制约了德国外交成果的取得。

第一节　单极和多极之间的平衡

案例一　分歧加剧的德（欧）美关系

冷战时期有人将德国比作美国的"奴婢"，心里不满意自己的地位，但表面上还得装出驯服的样子。这一形象的比喻揭示了冷战时期德美关系的实质。冷战结束后，德美共同的敌人苏联已不复存在。德国在坚持与美国结盟的同时表现出越来越强的独立意识。虽然施罗德在就任德国总理前多次表示德美伙伴关系不可或缺，但是几乎从红绿联合政府一开始执政，德美之间就龃龉不断。

2000年，德美之间就美国的国家导弹防御计划（NMD – Projekt）产生了分歧，外长菲舍尔也成为美国这一计划在欧洲最尖锐的反对者。虽然德美在这个问题上的冲突没有愈演愈烈，媒体也未进行大肆炒作，但是它为德美关系后来的危机埋下了伏笔。2001年1月，保守的共和党人小布什（George W. Bush junior）当选为美国第43任总统。美国的共和党在意识形态方面素来比德国的联盟党还要保守，社民党人和共和党人的相处注定困难重重。由于新一届美国政府采取了单边的环保政策，2001年夏，德美展开了一场有关"多边主义"的大讨论。2001年9月11日纽约发生的震惊全球的恐怖袭击事件使得大讨论暂告结束。"9·11"事件是美国本土有史以来遭到的第一次袭击，作为北约成员国的德国马上表示"无条件"支援美国，并且承诺派兵参加阿富汗战争。可是施罗德"无条件"支援的承诺无法掩盖德美的分歧，尤其是绿党的反战使得红绿联合政府经历了一场严重的政府危机。施罗德冒着政治生命的代价将派兵和信任投票捆绑在一起才侥幸闯关。恐怖袭击发生一个月后，身为绿党成员的德国外交部国务部长鲁德格·富尔默（Ludger Volmer）在德国《法兰克福汇报》中指出：正是美国起主导作用的全球化以及美国强硬的以利益为导向的外交政策挑动了世界各地对美国的仇恨，而本·拉登（Osama bin Laden）等恐怖分子正是利用了这些仇恨怂恿人们制造了恐怖袭击事件（Maull und Harnisch und Grund，2003：27）。富尔默的观点代表了典型的德国左派对美国政策持有的批评态度。

2002年德国联邦议会选举期间，施罗德在未和其他欧盟成员国协商的情况下明确提出反对向伊拉克动武，反对布什政府的"先发制人"的对伊政策，并把自己推到了与布什正面冲突的最前线。施罗德甚至指出，"有关德意志民族生死存亡的问题由柏林来做出决定，而不是任何其他地方"（参见 Schöllgen，2003：103）。大选前夕，时任社民党议会党团主席的施蒂格勒（Josef Stiegler）将布什比作"患有权力饥渴症的罗马皇帝"，随后前司法部长格梅林（Hertha Däubler - Gmelin）将布什与希特勒相提并论，引起了一场外交冲突。德美关系随之也进入了冰冻期。施罗德和布什之间的私人关系也被描写为"无法修复"（beyond repair）。

德国社民党元老级政治家埃贡·巴尔（Egon Bahr）曾感叹：德国要是不必在它那大西洋彼岸的最强大的朋友和它那塞纳河彼岸的最紧密的朋友之间做出抉择就太理想了。可是，事与愿违，德国和法国站在一起，反对美国发动伊拉克战争。德国权威民意调查机构阿伦巴赫民意测验研究所（IfD Allensbach）2005年的一项问卷调查表明，1995年还有50%的德国民众视美国为最紧密的盟友，只有17%的民众视法国为最紧密的盟友，伊拉克危机之后的2003年这两个比例发生了较大的改变，美国从50%降到了11%，法国则从17%上升为30%（见图2-1）。

德美关系仿佛就是欧美关系的一面镜子。在德美关系遭遇冷战

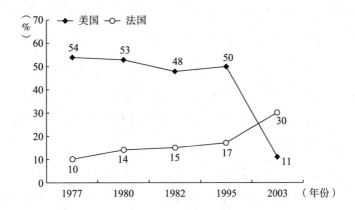

图 2 - 1　问卷调查："您认为世界上哪个国家是德国最紧密的盟友？"

资料来源：Institut für Demoskopie Allensbach，IfD – Umfrage Nr. 7070，Mai 2005，
Graphik Lunkenheimer，转引自 Gunther Hellmann，"Europäisches Deutschland oder
deutsches Europa? Deutsche Wege in der Außen – und Sicherheitspolitik seit der Vereini-
gung 1990"，http：//www. fb03. uni – frankfurt. de/44950101/Tutzing_2005. pdf，最后访
问日期：2015 年 2 月 22 日。

后的"冰冻期"时，欧美关系也日渐疏远。围绕着是否对伊拉克动
武，欧洲分裂为两个欧洲：一个就是以德法为首的"老欧洲"，主张
通过外交途径解决危机。另一个就是被拉姆斯菲尔德（Donald
Rumsfeld）寄予厚望的"新欧洲"：波兰、罗马尼亚、保加利亚等中
东欧国家。有人惊呼：两个西方诞生了！还有人这样形象地比喻伊
拉克危机后的国际格局：太平洋变窄了，大西洋加宽了。

　　一方面，以德法为首的欧洲国家在坚持与美国结盟的同时表现
出越来越强的独立性：继欧洲人无力在南斯拉夫拥有政治和军事上
的自决权，不得不依赖美国和北约之后，欧洲大陆坚定了推行共同
的外交和防务政策的决心。美国发动伊拉克战争后，德国、法国、
比利时和卢森堡的政府首脑于 2003 年召开了四国高峰会议，提出建
立一支"欧洲军"的设想。虽然这个有名无实的会议遭到了美国的
嘲笑，可是欧盟坚定了走共同安全和防务的道路，后来英国加入了
这一行列。2004 年底，欧盟决定建立 13 支战斗部队，这 13 支战斗

部队由多国部队组成，均为快速反应部队，受欧盟领导，由联合国授权在欧洲大陆以外的危机地区执行任务。欧洲决意在军事上拥有更多的自决权，并试图在外交上用一个声音说话：欧洲是欧洲人的欧洲！

而另一方面，美国手中有着三张牵制欧洲的王牌：第一是素来和美国有着特殊关系的英国。当初法国总统戴高乐（Charles de Gaulle）曾坚决反对英国加入欧盟，认为英国是美国打入欧洲的"特洛伊木马"。如今英美在重大问题上的一致似乎证明了戴高乐的担心；第二是那些曾经生活在"铁幕"下的"新欧洲"国家。这些国家领导层普遍带有亲美色彩；第三是北约。就在欧盟决意在军事上有所作为之时，北约也决定建立受北约指挥的快速反应部队。在欧盟致力于东扩的同时，北约也紧随其后。"北约像一套紧身衣一样紧紧地套在欧盟的身上，使之无法摆脱。"（苏惠民，2003：28）以欧盟决定建立13支战斗部队为例，自从英国加入后，布鲁塞尔四国峰会的目标（比如建立欧盟自己的部队总部等）均受到低调处理。英国、法国和德国就建立战斗部队达成一致，并借鉴了北约的结构。战斗部队在军事上听命于北约总部内一个小的指挥中心。北约副总参谋长也同时指挥欧盟部队，防止双重结构的出现。如果说美国手中还拥有第四张王牌的话，那么就是美欧在"硬实力"（hard power）上，尤其是军事方面的巨大差异。在通往共同安全和防务政策的道路上欧洲面临着一系列现实问题：比如欧盟战斗部队缺乏运输兵员的飞机，唯有英国拥有大型租赁运输机，战斗直升机也十分紧缺，北约用于阿富汗的飞机就不得提供给欧盟使用。数年来，欧盟国防部长们一再许诺改善这一局面，可始终是"雷声大，雨点小"。此外，欧盟《稳定公约》规定财政赤字不得超过国内生产总值的3%，这也限制了欧盟各国国防开支及军事力量的发展，从而制约了其外交政策。难怪美国新保守主义的代表人物——罗伯特·卡根

（Robert Kagen）称美国是"来自火星的战神"，而欧洲则是"来自金星的爱神"。"欧洲人的欧洲"看来是短期内难以实现的理想。

案例二　难以兼顾的欧盟扩大与深化

从阿登纳政府开始，积极推动欧洲一体化进程就成为德国外交的"常数"。红绿联合政府执政初期，德国总理施罗德就曾指出："社民党领导下的联邦政府将不会改变德国外交政策、欧洲政策及安全政策的基本走向。"（王建政，1998：200）作为"欧洲中心大国"的德国一如既往地既致力于欧盟的扩大又致力于欧盟的深化。

在德国红绿联合政府的积极推动下，欧盟无论在扩大还是在深化方面都取得了令人瞩目的成果，逐渐成为世界舞台上一支引人瞩目的力量。1999年红绿联合政府刚一上台，德国就面临担任欧盟轮值主席国的考验；是年，欧洲经济和货币联盟（WWU）生效，欧盟统一货币——欧元登上历史舞台；《阿姆斯特丹条约》（Amsterdamer Vertrag）生效，把共同安全与防务提到重要议事日程，标志着欧盟一体化进程进入了一个新的阶段；1999年12月，赫尔辛基首脑会议决定成立欧盟快速反应部队，欧盟独立防务建设迈出新步伐；2000年12月，《尼斯条约》（Vertrag von Nizza）出台，欧盟为东扩铺平道路，其间通过的《欧盟公民基本权力宪章》得到了积极的反响；在德国和意大利共同倡议下，2001年成立了欧盟制宪委员会（Verfassungskonvent），致力于《欧盟宪法条约》（EU - Verfassungsvertrag）的制定；2004年10月19日，欧盟第一部宪法条约在罗马签署；伴随欧盟的深化，欧盟对非欧盟区成员的吸引力逐渐加大，这也使得了欧盟成员国范围再一次扩大。2004年5月1日，10个国家[①]的加入使得欧盟的成员国上升为

---

① 这10国分别是：波兰、匈牙利、捷克、斯洛伐克、斯洛文尼亚、爱沙尼亚、立陶宛、拉脱维亚、马耳他和塞浦路斯。

25 个，欧盟完成了历史性的东扩。

乍一看，红绿联合政府的欧盟政策似乎一路凯歌，可是在就一些事关欧盟深化和扩大的核心问题上，两难抉择似乎无处不在。

德法英三角关系的平衡

施罗德政府执政期间，"欧盟法德轴心正逐步向法、德、英小三角关系演化，三国相互借重、相互牵制主导欧洲事务的趋势日益突出"（孙恪勤，胡小兵，1999：9）。如何平衡德法英三角关系成为德国欧盟政策的重要挑战。

施罗德上台后，首先出访英国，以示对英国的重视。施罗德本人多次提到对英国工党领袖布莱尔（Tony Blaire）的仰慕和崇拜，两人还共同出台了颇受关注的"施罗德 – 布莱尔文件"（Schröder – Blaire – Papier），德国意欲效仿英国的"第三条道路"实施"新中间"（Die Neue Mitte）路线。德英一改撒切尔夫人和科尔执政时期话不投机的局面，大有联手引领欧洲之势。施罗德加强同英国联系一是为了推动英国进一步向欧盟靠拢，尽快实施欧元计划；二是以英制法，使法国在欧盟建设问题上更多地向德国让步，承认德国的领导作用（参见孙恪勤，胡小兵，1999：9）。

可是好景不长。2002 年伊拉克危机中，德法肩并肩站在了一起，结成对抗美英黩武政策的同盟。与此同时，德英的友谊也逐渐褪色。在欧盟经历制宪和预算的双重打击后，2005 年 7 月 1 日，英国担任欧盟轮值主席国。布莱尔准备利用这一机会挑战"法德轴心"，掀起一场有关欧盟前途的大辩论。在英国下院和欧洲议会的演讲中，布莱尔阐述了他对欧盟危机的思考。布莱尔指出，法德两国再也不能像过去那样领导欧洲了，欧盟成立初期制定的政策已经不合时宜，欧洲必须与时俱进，进行改革。欧盟必须勇敢面对经济全球化浪潮，既要建设"福利"的欧洲，又要鼓励自由经济，激发竞争精神；欧盟应该强化大西洋色彩，而不应该和美国分庭抗礼（参见郑园园，2005）。德英之间这场有关欧盟何去何从的"口水仗"加深了两国的龃龉。

当然，德法在欧盟财政摊款、农业政策以及体制改革方面的矛盾依旧有增无减。德国是欧盟内的交款大户，也是有名的最大"净支出国"。法国是欧洲地区的农业大国，也是欧盟农业政策的第一大获利国，欧盟农业开支的 1/4 用在它的身上，与法国向欧盟缴纳的会费正好相抵（参见朱绍中，2000：103）。早在红绿联合政府执政初期，德法之间因为农产品补贴问题就发生过激烈的争执。布莱尔更是多次呼吁减少欧盟农业补贴，主张建立一个自由化的欧洲。他强调，欧盟现行的财政体制过于"社会化"，过于保护法国缺乏竞争力的农业，而未更多投资能加强欧洲竞争力的科研、教育、就业等领域，从而阻碍了欧洲经济的增长（参见柴野，2005）。而法国总理德维尔潘（Dominique de Villepin）却认为，欧洲不能放弃世界第一大农产品加工出口大户这张王牌，法国总统希拉克（Jacques René Chirac）更是调侃道："英国人为欧洲农业所作的唯一贡献就是疯牛病。"（王真，2005）施罗德认为，欧洲不是一个普通市场，而是一种有效的社会模式，它是建立在共同价值、权利和义务基础上的社会模式。谁要是借国家利己主义毁坏这个模式，那就是对后人的犯罪（参见柴野，2005）。

德国前总理施密特（Helmut Schmidt）曾慨叹：由于英国的阻挠，西欧没有成为一个有效的经济共同体；由于法国的阻挠，西欧没有成为一个有效的防务共同体。红绿联合政府时期，德国仍旧周旋于欧洲大陆模式和盎格鲁－撒克逊模式之间。

积极推动土耳其入盟引发的争议

土耳其地跨欧亚两大洲，人口约 7600 万人，领土的 97% 位于亚洲大陆西端的安纳托利亚半岛，3% 位于欧洲的巴尔干半岛。习惯上，人们将土耳其视为亚洲国家。但就是这样一个大部分领土位于亚洲的国家却"苦恋"了西方 80 多年（唐志超，2004）。土耳其的"脱亚入欧"政策要追溯到 1923 年土耳其共和国的成立。"国父"凯末尔将军（Mustafa Kemal Atatürk）效仿俄罗斯的彼得大帝（Peter der Große）推行了一系列改革措施：废除阿拉伯文字，改用拉丁拼音，提倡男女平等，实行八年制义务教育，提倡宗教相容。这一系列措施旨在在土耳其建立一个政教分离的世俗国家，使土耳其在政治和文化上同欧洲靠近，比肩欧洲强国。从此土耳其就成为穆斯林世界的一个另类：1952 年拥有特殊地缘政治地位的土耳其加入了北约，成为冷战时期西方遏制苏联的一个重要桥头堡；第一次海湾战争时期土耳其帮助美国人监控萨达姆政权，切断了伊拉克通往地中海的石油管道；反恐斗争中土耳其是美国的关键伙伴；阿富汗战争后土耳其的军队成为北约驻扎阿富汗的主力。

尤其值得一提的是土耳其与欧盟的关系。早在 1963 年土耳其就和当时的欧共体签订了《联系国条约》，不过直到 1996 年才加入欧盟的关税同盟。1987 年 4 月 14 日，土耳其正式提出加入欧共体。不到两年，土耳其的申请被驳回。理由主要是土耳其国内缺乏民主、军队过多干预政治、歧视库尔德人等政治问题。此外还有通货膨胀率过高、经济发展水平低下等经济原因。20 世纪 90 年代，土耳其的改革取得了重大进展。1999 年底，欧盟在赫尔辛基首脑会议上决定接纳土耳其为候选国。2004 年 10 月，欧盟委员会发布评估报告，称近年来土耳其在政治、司法和人权领域的改革取得了"实质性进展"，已完全达到入盟的相关政治标准，并建议欧盟启动与土耳其的入盟谈判。2004 年 12 月 17 日，欧盟布鲁塞尔首脑会议终于决定于 2005 年 10 月 3 日启动和土耳其的入盟谈判。

德国红绿联合政府是土耳其入盟的积极推动者。"小欧洲的设想行不通了"，德国外长菲舍尔曾对《柏林日报》表示，"欧洲不能靠它来形成战略规模"，促使菲舍尔改变想法的正是土耳其问题（《人民日报》，2004）。德国总理施罗德在 2004 年 2 月 23 日访问土耳其时更是明确保证，德国支持土耳其入盟。施罗德认为，土耳其入盟对欧洲安全的重要性"无论怎么评价都不过分"。① 可以说，在红绿联合政府的积极推动下，土耳其在通往欧盟的道路上前进了"一大步"。但是，与此同时，拒绝土耳其入盟的声音仍然不绝于耳。基民盟主席默克尔便向土耳其提出以"优惠伙伴国待遇"（Privilegierte Partnerschaft）取代欧盟成员国的建议，基社盟主席施托伊伯（Edmund Stoiber）认为土耳其入盟是"对欧洲提出的过高要求"，并声称一旦联盟党赢得 2006 年大选，将竭尽全力阻止土耳其入盟。

无可否认，人均收入只占欧盟人均收入 22% 的土耳其一旦入盟，将给欧盟带来巨大的财政负担；土耳其依靠军方强制实行世俗分离在西方民主世界也是鲜有；库尔德问题更似一颗随时都能引爆的"炸弹"。除此之外，在就土耳其入盟问题展开唇枪舌剑的争论的同时，欧洲人在土耳其问题上的一个心结也暴露无遗：土耳其的伊斯兰文化背景是否能和欧洲的基督教文化传统相容？一个有着近 7000万穆斯林的国家加入欧盟会不会成为加剧不平衡和紧张局势的重要因素？德国著名历史学家——柏林自由大学教授温克勒尔（Heinrich August Winkler）在 2002 年 12 月 11 日的《法兰克福汇报》中撰文明确反对土耳其入盟。他指出：土耳其和欧洲的文化特征区别太大。土耳其入盟将不利于欧洲人培养欧洲认同感，而在一个无法拥有认同感的欧洲，民族主义会再次抬头，这势必给欧洲带来灾难性的后果。欧盟可以和土耳其在某些领域（如防务领域）进行更加紧密的合作，土耳其可以享有"优惠"伙伴关系，但是欧盟不能与伊拉克接壤。施托伊伯甚至认为仅仅土耳其入盟这一前景就会导致德国团

---

① 转引自新华网，《德国总理施罗德明确表示德支持土耳其加入欧盟》，http://news. xinhua-net. com/world/2004 - 02/24/content_1328725. htm，最后访问日期：2015 年 10 月 5 日。

体犯罪和恐怖威胁的上升。还有一些人认为，《欧盟宪法条约》之所以在法国公投中遭到否决，罪魁祸首是以德国红绿联合政府为代表的挺土入盟的政策。而支持土耳其入盟的观点则认为，"9·11"之后，构筑联系伊斯兰世界的桥梁已成为当务之急。一个以穆斯林为主体、民主同时又欧化的土耳其将担任关键角色：一方面，它稳定着黑海地区，控制着从黑海通往地中海的通道；另一方面，它是北约的南部支撑点，在高加索地区同俄罗斯抗衡。一旦拒绝土耳其入盟，其民选政府的权威性将遭到毁灭性打击，这样一个战略意义重大的国家要么重走军方主政的老路，要么演变为神权政府。这样的结局才是欧盟应该竭尽全力避免的。

案例三　举步维艰的"争常"之路

创立于1945年的联合国对战后世界的和平和发展发挥了重要作用。然而由于国际形势的变化以及自身发展的需要，若想在新世纪继续有效地发挥作用，联合国的改革势在必行。联合国改革的范围十分广泛，当前广大会员国最关注的是安理会改革。"安理会的改革，特别是增加常任理事国，不是简单的数量变化，而是权力结构的变化，实质上是一种权力的再分配"（钱文荣，2000：4）。因此安理会常任理事国的改革成为联合国改革的焦点和重点。

统一实现后，德国外交愈来愈独立、自信的一个重要表现就是德国毛遂自荐，要求成为联合国安理会常任理事国。"红绿联合政府上台后，德国发动了至今为止最大的'争常'攻势。"（郑春荣，2012：2）不过，这一努力最终以失败而告终，德国的"争常"之路举步维艰。

1998年10月20日，德国红绿联合政府出台了以"变革和更新"为题的执政纲领。在有关联合国政策方面，该执政纲领指出"联合国是解决全球问题的最重要的层面，新政府的特别任务是：在政治上和财政上加强联合国，并对联合国进行改革，将其建设成为具有行动能力的旨在解决国际问题的一个机构"。① 纲领中虽然明确指出德国原则上优先考虑谋求"欧洲席位"，但是一旦"欧洲席位"无法得以实现，德国将利用机会成为联合国安理会常任理事国成员。虽然第一届任期内，德国红绿联合政府未能等到联合国安理会改革的"时机之窗"，不过"争常"的步伐未曾停歇。2002 年 10 月 16日，在大选中获胜得以连任的德国红绿联合政府出台了新一届政府联合执政纲领。与四年前相比，不仅联合国政策在纲领中占据了更加醒目的位置，德国也等到了一个绝佳的时机："联合国在应对 21世纪的重大挑战时具有关键性作用。联邦政府决定在 2003/2004 年德国担任安理会非常任理事国期间对国际和平和安全做出贡献。"②

　　"2003～2004 年的伊拉克战争以及由此显示出的联合国的羸弱，使得有关联合国改革的讨论变得激烈起来。"（郑春荣，2012：2）2005 年，联合国利用成立 60 周年的契机，启动了新一轮的改革进程。在这一背景下，德国联合日本、印度和巴西——另外 3 个同样有着"入常"愿望的国家，采取"四国联盟"的战术，于 2005 年 5月 16 日提出了自己的草案。该建议提出新增 6 个安理会常任理事国席位以及 4 个非常任理事国席位。6 个新常任理事国的分配方案为：亚洲 2 个、拉丁美洲 1 个、西欧 1 个以及非洲 2 个。4 个非常任理事国的分配方案为：非洲 1 个、亚洲 1 个、东欧 1 个和拉美以及加勒比海地区 1 个。四国集团看似摆出一副共进共退的架势，然而很快就在是否坚持拥有否决权问题上产生分歧。在美国的施压下，四国集团同意"新常"暂不行使否决权，留待 15 年后重新审议解决。但是，四国集团的这一妥协方案并未加快"争常"的步伐。"非洲联

---

① 详见本书附录 1。
② 详见本书附录 2。

盟成员国在其自己的决议草案中不仅坚持要求 2 个常任和 2 个非常任理事国席位，还要求授予新增常任理事国否决权。鉴于非洲国家不妥协的立场以及联合国 53 个非洲国家对实现修改《联合国宪章》所需的三分之二多数票起着至关重要的影响，四国集团最终放弃把自己的建议提交表决。"（郑春荣，2012：2）

就在"四国联盟"如火如荼开展"入常"攻势时，"团结谋共识"运动应运而生。"团结谋共识"运动又被称为"咖啡俱乐部"。早在 20 世纪 90 年代中期，日本和德国两国提出想成为联合国常任理事国时，意大利等国就表示反对。"以意大利为首的这些国家经常凑在意大利代表处边喝咖啡边商讨此事，渐渐地，这些国家越聚越多，后来被称之为'咖啡俱乐部'。"（陈勇，2005：13）2005 年，"咖啡俱乐部"共有 70 多个成员国，主要成员是发展中国家。它们反对增加联合国安理会常任理事国，尤其反对增加有"否决权"的常任理事国。2015 年 5 月 27 日，"咖啡俱乐部"提出了自己的方案。按照"咖啡俱乐部"的方案，安理会非常任理事国将从现在的 10 个增加到 20 个，所有非常任理事国的任期将为 2 年或 3 年并可连选连任。其中，亚洲和非洲将各新增 3 个非常任席位，拉美及加勒比地区新增 2 个，西欧和东欧各新增 1 个，该方案以《联合国宪章》修正案的形式提出，由各地区所在国家内部协商连选连任及席位轮换的具体办法。

在未能得到非洲国家的支持，并遭到"团结谋共识"运动的反对后，美国政府也对德国"入常"表示了不支持的立场。2005 年 6 月 8 日，美国国务卿赖斯（Condoleezza Rice）在会见来访的德国外长菲舍尔时私下传达了上述立场。赖斯表示，与联合国需要推行的诸如精简管理机构等其他改革事宜相比，扩大安理会处于次要地位。美国政府对德国所作努力本身并不反对，但对所谓德国、日本、印度和巴西"四国联盟"提出的把安理会成员国由 15 个增加到 25 个的提议心存疑虑。[①] 数名欧洲和亚洲外交官告诉《纽约时报》，他们已从布什政府高级官员口中获得美国反对德国"入常"印象。这些外交官说，他们相信导致美国反对德国"入常"的另一个因素是美方对德国总理施罗德的持续不信任。[②]

最终，"四国联盟"提交的安理会改革的草案未能通过联大 2/3 多数的支持，德国红绿联合政府的"争常"努力无果而终。

第二节　利益和道义之间的平衡

案例四　派兵参加科索沃战争

德国统一后，围绕联邦国防军海外派兵的修宪问题在德国国内一直存在争议。第一次海湾战争中，科尔政府虽以违宪为由拒绝直接派兵，选择了"支票外交"（Scheckbuchdiplomatie）。但出钱 110 亿美元的德国，因没有派兵直接参战，结果只能扮演"唯唯诺诺、哭哭啼啼的小歌童"（《法兰克福汇报》语）。德国虽向北约成员国土耳其派了 18 架"阿尔法"战斗机和 204 名空军人员，但囿于北约防区之内，不敢逾越雷池一步。这事给科尔总理很大的刺激。他认为，德国要真正成为一个政治大国，建立与美国的"领导伙伴关系"，就只有突破宪法，派军队参加像海湾战争中的"沙漠风暴"那样的军事行动，非如此达不到目的（游殿书，1993：15）。虽然以科尔总理为首的基民盟主张修宪，但是这一主张遭到了当时的在野党——社民党和绿党的反对，由于担心在参议院拿不到修宪需要的 2/3 多数，科尔政府选择由联邦宪法法院作出裁决。1994 年，德国

---

① 转引自林方《美国不支持德国入常》，http://news.sina.com.cn/w/2005 - 06 - 10/10096133818s.shtml，最后访问日期：2016 年 2 月 16 日。

② 同上。

联邦宪法法院做出决定，同意联邦国防军参加联合国的维和行动，必要时可以在取得德国联邦议院授权的前提下参加作战。德国联邦国防军可以突破北约框架，实现跨北约防区派兵（out of area – Einsätze），同时德国联邦国防军可以派兵作战。这一裁决为日后德国联邦国防军的海外派兵扫清了法律障碍。

不过直至社民党和绿党联合执政时期，德国联邦国防军的海外派兵才真正突破"禁忌"。1999年，德国派兵参加科索沃战争，实现了二战结束后德国首次向海外派兵作战。红绿联合政府时期的德国逐步摆脱冷战时所奉行的军事"克制"政策，德国联邦国防军成为德国外交的手段（参见 Clement，2004：40 – 46）。然而，与此同时，德国联邦国防军海外派兵政策面临着利益和道义难以兼顾的两难。

1999年3月24日，以美国为首的北约借口为了制止在科索沃发生的"种族清洗和种族灭绝"，以"人道主义干预"的名义，未经联合国安理会授权对联合国的一个主权成员国——南斯拉夫联盟共和国发动了一场高度现代化的战争。科索沃战争因此也成为刚刚上任不久的红绿联合政府遭遇的第一个外交挑战。

选择派兵参加没有联合国授权的科索沃战争是德国自第二次世界大战结束后首次派兵直接参加在国外的军事作战，打破了联邦国防军只维和不参战的历史。德国在历史上曾经挑起过两次世界大战，尤其是纳粹德国犯下的滔天罪行罄竹难书。正是因为这一特殊的历史经历，二战结束后，德国国内的反战情绪一直高于其他欧洲国家，和平、反战的理念深入人心。联合执政的社民党和绿党党内都有较大的支持和平的力量，做出派兵参战的决定对于红绿联合政府而言可谓阻力重重。尤其是靠和平主义起家的多数绿党成员对派兵科索沃持反对态度。为了赢得绿党的支持，外长菲舍尔甚至指出，"我不仅学会了不再发动战争。我也学会了不要让奥斯维辛集中营的历史再次上演"（Bierling，2014：86）。1999 年 5 月 13 日，绿党在比勒菲尔德（Bielefeld）举行的特别党代会上，就绿党对科索沃问题的态度进行投票表决。会上，各派之间展开了唇枪舌战，菲舍尔被指责为"战争的发动者"（Kriegstreiber），还遭到了"血袋炸弹"的攻击。最终，大会以微弱多数通过了继续同社民党合作的提案，从而避免了一场政府危机。绿党从激进的和平主义逐渐演变为"政治和平主义"。总理施罗德在北约对南联盟发动空袭的第一天发表的电视讲话中强调，空袭的目的是"制止进一步对人权进行严重的和系统性的侵犯，以及避免科索沃的人道主义灾难"（Bierling，2014：86）。总之，包括德国在内的西方国家高举"人权高于主权"的道义大旗，以侵犯南联盟的主权为代价，发动了一场没有联合国授权的战争。

以美国为首的北约以"制止人道主义灾难"为借口对一个主权国家动武，是西方国家"新干涉主义"的一次重要实践，也是西方打破现有国际法准则构筑由其主导的国际政治秩序的重要步骤。这一"新干涉主义"的实质就是要打破以不干涉主权国家内政为核心的国际法准则，确立所谓"人权高于主权"的准则（参见秦思，2000：77）。然而，所谓"道义"的背后实则是赤裸裸的利益权衡：美国操纵北约对南联盟动武旨在整垮南联盟及其总统米洛舍维奇（Slobodan Milošević），将南联盟纳入西方体系，进一步排挤俄罗斯在巴尔干的传统影响，阻遏俄罗斯东山再起，从而确保美国唯一超级大国的地位（参见刘洪潮，1999：22～23）。

尽管国际法准则在科索沃战争中受到了美国"新干涉主义"的严重践踏，然而认同"人权高于主权"的国家并不多，《联合国宪章》和一系列国际法准则所确立的国际关系准则仍为大多数国家所公认。德国外长菲舍尔曾经一针见血地指出了科索沃战争带给德国外交的两难："我们处于一场真正的价值观冲突之中。一方面我们奉行非暴力理念，主张通过理智、法制以及多数表决制，而不再是通过赤裸裸的暴力来解决世界上的冲突，旨在放弃军事暴力，从结构上使得暴力不再成为必须；另一方面却陷入了令人诅咒的两难，那就是只能通过派兵帮助人们幸免于难。"（转引自 Bierling，2014：370）2002 年，德国绿党颁布的新的原则纲领性文件也印证了这一点："不可能总能防止暴力的发生。然而我们通过我们的政策致力于非暴力的解决方式。有关是否可以使用暴力以贯彻法令或是德国应该参加哪些国际措施的执行的问题，这样的问题总是很难回答。每一个具体的决定都应该考虑到《基本法》和国际法后再做出。依据《联合国宪章》第七章，要采取强制措施，原则上必须拥有明确的联合国安理会的授权。在科索沃问题上我们经过了深入的讨论，做出了艰难的决定。科索沃战争并非先例，而是依据特殊困境和情况的特例。此类的派兵需要有令人信服的国际法的法定基础。"（Klein and Falter，2003：84）

案例五　持续升温的德俄关系

红绿联合政府成立初期，德俄关系似乎并没有升温的迹象。这主要是因为 20 世纪 90 年代，德俄在巴尔干冲突和北约东扩等问题上存在不同的观点，"分歧"已成为描绘双边关系的关键词之一。虽然科尔在其执政后期，通过与俄罗斯总统叶利钦（Boris Jelzin）的"桑拿外交"（Sauna - Diplomatie），部分地掩盖和缓和了两国之间的分歧，然而，德国红绿联合政府成立后不久，新任总理施罗德批评这种建立在领导人私人友谊基础上的两国关系，强调应该冷静地、按照利益导向的原则发展对俄关系。此外，俄罗斯欠德国的债务当时高达 750 亿德国马克（相当于 380 亿欧元），施罗德拒绝向俄罗斯提供新的贷款和担保（Bierling，2014：128）。1999 年，德国突破历史禁忌，派兵参加北约发动的科索沃战争，与支持塞尔维亚的俄罗斯成为对立方，加剧了德俄关系的紧张。2000 年，普京（Vladimir Putin）当选俄罗斯新一届总统后，双边关系一开始也未能得到好转。西方尤其批评第二次车臣战争造成大量无辜平民伤亡，引发"难民潮"。来自德国绿党的新任外长菲舍尔也毫不掩饰对车臣战争的批评，一位俄罗斯的德国问题专家甚至将菲舍尔称为"俄德关系的掘墓者"（Bierling, 2014：128）。

　　然而，红绿联合政府执政的七年间，施罗德不仅进一步巩固了与俄罗斯领导人的私人友谊，"桑拿外交"升级为"男人之间的友谊"（Männerfreundschaft），德俄关系的持续升温更是成为红绿联合政府时期德国外交的一个显著特点。诸多利益因素导致了德俄关系的升温。

　　首先，德俄之间经济发展互补性强，发展空间广阔。在欧盟国家中，德国是俄罗斯最大的贸易伙伴和第一大贷款国。施罗德曾指出，"德国是成功地由计划经济转型为自由市场经济的唯一国家"，并因此向俄罗斯推荐德国模式经验（孙恪勤，胡小兵，1999：10）。尤其是能源合作方面，德俄合作成果丰硕。2005 年红绿联合政府解体时，德国原油进口的 34% 来自俄罗斯，比 1998 年红绿联合政府执政时多出了 9.4 个百分点，远远领先德国原油第二大进口国挪威（德国原油进口的 15.4% 来自挪威）（参见 Bierling, 2014：133）。

　　其次，德国红绿联合政府认识到，俄罗斯对于德国而言有着无可替代的地缘政治重要性。失去超级大国地位的俄罗斯同时也将德国视为打通西欧的通道、稳住中东欧国家和抗衡美国霸权地位的关键力量。红绿联合政府执政时期，德俄在重大国际问题和地区热点问题上立场接近，成为反对单极世界格局的重要力量。2001 年 9 月 25 日，普京在德国议会发表演讲，呼吁在反恐斗争中加强与西方的合作，普京也成为首位在德国议会发表演讲的俄罗斯总统。尤其是在伊拉克战争中，德美的疏远和德俄的升温形成鲜明的对比。因为在伊拉克战争中采取反战的共同立场，德国、法国和俄罗斯三国领导人定期举办会晤,[①] 虽然三方领导人的会晤并没有达成实质性的成果，但仅仅其象征意义就具备深远的影响。施罗德在 2004 年也写道："历史上（德国和俄罗斯）两国的关系从未像今天这样紧密和具有强大的生命力：我们在具有国际影响力的问题上看法一致，并且德国是俄罗斯的第一大经济伙伴。"[②]

此外，德国在二战问题上认罪态度明确，在许多问题上与俄罗斯进行协调，得到了俄罗斯人民的认可。2005 年，俄罗斯列瓦达调查中心对 1600 名 18 岁以上的俄罗斯公民进行了一次民意调查，调查内容是如何看待俄罗斯与其他国家之间的关系。调查结果显示，46% 的俄罗斯公民认为白俄罗斯是最好的朋友，位列第二的是德国，获得了 23% 的民意支持（常喆，2005）。2005 年 5 月 9 日，普京邀请施罗德出席了在莫斯科举行的卫国战争胜利 60 周年庆典，这是德国领导人战后首次受邀参加俄罗斯举行的卫国战争胜利周年庆祝活动。

德俄关系之间的一个重要的润滑剂即两国领导人之间的私人友谊。尽管施罗德在执政初期批评不能将两国关系"个人化"，然而德俄关系中的领导人因素不仅没有减弱，反而越来越打上了私人友谊的烙印。对于外语水平一般的施罗德而言，精通德语的普京是难得的对话伙伴。无论是施罗德和普京一起滑雪，还是共同庆祝东正教的圣诞节，无论是施罗德夫妇领养来自普京家乡圣·彼得堡的 3 岁俄罗斯女孩维多利亚，抑或是普京的女儿就读俄罗斯的德语学校，两国领导人及其家庭之间的亲密关系一直都是媒体津津乐道的美谈。

然而，德俄关系的升温对德国外交提出了新的挑战：

---

① 施罗德、希拉克和普京分别于 2003 年 4 月在圣·彼得堡、2004 年 8 月在索契、2005 年 3 月在巴黎、2005 年 6 月在加里宁格勒举行了三方领导人会晤。

② Gerhard Schröder, "Russia and Germany. The Core Tenet of Cooperation", in Russia in Global Affairs 4/2004, http://eng. globalaffairs. ru/number/n_3875, 最后访问日期：2016 年 1 月 3 日。

挑战一： 价值观让位经济利益？

鉴于德俄之间紧密的政治和经济合作关系，再加上双方领导人良好的私交，施罗德在对俄罗斯国内发展进行评价时一直保持克制的立场。红绿联合政府时期，德俄关系奉行经济利益先行，价值观退居其次的原则。无论是俄罗斯金融寡头霍多尔科夫斯基（Michail Chodorkowski）的被捕，还是颇具争议的车臣总统选举，抑或是饱受西方指责的俄罗斯新闻自由受限，这些西方指责俄罗斯的焦点性话题都未曾妨碍施罗德对普京的积极评价。2004 年 11 月，施罗德做客德国新闻一台（ARD）的一档名为"贝克曼"（Beckmann）的脱口秀节目，当节目主持人询问俄罗斯总统普京是否是一位"纯粹的民主主义者"（lupenreiner Demokrat）时，施罗德做出了积极肯定的答复。施罗德在节目中还表示，他和普京之间存在"基本信任"（Grundvertrauen），施罗德坚信普京"希望并且也将把俄罗斯建设成为一个像样的民主国家"（转引自 Bierling，2014：135）。施罗德对普京的这一评价招致了德国联盟党、自民党和绿党的攻击。

挑战二： 如何打消美国和中东欧国家的疑虑？

德俄关系的持续升温首先导致了美国的疑虑。美国担心，俄罗斯此举目的旨在促使德国放松和北约紧密关系。与此同时，德俄关系升温也导致德国和中东欧国家的关系变得紧张。典型事例是波罗的海海底天然气管道工程项目。2005 年 4 月，德国和俄罗斯在德国汉诺威博览会上签署了一项价值 30 亿美元的能源合作协议。根据协议，俄罗斯最大的天然气公司（Gazprom）将与德国电力巨头意昂（EON）以及德国最大化工集团巴斯夫（BASF）签署协议，联合修建一条穿越波罗的海海底，连接俄罗斯和德国的天然气管道。这是俄罗斯第一次允许外国公司到其国土上开发能源资源，而波罗的海天然气管道铺成后，德国将第一次直接从俄罗斯获得能源供应。2005 年 9 月 9 日，德国总理施罗德和俄罗斯总统普京共同出席了条约签字仪式。这条天然气管道总长约1200公里，投资达47亿美元。管道建成后将会使欧洲天然气管道的年运输量翻一倍，达到550亿立方米。届时这一天然气管道将满足德国一半以上的天然气供应。可以说，这一天然气管道项目是德俄关系日益紧密的产物。施罗德和普京的私交加快了这一项目的实施进度。这条新修建的天然气管道将从波尔托瓦娅湾下水，穿过芬兰湾和波罗的海海底，绕过爱沙尼亚、拉脱维亚、立陶宛和波兰，最后将西伯利亚的天然气输送到德国东北的港口城市格赖夫斯瓦尔德（Greifswald）。绕开波兰、乌克兰、白俄罗斯以及波罗的海沿岸国家的好处不言而喻：德国既可以省下途经这些国家的过路费，降低天然气的成本，同时又可以在能源问题上不受制于更多的国家。所以德俄波罗的海天然气管道项目从出台一开始就遭到了中东欧国家的批评。要知道这些国家曾经生活在苏联的桎梏之下长达45年之久，在他们眼中，德俄两国的接近既幼稚又危险。波罗的海海底天然气管道工程项目不仅使欧洲共同的能源政策受阻，而且还使自己受到了冷遇，能源问题已经变成了一个政治问题。

案例六　波澜再起的德波关系

1991年6月17日，德国与波兰签订《睦邻友好条约》，德波关系进入了一个新的时代。尤其在欧盟东扩进程中德国肩负起中东欧国家"代言人"的角色，德波似乎走出了历史的阴影。然而，就在"魏玛三角"（Weimarer Dreieck）成为固定术语，波兰正式成为北约和欧盟成员国时，利益和道义的较量再次使得德波关系蒙上了阴影。

2004年9月14日，波兰议会做出决定，要求波兰政府对德国提出相应的战争赔款。消息传来，德国朝野一片哗然。究竟是什么原因使得德波关系波澜再起？

2000年9月6日，德国成立了一个"反驱逐中心"（Zentrum gegen Vertreibungen）基金会，主席为德国"被驱逐者联合会"（Bund der Vertriebenen）主席、基民盟议员施坦巴赫（Erika Steinbach）和前任社民党总干事格罗茨（Peter Glotz）。基金会的成立开始并未引起波兰一方的注意。但当该基金会宣布计划在德国首都柏林建立一个"反驱逐文档中心"（Dokumentationszentrum über Vertreibungen）时，来自中东欧国家的批评之声便不绝于耳。波兰保守党（PiS）议员皮尔卡（Marian Pilka）认为，"反驱逐档案中心"的建立只会恶化而不会改善德波关系。尤其应该警惕的是德国改写历史的企图，防止人们误以为二战的牺牲品首先是德国人。同年 12 月 14 日，西里西亚和东普鲁士同乡会的代表成立了"普鲁士托管公司"（Die Preußische Treuhand GmbH und KG a. A.），其目的是代表"被驱逐者"（die Vertriebenen）要求归还战后被没收的财产或是给"被驱逐者"提供咨询。该公司声称，如果要求得不到妥善解决，将会上诉欧洲法院或在美国集体上诉。这一机构的成立在波兰立刻激起了轩然大波。

为何波兰在对待"被驱逐者"问题上如此敏感？回溯历史，就会看到特殊的地缘政治决定了德波关系在很长时间里是一部血与火的历史。18 世纪遭到普鲁士、奥地利、俄国三次瓜分后，波兰一度从世界地理版图上消失了 123 年。1939 年，波兰这个"轮子上的国家"再次难逃劫难，成为纳粹德国的俎上肉。二战结束后，美、英、苏三国首脑在 1945 年 8 月通过的《波茨坦协定》中对德国的东部边界作出了具体规定：在德国与有关国家签订确定最终边界的和平条约之前，东普鲁士的北部包括柯尼希堡（1946 年改名为加里宁格勒）划归苏联，东普鲁士的南部包括但泽划归波兰管辖，奥得－尼斯河线为德国与波兰的国界。这样一来，德国丧失了约 1/4 的领土。残酷的战争和战后领土的变更给德波双方都带来了难以愈合的创伤：一边是饱受纳粹德国摧残、屠杀的波兰民众，而另一边则是鲜有报道的替希特勒受过的德国平民。德波边界的大幅度变动引发了战后欧洲最大的难民潮，奥得－尼斯河以东的 1200 万名德籍居民被驱赶或被强迫西迁，在这次历时数年的德波历史大清算和对纳粹残暴统治的报复中，200 万名难民死于饥寒和疾病。从此"被驱逐者"问题成为德波关系中的一根脆弱神经。波兰指责德国企图借助"普鲁士托管公司"等机构篡改历史，认为这是"杀人犯的孩子在纪念父母的不幸"，要求"全体德国民众为之承担责任"（Olschowsky，2005）。波兰议会重提战争赔款正是针对上述事件的回应。在这种背景下就能理解，为什么波兰有人将德国积极支持欧盟东扩解读为德国的再一次"东进"（Drang nach Osten），为什么波兰加入欧盟后在有关购置波兰土地的问题上暂时实行例外条款。波兰不愿意面对"被驱逐者"问题，更害怕德国翻历史旧案。

在双方言辞上的争执愈演愈烈时，德国政界进行了表态。总理施罗德认为"在柏林建造一个'反驱逐档案中心'会造成突出德国人遭受的不公正待遇的危险"，外长菲舍尔也认为建造这样一个中心的目的是"弱化德国人的历史罪过"。施罗德随后在庆祝华沙起义 60 周年大会上明确表示，"德国人清楚地知道是谁发动了战争，是谁首先成为受害者。因此，我们今天不应支持一些德国人提出颠倒历史的诉求。与二战相关的财产归属问题不是德波政府在双边关系中所要谈及的问题"。[①] 2004 年 9 月 27 日，施罗德在柏林与来访的波兰总理贝尔卡（Marek Belka）会谈后宣布，两国将为政府和个人的战争索赔问题彻底画上句号。同样，"普鲁士托管公司"也没有得到德国政府、"被驱逐者联合会"和"反驱逐中心"基金会等组织的支持。

围绕"普鲁士托管公司"展开的争执只是利益和道义双重作用下的德波关系的一个缩影。几乎与此同时，在《欧盟宪法条约》出

---

① 曹静：《德国波兰欲了结战争赔偿 两国能否实现和解奇迹》，http://www.rednet.com.cn，最后访问日期：2015 年 2 月 25 日。

台的过程中，德波之间也展开了类似的较量。尤其是在德国倡议的与人口数挂钩的"双重多数表决制"（Doppelte Mehrheit）问题上，波兰不惜犯众怒，多次威胁要动用否决票。时任波兰总理卡钦斯基（Jaroslaw Kaczynski）的一番话道出了波兰态度强硬背后的原委："我们没有什么替代方案（Plan B），别人常说我们波兰自我孤立，而这么说的同时却是别人试图在孤立波兰——这个别人就是德国。"[①]波兰甚至认为如果波兰没有遭遇 1939 年至 1945 年的经历的话，人口数会是 6600 万人。[②] 言下之意就是反对将"双重多数表决制"和人口数挂钩，从而使其不再享有《尼斯条约》赋予它在欧盟理事会决策时只比法国和德国少 2 票的权重，并认为波兰无法继续享有欧盟"第二档次"大国待遇的罪魁祸首就是二战时德国的纳粹暴行（吴江，2008：105～106）。

　　2004 年东扩的实现使得中东欧许多国家成为欧盟成员国，缺少一体化经验的这些中东欧国家并不愿意向欧盟让渡过多的主权，以波兰为代表的中东欧国家由于和德国特殊的历史纠葛尤其担心在一个法德主宰的欧盟中沦为"下等公民"。波澜再起的德波关系背后既有历史沉疴带来的道义之痛，也蕴含着新的利益博弈。

第三节　外交和内政之间的平衡

案例七　派兵参加阿富汗战争与信任案

　　2001 年 9 月 11 日，美国纽约发生了震惊全球的恐怖袭击事件。

---

① 参见 Thomas Rautenberg，"Doppeldeutiges aus Warschau"，http://www.tagesschau.de/aktuell/meldungen/0，1185，OID6967960_REF1_NAV_BAB，00.html，最后访问日期：2007 年 12 月 02 日。

② 参见 Bettina Klein，"Thierse 'erschrocken' über polnische Argumente im EU – Stimmenstreit"，http://www.dradio.de/dlf/sendungen/interview_dlf/638485/，最后访问日期：2007 年 12 月 02 日。

美国认为"基地组织"的头目本·拉登（Osama bin Laden）是这次恐怖袭击的头号嫌犯。2001 年 10 月 4 日，包括欧盟成员国在内的北约一致通过决议：首次动用北约创始条约《华盛顿公约》第 5 条关于共同防御的条款，与美国一起对阿富汗塔利班采取"集体防御"行动。2001 年 10 月 7 日，美国总统小布什宣布对阿富汗发动军事进攻，旨在消灭藏匿"基地组织"恐怖分子的塔利班。

"9·11"恐怖袭击发生的当天，德国总理施罗德表示对美国进行"无条件的支持"。2001 年 10 月 11 日，施罗德在其政府发言中指出，德国的盟友期待德国进行"积极的支持"，而不只是"口头承诺"（转引自 Wolfrum，2013：287）。11 月 7 日，施罗德宣布，应美国方面的请求，德国将向阿富汗派出 3900 名士兵参加打击恐怖主义的军事行动。为此施罗德指出，"几十年来，我们认为美国给予我们的支持是理所当然的，并从中获益良多。对北约的支持（Bündnissolidarität）不是单行道"（转引自 Wolfrum，2013：292）。可以看出，施罗德坚定地选择与美国为首的北约站在一起，不惜再次突破禁忌出兵。然而，派兵参战的决定使红绿联合政府再次面临艰难的选择。尤其是曾经主张解散北约的绿党很难仅仅用"对北约的支持"为由来说服其成员派兵参战。2001 年 11 月 11 日，8 名绿党党员公开发表声明，反对德国派兵参加阿富汗反恐行动。这些绿党党员指出派兵阿富汗并非像德国政府所言"不可放弃"，"阿富汗战争从政治上看是错误的，不利于有针对性地打击恐怖主义，从人道的角度来看是不负责任的，会制造新的政治问题"（Wolfrum，2013：295）。不仅绿党，甚至施罗德所在的社民党也存在反对的声音。随着红绿联合政府内部不同立场的交锋越来越激烈，施罗德使出了最后的撒手锏——利用德国《基本法》赋予总理的权力发起信任案投票。

信任案是德国宪法在政府出现危机时授予总理保持政府稳定的

一种权力。德国《基本法》第 68 条规定："如果联邦总理要求对他表示信任的提案没有得到联邦议院多数议员的支持，联邦总统可以根据联邦总理的提议，在 21 天内解散联邦议院。"（Grundgesetz für die Bundesrepublik Deutschland，2009：38）根据这条规定，在出现政府危机时，联邦总理动用信任案时会出现两种结果：如果获得议会信任，他可以继续执政，反之，他有权要求总统解散议会，举行新的大选。鉴于红绿联合政府内部就派兵问题产生了较大的分歧，为了能够确保在信任案中获得半数，施罗德首次将派兵阿富汗这一具体事务和信任案捆绑在一起。这就意味着，一旦对总理投信任票就表明支持向阿富汗派兵，如果对总理投不信任票就意味着反对出兵。可以说，施罗德利用这一捆绑战术使得绿党处于利益和道义的两难抉择：坚守和平理念还是继续联合执政？最终，在现实利益面前，事先发表公开声明反对阿富汗战争的 8 名绿党成员中有 4 名选择改投信任票，确保施罗德能够在信任案中获得多数。不过，内心对和平信念的坚守还是促使 4 名绿党成员坚持投了不信任票，1 名社民党党员则选择放弃议席。2001 年 11 月 16 日，经过激烈的议会辩论，施罗德最终以 336 票赞成、326 票反对、0 票弃权的表决结果勉强通过了信任案。

施罗德虽然赢得了信任案，德国派兵阿富汗也因此获得了议会授权，但是信任案和派兵问题的捆绑却有着深远的负面影响。《南德意志报》主编普朗特尔（Heribert Prantl）认为这次捆绑的信任案使德国的议会制遭受了打击，"将信任案和派兵决议捆绑在一起就像是电疗；在医学界人们已经早就选择了远离这个有着较重副作用的治疗手段"（转引自 Wolfrum，2013：299）。施罗德虽然在信任案中胜出，但是"绿党的四名（在信任案中坚持投反对票的——作者注）议员以及截至目前属于社民党议会党团的一名（后因不赞成派兵阿富汗战争而退党的——作者注）议员才是议会制度的英雄"（Wolfrum，2013：299）。

案例八 伊拉克危机与德国 2002 年大选

"伊拉克危机对于德国外交而言是一个具有深远影响的划时代的事件。德国政府第一次在安全政策的核心问题上反对美国作为领导者的立场，此外还积极致力于谋求建立反战立场的国际联盟。"（Staack，2004：203）虽然伊拉克危机导致的德美反目并非偶然，是尚存的单极与不稳定的多极之间矛盾激化的结果，然而，不可否认的是，伊拉克危机爆发时恰逢 2002 年德国联邦议会大选，施罗德公开反战的外交选择背后有赢得国内大选的内政考量。

虽然早在 2002 年初，美国总统小布什抛出"邪恶轴心"（Achse des Bösen）论后不久，德国外长菲舍尔就与小布什政府的立场保持了距离，指出"国际反恐联盟不是针对任何人采取任何行为的基础——尤其不能成为采取单干的基础"（转引自 Staack，2004：207）。然而，德国两大全民党候选人——社民党候选人施罗德和联盟党候选人施托伊伯（Edmund Stoiber）一直以来都将竞选重心放在经济政策的应对以及准备二人的电视大选辩论上。可以说直至 2002 年夏天，伊拉克问题尚未成为德国公众关注的焦点话题。"据德国有关材料透露，施罗德竞选班底在认真研究选民对科索沃和阿富汗战争的态度后得出结论，德国选民中反战情绪非常强烈，打反战牌可以扭转大选前社民党落后的颓势。这一建议成为施罗德政府在伊拉克问题上公开与美对抗的重要原因之一，也是社民党在伊拉克问题上坚持反战立场的国内因素。"（孙恪勤，2003：21）

2002 年 8 月 5 日，施罗德在汉诺威发表演讲，发动了社民党的竞选攻势，大选进入"白热化"阶段。虽然演讲当日恰逢周一工作日，但却丝毫未能阻挡民众的热情。一万多名民众聆听了施罗德的演讲，伊拉克问题也通过此次演讲正式成为德国大选的核心话题之一。施罗德在演讲的一开始就指出，"这一点毋庸置疑，我们已经上路，踏上了德意志道路（der deutsche Weg）"。谈到"9·11"恐怖袭击带来的挑战时，施罗德表示"我们做好了团结互助的准备，但是在我的领导下这个国家不能去冒险"。在谈到有关军事打击伊拉克的讨论时，施罗德明确指出，"我警告对战争和军事行动进行臆测"。"对萨达姆施加压力可以，我们必须让国际观察员进入伊拉克。但是玩弄战争和军事干涉——对此我只能提出警告。我们不会参与其中。"① 三天之后，施罗德在德国《图片报》上撰文，指出德国"必须不再隐藏其国家利益"，并在文章的最后指出，"这就是我们的德意志道路"（转引自 Bierling，2014：98－99）。与此同时，大西洋彼岸的美国也正在紧锣密鼓地准备国会中期选举。"9·11"恐怖袭击发生后，安全问题成为美国国内政治中最为突出的议题。2002 年 8 月 26 日，时任美国副总统、共和党人切尼（Richard Bruce Cheney）宣称让联合国武器核查小组重返伊拉克"毫无意义"，美国应该对伊拉克采取"先发制人"的军事打击战略，促使伊拉克进行政权更迭。"美国在对伊动武问题上咄咄逼人，进一步激起了德国民众对布什政府的反感。据德国《明镜》周刊民意调查，53% 的人认为美国是对世界和平的最大威胁，远远超过伊拉克的 28% 和朝鲜的 9%，把德美关系恶化归咎于布什本人的也占 50 %。与此同时，德国经济形势严峻，失业率攀高不下，改革四处碰壁，红绿政府民意支持持续走低。在内外压力下，施罗德政府只能在比较得人心的伊拉克问题上坚持反战立场。"（孙恪勤，2003：21）切尼此番表态之后，施罗德明确指出他领导下的德国支持让联合国武器核查小组重返伊拉克，但是拒绝向伊拉克动武。几天之后，社民党总干事明特菲林（Franz

---

① Gerhard Schröder, "Rede von Bundeskanzler Gerhard Schröder zum Wahlkampfauftakt am Montag, 05. August 2002 in Hannover（Opernplatz）", http://www.nrwspd.de/db/docs/doc_437_20028711260.pdf, 最后访问日期：2016 年 1 月 6 日。

Müntefering）表示，联合国的决议也不能自动地将德国士兵派往伊拉克。德国必须代表自己的利益。德国意识到自己对确保和平和打击恐怖主义肩负责任，但是德国不会在伊拉克冒险进行战争。[①]

施罗德及其所在的社民党在伊拉克问题上的明确表态带来了民调结果的变化。2002 年 9 月，德国《明镜》周刊委托的 NFO Infratest 所做的民意调查结果显示，社民党和绿党的民意支持率十个月以来首次领先联盟党和自民党的总和，达到 46.5%。《明镜》周刊 2002 年 9 月 16 日刊发的一篇题为《红绿联盟获得多数》的文章分析道，导致大选前民调结果发生改变的最重要的原因估计是施罗德对待伊拉克战争的态度。65% 的德国民众和施罗德一样，表示即使有联合国授权，德国也坚决拒绝参与伊拉克战争。在社民党的支持者中有 75% 的受访者支持这一立场，绿党的支持者中这一比例甚至达到了 82%。[②]

可以说"外交政策议题的突显使施罗德政府不仅可以避开反对党对经济政策成效的纠缠，而且重新取得了有着和平主义传统的中左翼和东部选民的信任"（郇庆治，2003：28）。在 2002 年 9 月 22 日举行的联邦大选中，社民党最终获得 38.5% 的选票和 251 个议席，尽管比 1998 年大选的成绩略有下滑，但依然保持了议会第一大党的地位。绿党的出色表现弥补了社民党的不足，施罗德领导的红绿联合政府可谓绝处逢生，在最后时刻赢得了大选。

案例九　《欧盟宪法条约》遭公投否决

围绕欧盟发展的终极目标问题，欧盟不同成员国基于各自的政

[①] SPD zu Irak – Krieg, "Keine Beteiligung – selbst bei Uno – Mandat", http://www.spiegel.de/politik/deutschland/spd – zu – irak – krieg – keine – beteiligung – selbst – bei – uno – mandat – a – 208283. html，最后访问日期：2016 年 1 月 7 日。

[②] Karen Andresen, "Mehrheit für Rot – Grün", http://www.spiegel.de/spiegel/print/d – 25180467. html，最后访问日期：2016 年 1 月 7 日。

治和文化背景有着不同的看法，其中最主要的是围绕"联邦"和"邦联"这两种模式的争执。"联邦"模式的支持者主张扩大欧洲议会的权利，扩大多数表决制的适用范围，并主张通过议会多数选出一个欧洲政府首脑，设立欧盟外长职务，颁布一部将共同价值观汇编在一起的欧盟宪法。与"联邦"模式对立的是"邦联"模式。"邦联"模式的支持者主张欧盟应建立在各个拥有独立主权的国家之间的合作之上。他们认为"联邦"模式会剥夺各成员国太多的权利，使得成员国在遇到重要问题时不能拥有最终决定权。同时他们反对给予欧洲议会更大的权利，主张实行一票否决权。

一直以来，德国都是赞成欧盟朝着"联邦"模式发展的代表性国家。德国之所以赞成欧盟朝"联邦"模式发展，不仅与德国自身实行联邦制有关，同时展现了德国希望在欧洲联合这个舞台上大展身手，借此实现成为政治大国的抱负。早在1995年，作为在野党的社民党就提议建立一个筹委会，旨在拟定一系列的欧洲公民基本权利。1998年，红绿联合政府组阁后，这一建议写进了第一届红绿联合政府的执政纲领中："新政府将采取主动，在欧盟条约前加入一部基本权利宪章，并将欧洲议会、民族国家议会以及尽可能多的社会群体纳入到相关的讨论和政策制定过程之中。"[1] 1999年上半年，德国担任欧盟轮值主席国，欧洲理事会在6月份于德国科隆召开的峰会上决定成立一个由政府代表、欧洲议会代表以及各民族国家议会代表组成的筹委会。2000年5月12日，德国外长菲舍尔在德国柏林洪堡大学做了题为《从国家联盟到联邦——对欧洲一体化最终形式的思考》[2] 的演讲。菲舍尔这篇演讲思路很明确，也很实际：所谓欧

---

[1] 详见本书附录1。

[2] 参见 Joschka Fischer, 2000, "Vom Staatenverbund zur Föderation – Gedanken über die Finalität der europäischen Integration – Rede am 12. Mai 2000 in der Humboldt – Universität in Berlin", http://ig. cs. tu – berlin. de/oldstatic/w2001/eu1/dokumente/Politikerreden – polDokumente/Fischer2000 – RedeHumboldt. pdf"，最后访问日期：2015年2月19日。

洲联邦，就是一部成文宪法加上一个强有力的议会，还有一个灵活的开放性原则（曹卫东，2004：72）。菲舍尔在这篇演讲中提出了欧盟"三步走方案"。第一步，那些愿意更加紧密联系在一起共同发展的国家加强彼此的合作，就如同当时建立经济和货币联盟以及申根国家一样。这些国家可以在许多领域加强合作，如环保、打击犯罪、共同的移民和难民政策，当然还有共同的外交和安全政策方面。非常重要的一点是：彼此合作的加强并不能被认为是对一体化的背离。第二步是建立一个"重力中心"（Gravitationszentrum）。属于这一中心的成员国可以签订一部欧洲的基础条约。这一基础条约就是欧洲联邦宪法的细胞核。在这一条约的基础上可以成立自己的机构、政府，拥有强大的议会和直接选举出来的主席，并且应该在欧盟的内部就尽可能多的问题用一个声音说话。这样一个"重力中心"必须是先锋，是实现政治一体化的火车头，而且已经具备未来联邦的所有特征。[1] 最后一个步骤就是以联邦的形式实现欧洲一体化进程。2001 年 1 月 19 日，德国总理施罗德在"贝塔斯曼国际论坛"上发表谈话，支持菲舍尔的欧洲联邦计划，从而使之由个人意志变成了国家立场（转引自曹卫东，2004：73）。2001 年 5 月，社民党公布了一份名为《为欧洲承担责任》的文件，该文件对欧盟改革提出一些新思路，并正式提出了"欧洲联邦"的概念。2001 年 12 月 15 日，欧盟 15 国首脑在比利时的拉肯通过了《拉肯宣言》，决定成立制宪委员会，正式拉开了欧盟制宪的序幕。

2004 年 10 月 29 日，欧盟 25 个成员国的领导人在罗马签署了欧盟历史上的第一部宪法条约——《欧盟宪法条约》。该条约的宗旨是

---

① 参见 Joschka Fischer, 2000, "Vom Staatenverbund zur Föderation – Gedanken über die Finalität der europäischen Integration – Rede am 12. Mai 2000 in der Humboldt – Universität in Berlin", http://ig. cs. tu – berlin. de/oldstatic/w2001/eu1/dokumente/Politikerreden – polDokumente/Fischer2000 – RedeHumboldt. pdf", 最后访问日期：2015 年 2 月 19 日。

保证欧盟的有效运作以及欧洲一体化进程的顺利进行。它由欧盟宪法、欧盟公民基本权利宪章、欧盟政策和欧盟条约基本规定 4 个部分组成。核心内容包括：设立欧洲理事会主席和欧盟外交部长，组建欧盟外交部，以保持欧盟工作的连续性。改革欧盟委员会，扩大欧洲议会的权力，改革欧洲理事会和欧盟部长理事会的表决机制。欧盟成员国必须尽其所有的军事和民事能力用于欧盟共同防务政策的实施，最终目标是发展欧盟共同防务。

《欧盟宪法条约》以联邦主义原则（虽然宪法中未出现"联邦"这一敏感字眼——作者注）安排区域政治秩序并处理区域问题，这在人类政治实践中尚属首次，它的签署在许多国际政治研究专家的眼中标志着纯国家主权时代在欧洲的消失。可以说，《欧盟宪法条约》的签署意味德国支持的"联邦"模式在与"邦联"模式的较量中占了上风。欧盟有望在宪法基础上逐步深化政治一体化进程。

基于欧盟"民主""透明"以及"贴近公民"的基本原则，首部《欧盟宪法条约》必须得到欧盟公民的赞同。成员国依据各自宪法和国情采取议会批准或是全民公决的方式。2005 年 5 月底，德国联邦议院和参议院相继以压倒性多数通过了《欧盟宪法条约》。2005 年 5 月 30 日，法国就《欧盟宪法条约》进行了全民公投。4200 万名选民中有 70% 参加了投票，55% 的法国人对欧盟宪法说"不"。具有讽刺意味的是，法国是欧洲一体化的创始者和欧盟的"火车头"，法国前总统德斯坦（Giscard d'FEstaing）还是负责起草《欧盟宪法条约》的制宪大会的主席，公民投票前，德国总理施罗德和西班牙首相萨帕特罗（Jose Luis Rodriguez Zapatero）分别到法国参加了社会党组织的两个集会，呼吁法国人投票支持《欧盟宪法条约》。可是法国人却并不领情，他们用公民投票使这一政治精英的杰作受到重创。虽然法国人的投票结果不啻给了法国政府一记耳光，法国总理拉法兰（Jean‐Pierre Raffarin）仍然认为高参选率是"民主的成果"。两天后，欧盟首创国之一荷兰又传来《欧盟宪法条约》公投遭否决的消息，反对者的比例高达 63%。紧接着，素来反对"联邦"模式的英国提出推迟进行有关宪法的全民公决。一时间，人们惊呼：欧盟怎么了？

不管是各成员国在谈判过程中表现出的锱铢必较，还是公投过程中民众表现出的牢骚满腹，《欧盟宪法条约》批约进程受挫表明：欧盟政策越来越打上了内政的烙印。有舆论分析认为，由于担心欧盟东扩对本国福利、社会保障传统以及就业产生负面影响，许多选民在对《欧盟宪法条约》基本内容并不了解的情况下选择了投反对票。此外，法国和荷兰不景气的社会经济状况也导致部分选民利用公投发泄对政府的不满情绪。更具讽刺意义的是，法国本不需要对《欧盟宪法条约》进行全民公决，然而来自保守党的法国总统为了试图分裂反对党，出于内政考虑选择了全民公决，没想到为此付出了沉重的代价（参见 Bierling，2014：122）。可以说，内政因素在一定程度上制约了德国外交的成果。

1648 年签订的《威斯特伐利亚和约》开创了以国际会议的形式结束国际战争和解决国际争端的先例，确立了国家主权、国家领土和国家独立等国际关系准则，开辟了国际关系史的一个新纪元。从此，民族主权国家不仅成为国际社会构成的基本单位，更逐渐发展为国际舞台的主要角色。这一点一直持续到今天。时至今日，"国家"并未消亡，民族主权国家仍是当今国际社会的主角。然而，《威斯特伐利亚和约》在另一方面却导致了蕴含冲突和战争的无政府主义国际体系。要摆脱这些无政府主义的消极后果，就要超越"威斯特伐利亚体系"。欧洲一体化进程正是欧洲各民族主权国家摒弃传统的均势和霸权思维，共谋和平发展、试图超越"威斯特伐利亚体系"的伟大尝试。尤其是《欧盟宪法条约》的出台更是使欧盟的发展出现单一国家的迹象。可是《欧盟宪法条约》的出台也无法掩盖欧洲一体化进程陷入的困境：一方面人们抱怨欧盟这个超国家共同体缺乏民主、政策缺乏透明度、不贴近民众；另一方面人们却仍旧固守着"威斯特伐利亚体系"中的国家主权神圣不可侵犯的原则。殊不知，欧盟只有在各民族主权国家让渡更多主权的情况下才能进一步发展。于是，主权国家的困境导致欧盟民主的困境，欧盟民主的困境导致欧盟公民认同的困境。构成欧盟治理的这三个变量的非良性循环最终导致了各民族主权国家欧盟政策的困境（参见牛海彬，2004：393～409）。虽然欧盟在构建欧洲认同方面已取得了令人瞩目的成就，但是真正的欧洲政治文化仍然面临诸多挑战。《欧盟宪法条约》批约受挫为推动欧洲一体化进程的政治精英们敲响了警钟：欧盟该如何更加贴近民众？毕竟，欧洲的一体化进程和欧洲的治理仅仅依赖精英的努力是不够的，其发展成效的提升最终离不开拥有文化意义上欧洲认同的欧洲公民的支持。

第三章　外交平衡术之理论根源

"几乎所有的国际关系专家都确信这样一种法则：外交是人类智慧的体现，是人类发展的重要文明成果。"（姜安，2004：1）从一定意义上而言，国际关系主要是通过各民族国家、领袖集团、跨国集团等政治行为主体的外交行动来体现自身存在的。因此，以国际关系理论为视角，对一国外交的本质和规律进行探讨和测度一直以来都是国际关系理论学者的一项重要任务。第三章将以国际关系理论为视角探讨德国红绿联合政府外交平衡术的理论根源。

作为一门独立的学科，国际关系学科的历史并不悠久。1919 年英国威尔士大学设立了第一个"国际关系"讲席。在迄今不到 100 年的历程中，国际关系理论历经多次大辩论。一部国际关系理论的发展史，就是各种范式的竞争史。习惯上人们用"三次大辩论"来概括这一发展历程。以下笔者将对这几次辩论进行简要的梳理，并且着重介绍各种流派对统一后德国外交走向所做的分析。

第一节　"三次大辩论"

一　"第一次大辩论"：理想主义与现实主义之争

理想主义指的主要是盛行于两次世界大战之间的国际政治研究思潮。严格说来，理想主义"并非一种被当事人清楚意识到的学术立场，有关学者来自法律学、政治学、政治经济学等不同的专业领域，他们并没有完全意识到自己已经开始建构出一个新的学科，更不用说只有基于独立学科才能存在的'学派'。毋宁说，理想主义只是由它的批评者所概括出来的，在某些方面具有共同特点的一组思潮；甚至'理想主义'这个名称也是后世的总结，主要见于现实主义者的著作"（俞沂喧，2004：63）。理想主义的代表人物主要有提出"十四点计划"、主张建立"国联"的美国第 28 任总统威尔逊（Woodrow Wilson），对国际法庭寄予厚望的英国人菲利普·诺尔 - 贝克（Philip Noel - Baker）以及重视教育、推崇英联邦共同体的英国人兹默恩（Alfred Zimmern）等。

　　理想主义学派从人性本善的哲学主张出发，认为人类的自然状态是和谐的，矛盾是可协调的，其思想根源可以追溯到德国哲学家康德（Immanuel Kant）的"永久和平学说"，甚至更早。"在政治现实上，理想主义强调道义和伦理的规范作用。他们认为政治学不过是伦理学的一种机能，其目标就是要形成一种规范，而国际道义就是所有的国家和政府都会去遵守同样的行为目标，履行同样的责任。在假定国际关系中普遍利益的和谐与国际共同体存在的前提下，他们坚持认为有可能通过国际组织的法律规范来约束自己的行为，避免冲突的发生。"（邢爱芬，2001：54～55）

　　然而，国际舞台上随后发生的一系列事件却背离了理想主义流派的美好愿望，最终将世界拉进了战争的泥潭。第二次世界大战残酷的现实迫使人们对国际理论开始反思，现实主义流派后来居上，成为二战后国际关系领域的一个重要流派。

　　现实主义堪称"最久远的国际关系理论"（潘琪昌，2000：16），古希腊历史学家修昔底德（Thucydides）被视为现实主义的开山鼻祖。此外，现实主义的思想根源还可以追溯到意大利政治思想家马基雅弗利（Niccolò Machiaville）和英国政治思想家霍布斯（Thomas Hobbes）的"自然状态"论。现实主义流派从人性恶的哲学角度出发，认为抽象的道德观点无法解释政治行为；国家间关系的核心问题是权力和利益，国与国之间的矛盾无法协调。现实主义最早的代表为英国学者卡尔（Edward H. Carr），其于1939年出版的《二十年危机（1919～1939）：国际关系研究导论》一书是第一部用现实主义理论分析国际关系的系统论著。

真正将现实主义提升到理论高度的代表人物则是美国学者摩根索（Hans Morgenthau）。在其代表作《国家间的政治》一书中，摩根索指出国际政治的实质就是追求权力和利益的最大化。在"现实主义六原则"中，摩根索明确提出国际关系学科有其自身的规律可循。"就知识来说，政治现实主义者保持着政治领域的独立性，正像经济学者、律师、道德主义者保持各自领域的独立性一样。现实主义者总是从权力界定的利益概念出发进行思维，这同经济学家从以财富界定的利益概念出发，律师从行动与法律规律的一致性出发，道德主义者从行动与道义原则的一致性出发，是一样的。"（汉斯·摩根索，1990：17）作为一门学科，国际关系开始有了自己的理论体系，逐渐摆脱了最初的幼稚并发展壮大起来。这时冷战爆发，美苏开始了长达近半个世纪意识形态的对抗、政治的对立和军事的对峙。冷战的国际背景给现实主义提供了成长的土壤，现实主义逐渐成为国际关系学科的主导理论。

二 "第二次大辩论"： 科学行为主义与传统主义之争

国际关系学的"第二次辩论"主要是方法的辩论。现实主义在20世纪50年代和60年代进入鼎盛期后遭到了科学行为主义的挑战。"所谓'行为主义'（Behaviorism），是从现代心理学中借用过来的一个概念，它主要指一种观察个人和动物等有机体在外界刺激下或既定的环境中的表现和反应的学说，这种学说强调有机体或其他各种组织（物质、组织和集团）的有规律的、可观察的、可计量的甚至能够重复操作的各种证据的重要性，认为研究的任何最终结论不能脱离这些证据而先验地得出。"（王逸舟，1997：96）这种科学行为坚持自然科学和社会科学的一元论，强调社会科学研究的对象是人，应该要像自然科学（所谓的"硬科学"）那样严谨、精确，应该注重试验和定量分析，从而具备"科学性"。这之前的国际关系理论则被看作是传统主义。国际关系学科学行为主义的代表人物有美国学者多伊奇（Karl Deutsch）、卡普兰（Morton A. Kaplan）、辛格（J. David Singer）、罗西瑙（James Rosenau）等。

现实主义之所以在鼎盛期受到科学行为主义的挑战，主要原因有两点。

第一，传统现实主义理论的不足。传统现实主义理论虽然在战后得到了长足的发展，但是从方法而言只是根据历史和现实，凭借个人的知觉和经验进行定性分析，而不是用科学和现代的手段进行定量分析；从内容而言，国家是传统现实主义的主要研究对象，低估了对于国家之外的行为体和国家行为体本身的复杂性的探讨。此外，传统现实主义也未能深入探究"权力"和"利益"等关键概念的具体内涵。

第二，这是时代的产物。20世纪60年代是"反叛的年代"，也是新旧更替的时代。无论是东方还是西方，社会都酝酿着巨大的变革。这是一个经济和科技水平日新月异的时代，是传统和保守思想受到批评和挑战的时代，是新思想如雨后春笋般涌现的时代，也是文化、政治多元化的时代。传统现实主义者在与同行的交流中形成了强烈的学科自我意识，为了弥补传统理论的不足，他们开始在自然科学等"硬科学"中汲取养分，主张"量化"和"可操作性"，使国际关系学科实现了向"科学"的转向。

在科学主义挑战传统主义，帮助国际关系学研究实现方法论革新的同时，人们发现，其实从本质和内容上而言，传统主义和科学行为主义没有太大的分歧。相反，科学行为主义的国际关系研究日渐暴露出它的不足。人不同于机械，"科学至上"的思想会将国际关系的研究拽入"机械性"和"狭隘化"的深渊。因此，这一轮辩论无所谓输赢，科学行为主义和传统现实主义互为补充，相互渗透，逐渐形成了新现实主义。

与此同时，国际政治舞台发生了重大变化：一方面，美国在越战中的失败使得理论界对美国的外交政策感到失望，同时促使国际关系学者对美国的传统道德优越感表示质疑；另一方面，随着全球经济联系的加强，各种跨国合作的现象越来越多，包括国际贸易和对外投资激增、区域整合取得进展等。在对现实主义政策的反思中，理想主义开始复兴。新现实主义和新自由主义掀起了国际关系理论界的"第三次大辩论"。

三 "第三次大辩论"： 新现实主义与新自由主义之争

对于"第三次大辩论"的内涵和时间起始点，理论界有着不同的说法（参见王逸舟，1997：135～136）。限于本书的篇幅，笔者只将其重点放在20世纪80年代以来以结构现实主义为代表的新现实主义和以自由制度主义为代表的新自由主义之间展开的争论上。

新现实主义代表人物、美国学者沃尔兹（Kenneth Waltz）于1979年在其著作《国际政治理论》中提出了"结构现实主义"学说，并成为新现实主义最重要的理论体现。"结构现实主义"的理论出发点是试图提出一种通过国际体系的结构来解释国家外交行为的理论，而并非通过传统现实主义所认为的对权力的追求（Fröhlich，1999：503）。沃尔兹对传统的现实主义进行了修正，认为权力并非国家追求的首要目标，安全才是重中之重，权力只是一种有可能使用的手段。沃尔兹对两极结构非常偏爱，并认为对于以成本计算的国际政治，两极是最好的小数字。他认为相互依存的命题容易混淆人们的视线，掩盖两极政治格局支配世界的真相。

新自由主义者的切入点是所谓的"全球化"和"相互依存"现象，其理论要点是：在国际关系中，国家正在失去或动摇其统治的根基，它的地位和影响力的下降与"非国家"因素（如跨国公司、国际恐怖集团、国际非政府组织等）的上升形成鲜明的对比；传统的国际事务的等级观或重要性次序正在发生改变；国际政治研究必须适应这种新的形势，对相互依存和国家合作过程、国际规则和理性以及各方参加游戏的动机等问题的具体分析，必须在新的方法论和视角牵引下提上国际关系学者的主要日程（参见王逸舟，1997：144）。新自由主义思想的先驱是国际制度理论。国际制度理论相信国际层面长久合作的可能性，其关注的焦点是国际政治行为者之间制度上的互相关联（Hartmann，2001：49）。其代表人物是美国学者罗伯特·基欧汉（Robert Keohane）和约瑟夫·奈（Josephy Nye）。

有关新自由主义和新现实主义的争论主要集中在以下六个方面（参见大卫·A. 鲍德温，2001：4~8）。

第一，无政府状态性质和后果。新现实主义与新自由主义相比，更强调无政府状态对国家行为的严格限制作用，新自由主义者则认为新现实主义者过分夸大了无政府状态的重要性，忽略了相互依赖。

第二，国际合作。与新自由主义者相比，新现实主义者认为国际合作更难实现和维持，并且更加依赖于国家权势。

第三，相对获益对绝对获益。新现实主义者认为，新自由制度主义者沉迷于国际合作中的现实或潜在的绝对获益，而忽略了相对获益的重要性。

第四，国家的优先目标。新现实主义者更倾向于研究安全事务，认为国家的安全比经济福利更为重要，而新自由主义者更倾向于研究政治经济学，经济福利的最大化是国家的优先目标。

第五，意图和能力。新现实主义者批评新自由主义者过分强调意图、利益和信息，从而忽略了能力的分布。

第六，体制和制度。新现实主义认为新自由主义夸大了制度的内容，以至于认为制度能够缓和无政府状态对国家间合作的限制。

第二节　新现实主义视角

20世纪80年代中后期，在苏联领导人戈尔巴乔夫（Michail Gorbatschow）的"新思维"的影响下，东欧酝酿着一场剧变。1990年10月3日，德国实现了统一。这之后不久，作为超级大国之一的苏联解体。德国的统一和苏联的解体标志着维持世界近半个世纪的雅尔塔体制寿终正寝，以美苏争霸为核心的旧的世界格局被打破。新旧格局交替的时期往往也是理论界活跃的时期。新现实主义和新自由主义大师们纷纷将目光投向了统一后德国外交的走向。

让我们先看看新现实主义大师们对于后冷战时代德国外交走向的预测。这里有必要提到新现实主义的两个分支。按照美国国际关系学者斯奈德（Duncan Snidal）的观点，新（结构）现实主义包括防御性现实主义和进攻性现实主义两个分支。防御性结构现实主义代表沃尔兹认为，后冷战时代，国家间的竞争没有减弱反而会加强，国际政治的基本特点仍然是大国的力量及其相互关系决定的，那些试图跨入一流大国行列的国家，将始终受到权力平衡规律的支配。为此他还特别对德国和日本进行了分析。沃尔兹指出："日本和德国日益增多的国际行为反映出国际政治结构的变化。一个国家经济能力朝着一流大国方向的增长，将使这个国家处于地区和全球事务的焦点位置。它扩大了这个国家利益的范围，扩张了它们的重要性。……在一个自助的体系下面，一个国家若只拥有一流大国的多数能力而不是全部能力，将使这个国家依赖一流国家，易于受到后者特有手段的攻击。尽管人们可能认为不必要担心日本和德国的核武器前景，但这两个国家真有这种'免疫'能力吗？"沃尔兹对此表示怀疑，他不相信所谓"全球文明强国"（the global civilian power）的概念，认为这种东西即使存在也只是暂时的现象，国际结构中的动力（竞争压力与自助本能），迟早会推动这两个经济巨人向着"拥兵自重"、获得一切有助于加强自身分量的手段（包括核武器和其他高精尖军备）的方向迈进（参见王逸舟，1997）。进攻性结构现实主义代表米尔斯海默（John J. Mearsheimer）则更加悲观地认为国际状态仍处于"人人为战"的霍布斯状态，安全的稀缺导致国际爆发冲突，一国要想在冲突中处于主动，维护自身的安全和利益，必须采取进攻性策略，以求先发制人，实现自助。随着苏联的解体，冷战的结束，多极体系将重现欧洲，大国之间的猜忌和对安全的担忧将迫使它们进行权力的争夺。欧洲将会回到以前的状态，并陷入一场纷争之中。未来和过去不会有什么不同，因为过去和未来的情势是相似的，德国最终仍会扮演它在近代曾扮演过的角色，欧洲可能会重蹈历史的覆辙。如果美国从欧洲撤走了安全罩，西欧国家就会回到破坏性的权力政治的老路上去（参见米尔斯海默，2003）。

　　总之，按照新现实主义理论的分析，冷战时期被一分为二的德国由于主权的缺乏并非现实主义意义上的"正常国家"，但是统一的实现不仅让德国获得了完整的主权，同时还赢得了更大的权力。统一后的德国会试图推行单边的外交政策，并且会试图对其他国家施加更大的影响。德国外交会有显著的改变，统一后的德国将奉行民族国家利益至上的原则，变得咄咄逼人。

　　在新现实主义理论影响下，德国一些国际关系学者主张统一后的德国奉行一种注重权力政治的外交政策。统一后的德国外交不应该将"权力"和"责任"视为对立的政治理念，而应将二者视为一个整体。统一后的德国应该更多以民族国家利益为导向，放弃"克制文化"，成为一个"负责任的大国"，甚至不惜动用武力。德国前总统赫尔佐克（Roman Herzog）呼吁安全政策方面的"搭便车"（trittbrettfahren）

时代（Herzog，1995：4）已经结束；施瓦茨教授（Hans – Peter Schwarz）认为冷战的结束使得德国以"中心大国"（Zentralmacht）（Schwarz，1994）的身份重新回到世界舞台；朔尔根教授认为德国重又成为"欧洲大国"（europäische Großmacht）；哈克教授甚至曾经使用了"不情愿的世界大国"（Weltmacht wider Willen）作为他的代表作《德国外交政策——从阿登纳到施罗德》的标题。[①]

第三节　新自由主义视角

新自由主义者则从合作理论的角度出发，认为华沙组织的解体和德国的统一发生在一个国与国之间的关系高度机制化的欧洲，而并非在一个民族主权国家相互竞争的欧洲。统一后的德国即使权力得到增长也不会推行以权力政治为导向的外交政策。恰恰是德国统一的实现导致欧洲旧有的权力结构遭遇瓦解从而存在体系无政府主义的危险，德国外交原有的属性，如多边主义、合作意愿才显得比往常更为重要（Czempiel，2000：15）。

新自由主义者进一步指出，随着相互依存和一体化进程的深入，欧洲出现了一种占有主导地位的共同利益，这一共同利益使得毫无顾忌地实现民族国家利益变得多余。德国著名政治学学者岑皮尔教授（Ernst – Otto Czempiel）指出高级政治中流传开来的"民族国家利益"这个词很不贴切，正确的表述应该是"联盟的共同利益"（Czempiel，1999：100）。岑皮尔同时还指出，"世界政

---

① 参见 Christian Hacke, *Weltmacht wider Willen – Die Außenpolitik der Bundesrepublik Deutschland*, Stuttgart：Klett – Cotta Verlag。不过后来哈克教授还是认为施瓦茨教授的"中心大国"的概念更为妥帖，于是 2003 年版的这部著作已经看不见"不情愿的世界大国"（Weltmacht wider Willen）这一标题。参见 Christian Hacke, *Die Außenpolitik der Bundesrepublik Deutschland – Von Konrad Adenauer bis Gerhard Schröder, aktualisierte Neuauflage*, Frankfurt am Main und Berlin：Ullstein Verlag。

治的结构将发生重大变化，世界将不再是个'国家世界'，即通过军事武力的占有、瓜分权力和势力范围的世界。但它也不是一个'世界社会'，即放弃武力手段，服从于一种中央权力的世界。这个新的世界更像是一个'社会世界'，即由国家组织所构成，但却受各个社会的利益所制约的世界。"（转引自尤尔根·哈贝马斯、米夏埃尔·哈勒，2001：83）冷战后的德国正是得益于被纳入了欧盟、北约的框架以及紧密的跨大西洋关系。在这种意义上，合作、维护共同利益、多边主义原则已经发展成为德国外交政策的目的，而不只是手段。

在新自由主义理论的影响下，德国另一些国际关系学者反对实行注重权力政治的外交政策。这些学者们认为，"相互依存"使得民族国家的行动能力降低，使得外交的政治烙印变淡，经济和社会烙印加深（参见 Bühl，1997：180）。德国外交的决定性因素不是其在国际舞台的权力地位，而是德国对国际社会的依赖性以及同国际组织的密不可分性。德国汉堡国防军大学国际政治学教授施塔克（Michael Staack）提出的"贸易国家"理论就是这一流派的典型代表。在施塔克教授的著作《贸易国家——德国新型国际体制下的德国外交》中，他强调国际合作的重要性，并指出一个"贸易国家"的首要目的是财富的最大化，在追求本国利益的时候，必须优先采用非军事手段和策略（参见 Staack，2000：19）。

第四节　建构主义视角

在不同流派各持己见的同时，从 20 世纪 90 年代初期开始，一支新的国际关系理论的研究流派——建构主义（Konstruktivismus）逐渐浮出水面。建构主义建立在对主流理论的批评之上，已经成为目前国际关系学的第三大主要理论范式，① 尤其对德国外交理论界产生了重要影响。

一 建构主义兴起的原因

在国际关系理论界的"第三次大辩论"中，新现实主义和新自由主义不仅没有决出胜负，反而出现了"新新综合"（neo-neo synthesis）的现象。归纳起来主要表现为以下几个方面：新现实主义和新自由主义都认为无政府主义是国际政治的本质特征；新现实主义和新自由主义都接受物质主义的本体论；新现实主义和新自由主义都坚持实证主义原则，认为研究的对象独立于观察者而客观存在；新现实主义和新自由主义都以经济学的个体主义来分析国际政治；新现实主义和新自由主义都在体系的层面上研究国际关系（参见袁正清，2005）。

"新新综合"的趋势证明了克劳德（Inis L. Claude）早在1981年就提出的观点，应该更多地把现实主义和理想主义看作国际事务中互补的、而非竞争的方法。赫兹（John Herz）更是将自己的立场称为"现实主义的自由主义"（realism liberalism）。奈也于1988年表示希望在20世纪90年代能够综合这两种方法，而不是重复70年代和80年代的思维方式（参见大卫·A. 鲍德温，2001：25）。

就在"新新之争"逐渐演变为"新新综合"时，主流理论活力的缺失为一些非主流理论的上升提供了土壤。"反思主义"异军突起，给主流理论造成了很大的冲击。"反思主义"一词由基欧汉提出。其实"反思主义"并不是单一的理论，而是涉及一个理论群，其中最为重要的就是以德国哲学家哈贝马斯（Jürgen Habermas）为

---

① 对于建构主义的评价学术界还未达成一致。也有学者认为建构主义作为理论范式还不成熟，不赞同将其视为第三大主要理论范式。

代表的批判理论以及以法国哲学家福柯（Michel Foucault）、德里达（Jacques Derrida）为代表的后现代主义理论（post - modernism）等。这些反思主义哲学思想家的作品在认识论方面具备以下共同特点：第一，它们特别揭示了实证主义／经验主义的研究方法在研究人类社会和政治时的不充分性。第二，作者尤其关心知识形成和塑造的过程，他们强调的是社会的、历史的和文化的命题，而不是那些建立在"深思熟虑"的理性主义、"有意义的数据"或"符合规则的公式"之上的命题。第三，拒绝那种超越历史和社会实践之外的所谓客观知识的探讨。第四，看重对现实的语言学的讨论和建构（王逸舟，1997：188）。

"建构理论"正是在反思主义对主流理论的冲击中逐渐壮大，并上升为目前国际关系学的第三大理论范式。

二　建构主义的兴起标志着国际政治理论的社会学转向

国际关系中的建构主义一词最早是在 1989 年由美国学者奥努夫（Nicholas Onuf）提出的，德裔美国学者温特（Alexander Wendt）于1999 年出版的《国际政治的社会理论》一书被认为是建构主义创立的标志性著作。

"建构主义提出了与传统国际关系理论不同的研究路径和新颖的国际政治理念，它突破了以往理论从经济学的视角出发，用理性选择理论来观察和分析国际问题和世界事务的局限，以一种全新的眼光，即社会学的视角来观察和把握世界走势。"（袁正清，2005：13）建构主义的兴起导致国际政治理论实现社会化转向。

从本体论而言，建构主义主要关注的是社会本体论。他们认为国际关系并非如主流理论所认为的是一个"物质的世界"，而是一个"社会世界"。从方法论而言，建构主义从主流理论的个体主义研究转向整体主义，或者说是用社会学的方法取代主流理论采取的经济学的方法。

三　从建构主义的角度分析德国统一后外交走向

欧洲学派是建构主义的一支核心力量，尤其不能忽视的是受到哈贝马斯沟通理性思想影响的德国学派，其代表人物主要有克拉托齐威尔（Friedrich Kratochwil）和瑞斯（Thomas Risse）等。

德国建构主义关心的一个重要领域就是统一后德国外交政策的走向，在分析德国统一后外交走向时常见的有三种不同的建构主义理论。"政治文化"派主要从德国反战的独特政治文化角度出发分析统一后德国外交的走向；"后结构主义"派认为统一后的德国外交是民族认同感形成的过程；"角色分析"派则从对国家角色的期待的角度出发来分析，典型的代表就是由特里尔大学政治学教授汉斯·毛尔等展开的有关"文治力量"（Zivilmacht）的研究。[①]

"文治力量"这一概念最早由法国人杜希纳（François Duchêne）于 20 世纪 70 年代提出，用来描述欧共体的对外影响。毛尔教授提出"文治力量"理论的出发点是：国家作为行为者处在一定的社会情景之中，行为者的身份和利益由社会建构而成。行为者创造了规范，规范反过来又约束行为者。国家在国际体系中扮演一定的角色，这种角色在与他者的互动关系中得以确立。而系统论在分析外交时对理念、价值、认同以及建构的作用未给予足够的重视。作为联结行为者层面和系统层面的铰链，角色理论能够更好地解释外交的"个体性"，弥补系统论的不足。毛尔教授"文治力量"的提法有三

---

① 参见 Sebastian Harnisch，"Deutsche Außenpolitik nach der Wende – Zivilmacht am Ende?" http://www. deutsche – aussenpolitik. de/resources/conferences/harnisch. pdf，最后访问日期：2015 年 2 月 25 日。有关"Zivilmacht"的中文翻译学界未能达成一致（参见王逸舟，2013：173），为了行文方便，本专著暂将"Zivilmacht"译为"文治力量"。

方面的所指：[①]第一，"文治力量"对参与构建国际关系的行为者进行分类，无论是从目的还是战略而言，这一行为者有意同传统的大国划清界限。第二，"文治力量"是一种特别的角色理论，也就是指一种外交理念和外交风格的独特形式，其目的是致力于国际关系的"文明化"。第三，"文治力量"是一种达到特定目的的手段，也就是一种建立在特殊手段上的外交战略。"文治力量"的目的是国际关系的"文明化"，这一"文明化"主要包括以下六个方面：第一，通过创建和保留合作和集体安全体系来减少国家内部以及国与国之间政治危机处理时的暴力倾向。第二，通过建立国际制度和机制并借助于多边合作、一体化以及部分让渡主权来加强法制国家建设。第三，加强国家内部和国家之间参与决策的形式。第四，加强和平处理危机的形式。第五，为强化国际秩序的合理性而促进社会均衡和持续性发展。第六，促进国际分工和相互依存。

第五节　理论面临的困境

一部国际关系的理论史就是一部争论史，每一次争论都揭示出各种理论流派的不足，最后导致互相让步，互相综合。国际关系领域是一个新问题不断涌现的领域，它的复杂性决定了迄今为止没有一种放之四海而皆准的理论。新现实主义、新自由主义和建构主义这三大主流理论范式形成了目前国际关系理论三足鼎立的局面。然而，国际关系领域是千变万化的，只有对现有理论不断进行反思，综合各家之长，才能不断接近真理。

虽然现实主义是西方国际关系理论中发展得最完善的一种理论

[①] 参见 Knut Kirste und Hanns W. Maull, "DFG - Projekt Zivilmächte Fallstudie - Zivilmacht und Rollentheorie", http://www. deutsche - aussenpolitik. de/resources/conferences/zib. pdf, 最后访问日期：2015 年 2 月 25 日。

范式，也是迄今为止对国际关系影响最大的一种理论范式，但是"现实主义范式最大的理论困境在于，它只能通过背离自身的理论假设来弥补自身的理论不足。现实主义的不足在于，过于强调国际体系的结构性力量，忽视或淡化了国内因素的作用"（潘忠歧，2004：32）。

于是，现实主义自然遭到了来自科学行为主义、新自由主义的挑战。然而新现实主义和新自由主义在争执过后才发现，它们之间原来有很多共同点。连新自由主义者也不得不承认新现实主义的巨大生命力。正如莱因赫德·尼布尔（Reinhold Niebuhr）所称的"光明的孩子"和"黑暗的孩子"："纯粹的理想主义者（光明的孩子）低估了特定的和狭隘的忠诚产生的持久的权力。这种权力是实现更广泛的共同体的反力量。但现实主义者（黑暗的孩子）强烈地受到了这些持久性力量的影响，以至于不能认识到在一个变革的世界中新奇的和独特的因素。理想主义者错误地认为，新的形势自发地产生解决问题的办法。现实主义者则错误地怀疑变革形势力量的破坏性和创造性。"（大卫·A. 鲍德温，2001：25）

冷战的结束使得传统的现实和理想派、保守和自由派之间的界线变得模糊，这至少印证了米尔斯海默的一个观点。在苏联解体后的一片欢呼声中，他在《大西洋》杂志上发表了现在看来颇有前瞻性的预言：当人们从冷战后的陶醉中醒来时，很快就会开始怀念战线分明的冷战时代。于是，国际关系主流理论在遭遇困境时选择了综合。

德国红绿联合政府外交面临的诸多两难抉择恰好为这一理论界所遭遇的困境提供了最好的注脚。乍一看，德国红绿联合政府的外交似乎为新自由主义提供了最好的证据：德国继续承诺不生产和制造生物、化学和核武器；作为"欧洲中央大国"的德国一如既往地既致力于欧盟的扩大又致力于欧盟的深化，德国外交政策日益欧洲化；从倡议彼得斯堡会议到积极参与阿富汗战后的重建，从拒绝派兵伊拉克再到着手谈判解决伊朗核问题，德国外交向世界展示了"非武力"的魅力。作为联合国、欧盟、北约、欧安组织等世界重要多边国际组织的成员，德国积极奉行多边外交。从在欧盟事务中扮演"发动机"的角色到致力于联合国机制的改革，从签署《京都议定书》到加入"国际刑事法庭"，从斡旋中东危机到反对对伊动武，德国一直是多极世界的重要一员并积极致力于国际关系的民主化。对法西斯战争罪行的真诚认罪使得德国赢得了世界的尊重。

然而，德国在红绿联盟时期的一些重大外交政策的转变似乎又印证了新现实主义的巨大生命力。联邦国防军实现了一系列的突破：首次派兵作战（科索沃战争）、首次参加北约防区之外作战（阿富汗战争）、首次担当维和部队的领导（驻阿富汗维和部队）；德国在坚持与美国结盟的同时表现出越来越强的独立意识，德美之间因伊拉克危机造成的僵局就是明证；德国开展的声势浩大的"入常"攻势更是表明德国希望摆脱"经济巨人、政治侏儒"的形象，加快迈向政治大国的步伐。甚至在最让新自由主义者引以为自豪的欧盟政策领域，德国民族国家利益至上的趋势也有所抬头，典型的例子就是曾被称为"稳定公约之父"的德国连续多年违背《稳定和增长公约》规定的标准。

鉴于两大主流理论在解释统一后德国外交走向方面缺乏充分而全面的说服力，建构主义迅速崛起。尤其是德国毛尔教授提出的"文治力量"理论为分析统一后德国外交的走向开辟了一条新的路径，日益受到德国以及国际关系学者的关注。不过，当以"角色理论"为代表的建构主义给德国国际政治学注入新鲜血液的同时，该理论的不足也显而易见。由于对角色的期待不仅产生于内部，还来自于外部，变量的不可测性导致这一理论在预测国家行为时缺少前瞻性。不过，笔者认为，以"文治力量"为代表的理论至少在解释德国外交呈现出的错综复杂性时比两大主流理论更具有说服力。正是由于德国对其国际角色有着不同的期待，德国外交才面临诸多"成长的烦恼"。

第四章　外交平衡术之内生根源

"外交表达着民族国家的根本利益和它对国际关系的主要诉求。一个国家的外交，是通过官方认可的对外交往方式，把这个国家的基本结构、大的目标、自我定位等，展示给它的邻国乃至整个国际社会。"（王逸舟，2009：11）王逸舟在《中国外交影响因子探析》一文中曾分析了影响中国外交的不同要素，如中国的政治制度、屈辱的近代史、传统文化心理结构、西方文化和意识形态、信息技术革命、大众消费热及工商业的崛起、地区一体化势头、核心外交圈的创新、非中央外交的兴起以及政治领袖的态度与个性等。王逸舟特别指出，影响外交的各类因子之间有着错综复杂的关系，人们实际见到的外交，并非单一因素的引导和决定，而是多层次、多步骤发生、相互作用和制约、反复塑造或对冲的结果，是所谓各种力的"平行四边形的合力"（参见王逸舟，2009：17）。

这一"平行四边形的合力"观点同样适合于对德国外交的研究。本书将在第四章和第五章探讨影响德国红绿联合政府外交平衡术的不同因子。外交是内政的延续。德国外交之所以区别于其他国家的外交，首先是因为有着独特的政治文化、地缘特点以及历史基因，这些德国外交内在的特质同时造就了政治领袖的独特个性。本书第四章将这些内在的影响因子归纳成影响外交平衡术的内生根源，逐一进行论述。

第一节　两种政治文化的并存

所谓政治文化并不是指习惯中政治和文化的简单组合，而是指某一较长时间里体现某个国家、社会、阶级或社会集团特点的政治倾向和政治行为模式，是其社会的心理环带（参见殷桐生，1990：14）。统一后德国政治文化的主要特点如下。

一　民主体制得到了广泛认同

对于德国这样一个崇尚国家权威、有着魏玛共和国失败经历、发动过两次世界大战的国家，民主的进程尤其艰难。二战结束后，在西方占领国的民主熏陶下，在西德政府的不懈努力下，西德成功实现经济奇迹，公民物质生活水平日益得到改善，民主的理念也开始逐步扎根于公民的深层意识之中。1990年，德意志民主共和国依据德意志联邦共和国《基本法》第23条加入德意志联邦共和国，德国实现了和平统一。1991年4月的一项民意调查表明：86%的西部居民认为民主是最好的国家形式。在东部这一赞成民主体制的比例也达到了70%（参见 Rudzio，1991：475）。德国统一的实现并未动摇德国《基本法》规定的民主制、联邦制、法治国家和社会福利国家原则。

二　德国的公民社会日臻成熟

"90年代以来，建立在国家/市场/民间社会三分法基础上的公民社会概念日益得到国内外学者们的普遍接受并广泛流行开来。按照这种三分法，公民社会概念是指相对独立于政治国家与市场组织的公民结社和活动领域，包括个人私域、非政府组织（志愿性社团和非营利组织）、非官方的公共领域和社会运动四个要素。"（俞可

平，2004：190～191）

20世纪60年代末期，随着德国经济状况渐入佳境，尤其是随着70年代和80年代"新社会运动"的爆发，公民的价值观逐步从工业化时代的物质主义向后工业化时代的后物质主义转化。人们逐渐摆脱传统的以工作和收入为主的社会取向，而更多地关心个人的幸福与生活的舒适。与此同时人们也将目光投向了环保、妇女、反核、和平等问题。绿党在德国的兴起正是这一价值观转变的最好注脚。德国的公民社会日渐形成，社会日趋多元化。统一后，经历"新社会运动"的这代人成为德国社会的中流砥柱，各种利益集团影响力提高，德国的公民社会也日臻成熟。

2001年进行的协会普查显示，德国共有544701家注册协会，未注册的协会至少有350000家。① 从经济范畴的雇主协会或工会组织，到社会范畴的自助社或是"被驱逐者联盟"，这些涉及经济、政治、宗教、文化社会生活等众多领域的协会成为民主和多元社会不可或缺的组成部分。形形色色的协会组织直接或间接地渗透到国家的政治事务中，促使政府或是与政府一起共同形成公共权威和公共秩序。公民社会的日臻成熟促使执政党的治国理念从"统治"（government）向"治理"（governance）转变。

三 "一个社会，两种政治文化"

统一这一剧烈的社会政治振荡没有动摇德国议会民主制度的根基。联邦德国的居民和民主德国的居民"本是同根生"，但是40年来的不同经历造就了东西部居民不同的政治文化。"一个社会，两种政治文化"形成的原因在于以下方面。

---

① 参见"NEWSLETTER 3. Jahrgang Ausgabe 16/2001"，2001，http://www.nonprofit.de/vere-insstatistik und nonprofit，最后访问日期：2003年8月17日。

第一，不同的政治文化经历

二战结束后，德国被一分为二，地处冷战前沿的两个德国仿佛就是冷战的缩影：政治上对抗、军事上对峙、意识形态上对立、经济上对垒。40年来不同的政治和社会经历不可能在一夜间消失。战后的联邦德国实行资本主义制度，建立并发展了社会市场经济，采用联邦议会民主制政体，其政治制度具备西方国家政治制度的共同特征：人权、民主和权力制衡。而战后的民主德国则效仿"苏联模式"实行社会主义制度，采用人民议会民主制政体，发展以计划经济为主的经济。两种政治体制和经济体制孕育了两种不同的价值观和政治文化。经历过新社会运动的西德居民更加注重"民主""自由""环保"，其价值观打上了较深的"后现代"烙印；社会主义体制熏陶下的东德居民更加关注"平等""安定""团结"。随着1600多万缺乏西方民主经验的新公民的加入，德国的政治也进入了一个未知的领域。1997年的一项民意调查显示，虽然大部分的东部居民赞成实行民主体制，可是在"联邦德国的民主体制是否是最好的国家形式"这一问题上，西部居民有2/3赞成，赞成这一说法的东部居民只占1/3。1999年Forsa的一项问卷调查表明，61%的东部居民对德国的民主状况感到失望，60%的西部居民则表示对德国的民主状况感到满意（参见Ahbe und Gibas，2001）。"从总体上看，德国政治文化中的传统因素如国家主义、非政治的内向倾向、惧怕冲突、形式主义等，仍在东德社会随处可见，影响颇深；而在西德，这些价值传统几乎见不到踪影，……相较之下，多元化的、务实的和追求闲适的西德社会对东德人是陌生的……"（连玉如，2003：447）

第二，东西部经济水平发展不均

"尽管1991年西德以每季度410亿西德马克的数量向东德稳定地输出商品和劳务，令人担忧的是反方向的流动却一直很弱，而且科尔总理颇为自信的东部'经济奇迹'并未出现。相反，德国经济逐步落入支付赤字、高额公共借贷和失业率持续上升的循环中去了。"（艾伦·沃森，1997：360）在统一之初的狂喜过后，德国很快陷入了失业和经济衰退的困境之中。美国经济学家甚至认为在低增长中徘徊的德国经济患上了"德国病"。持续在低增长中徘徊的德国经济尤其对东部的打击很大。"德国政府统一后成立的托管局没有根据实际情况，从根本上对东部原有的产业结构进行调整，而是采取了将原东德国有企业全部私有化这样'全盘否定'的做法，导致大批工厂倒闭，失业人员激增，进一步加重了德国政府的负担"（戎昌海，2004），"统一以来历届德国政府都对振兴东部地区经济作了一次又一次的许诺，西部地区也以年均1600亿马克的数额（相当于德国国内生产总值的6%）向东部地区输血，但东部经济始终不见起色。经济增长低于西部，失业率是西部的两倍，甚至两倍以上，工资在人为地拔高一段以后目前已进入停滞状态，拉平还不知要等到何时，'同工不同酬'至今未能消除，甚至78%的人认为自己的生活水平降低了……"（殷桐生，2002：63～64），东西德生活水平的差异使德国政治面临一个全新的"富人和穷人"的社会，给生活水平曾一度很平均的社会造成了一道危险的裂痕。失业同时还为排外主义的滋长提供了温床。著名的德国问题专家艾伦·沃森在《德国人——他们现在是谁？》一书中指出，统一标志着种族和阶级又重新回到德国的政治中来，种族问题和种族冲突已构成了德国政治的要素并很可能会持续一段时间（沃森，1997：398）。

第三，"非民德化"运动带来的负面影响

所谓"非民德化"运动指的是德国政府为了消除民主德国的政治思想意识，对民主德国上层建筑进行的改造运动。"非民德化"运动中受到清洗的对象主要有民主德国的党政官员、公职人员和高校教师。可以说，这些人是德国统一的牺牲品。民主德国最后一任国防部长霍夫曼将军在接受中国《国际先驱导报》记者专访时谈到，民主德国人民军被指责曾经为一个集权政体服务，故而受到了强烈的歧视，这种歧视表现在三个方面：其一是退休金被削减到 86%；其二，把民主德国军官划分为曾为外国服役的一类人，不允许按照原来的军衔退役；其三便是前东德人民军的历史被歪曲，过去在人民军中所获得的资格证书也不被承认（参见周勋，2004）。虽然霍夫曼将军百分之百赞成两德统一，可是如果人们仍将东德居民当作二等公民对待，长此以往，肯定会给德国社会带来不良影响。虽然柏林墙倒塌了，可是东、西部居民之间依然存在着种种误解、猜疑和隔阂。东部居民在工资水平、生活条件等方面与西部仍有较为明显的差异，失业率比西部高出一倍以上。而西部居民为每个月支付给东部地区的"团结税"抱怨的也不在少数，戏称统一带给他们的不过是"一张扩大了的地图"。2004 年 10 月 3 日，德国《明镜》周刊公布的一项民意调查显示，21% 的德国人希望重建"柏林墙"。德国"内部统一"任重而道远。

两种政治文化并存的现象将会持续很长时间。这同时也对统一后的德国外交产生了影响。比如在欧洲政策方面，东部居民普遍缺乏一体化的经验，同西部居民相比，对欧盟东扩更多持保留态度，在土耳其加入欧盟的问题上持保守立场；在处理德美关系时，东部居民普遍对美国给予两德统一的支持心怀感恩，而西部居民，尤其是经历过反越战的"68 代"人则倾向于客观地看待美国；此外，近年来在德国东部日益抬头的排外势力逐渐引起了国内外的广泛关注。

第二节 地缘政治导致的两难

"地缘政治学是政治地理学的一个部分，它根据各种地理要素和政治格局的地域形式，分析和预测世界地区范围内的战略形势和有关国家的政治行为，地缘政治学把地缘因素视为影响甚至决定国家政治行为的一个基本因素，这种观点为国际关系理论所吸收，对国家的政治决定有相当的影响。"（《中国大百科全书·地理卷》，1990：118）

翻开欧洲地图，可以看到：位于欧洲中部的德国有着众多的邻国。可是这并非德国地缘政治的全部。"对德国来说，它没有可用来定界的河床、山系、大陆隔断和海洋。甚至莱茵河也是不断有争议的。父亲河莱茵养育了法德两国的子孙！"（沃森，1997：29）处于欧洲心脏地位的德国地缘政治条件并不优越。它既不能倚仗崇山峻岭作为天然屏障，也没有辽阔的海岸线，幅员虽然在欧洲大陆来说不算太小，但是邻国太多。北边是经济发达的北欧地区，南边是险峻的阿尔卑斯山，东、西两边是易攻难守的平原，西边有强大的法国，东边距离陆权强国俄罗斯不远。德国资源匮乏，经济主要依赖出口。这样的一个国家很容易受到邻国左右夹击，面临腹背受敌、被封锁出口通道的危险境地。"德国统一以后，它的欧洲南北枢纽地位得到扩展，即把斯堪的纳维亚同波希米亚地区和巴尔干国家也联系了起来。更为重要的是，德国统一使它再度成为欧洲东西交通的中轴：通过柏林，德国把巴黎、伦敦、布鲁塞尔同布拉格、华沙、基辅和莫斯科联系了起来。这种'欧洲之中国'的地缘政治形势，从历史到现今一直是决定欧洲或战乱频繁或和平安定的根本因素之一。"（连玉如：2003：3）

特殊的地缘政治特点决定了德国是现代地缘政治研究的发源地和最重要的学术中心之一。"早在19世纪末20世纪初，德国地理学家弗里德里希·拉采尔（Friedrich Ratzel）便从国家实有和应有的空间形态出发，通过分析国家与其所处地理环境之间的关系，力图揭示影响国家权力兴衰起伏的重大规律性因素，开启地缘政治研究之先河。"（葛汉文，2011：119）"20世纪二三十年代，'德国地缘政治学'的很多概念与命题，如'有机体'（Organismus）、'生存空间'（Lebensraum）、'中欧'（Mitteleuropa）、'东进'（Drang nach Osten）等，得到了包括希特勒、赫斯等在内的很多德国政治人物的赏识与引用，直接参与塑造了1933年之后纳粹德国对外战略的形成。"（葛汉文，2011：120）扩张还是均衡？特殊的地缘政治特点带给德国外交的这一两难命题已在第二次世界大战中得到了回答：扩张注定失败，均衡应该成为德国外交的主旋律。

特殊的地缘政治特点注定德国外交的中心是欧洲。然而，利用地处欧洲中部的地缘优势，起到东西欧桥梁的作用并非易事。一方面，德国要在西欧大国法国和英国之间周旋。尽管德国既致力于欧盟扩大又积极推动欧盟深化，然而法国认为欧盟的东扩是对法国地缘政治地位的挤压。作为岛国的英国则惧怕欧洲大陆一体化进程的深化，一直以来就不是欧洲一体化进程的积极支持者。时至今日，英国也未加入欧元区。相对于欧盟深化而言，英国更支持欧盟扩大，不过英国的扩大政策大有"浑水摸鱼"之嫌。这一地缘政治的特点决定了德法英三角关系的微妙。另一方面，德国还要充当中东欧国家的代言人，积极推动欧盟东扩。这不仅是为本国的经济寻找资源、劳动力和市场，更是为了不让德国东部边界成为贫富悬殊的分界线，因为德国明白：德国不是"输出稳定"，就是"输入动荡"。被誉为"欧盟发动机"之一的德国就是在这种地缘政治的背景下兼顾东、西，外交上面临两难抉择就不足为奇了。

第三节　历史反思导致的两难

一个国家的外交政策不仅受到国际大环境的影响，同时还受到各个国家特定的历史和政治文化传统的影响。"历史记忆是指一个国家或民族在其自身漫长的发展过程中所经历的一系列外交事件在国民意识和政府涉外档案中所留下的感受和痕迹，已经成为一种沉淀的文化或心理。这种历史记忆的一种特殊的文化定式或思维习惯作用在一国社会的不同层面和群体上，并且会转化成一国或该民族的尊严感，特别是那些重复性的历史记忆更能刺激一国政府或民族的恐惧感、仇恨感和敌对情绪，从而直接地影响一国外交政策的制定和实施。"（姜安，2004：81）

　　德国是一个背负着沉重历史包袱的国家。它在战后对第三帝国的野蛮与黑暗历史进行了深刻反省，对纳粹所犯暴行和罪恶表现了真诚的忏悔，因而得到受害者及世界各国的普遍宽恕和尊重。可是，任何一个国家要完全同自己的历史彻底决裂都是困难的。两次世界大战的发起者，尤其是纳粹德国犯下的滔天罪行不仅给其他国家的人民带来深重的灾难，同时也给德国人民打上了"集体记忆"的烙印。美国政治学家马可维茨（Andrei S. Markovits）和雷希（Simon Reich）在《德国窘境》（*The german Predicament*）一书中指出：有关纳粹的经历，尤其是大屠杀的经历已经融入了德国人的集体记忆，至今仍然影响着德国在欧洲的地位。德国不是什么"大国"，更不是什么"世界大国"，而是自己将权力限制在欧盟的框架之内（参见Markovits und Reich：1998）。这两位美国学者还批评了新现实主义学者，如米尔斯海默认为统一后的德国将会"返回到未来"（back to the furture）的观点。虽然统一后德国主体民众大部分并未亲历二战，"然而他们并没有从历史中解脱出来，从一种深刻的意义上讲他们认为这样更好，他们知道记住历史使自己受益，因为记忆是对重蹈覆辙的最好屏障。而另一方面，可以理解，他们内心渴望着被解脱出来"（沃森，1997：350）。

　　一方面，沉重的历史包袱使得德国人无法回避，尤其在处理对外关系方面必须小心谨慎，瞻前顾后；另一方面，统一后获得完全主权的德国人又想更加自信地站在国际舞台上。无论是困扰德波关系的被驱逐者问题，还是联邦国防军海外派兵，抑或是德国艰难的

"争常"之路，历史重负带给德国人的两难思维将长期影响着德国的外交。

第四节　新一代领导层的诞生

社民党和绿党在1998年大选中的胜出使施罗德成为德国战后第七任总理，菲舍尔成为德国第一位来自绿党的外交部长。施罗德和菲舍尔的执政意味着德国新一代领导层的诞生。

施罗德出生于1944年4月7日，是战后德国第一位没有亲身经历二战的德国总理。他的母亲是清洁女工，父亲弗里茨·施罗德（Fritz Schröder）在二战时是德国纳粹坦克部队的一位工程师，1944年10月在希特勒的军队从苏联撤退途中死于罗马尼亚，当时年仅32岁，他的墓地直到2004年才找到。施罗德的办公桌上曾一直放着未曾谋面的父亲头戴钢盔的黑白照片。在纪念诺曼底登陆60周年前夕，施罗德得以给父亲扫墓，了却了心头一桩夙愿。施罗德本人的辛酸经历恰好折射出德国在对待历史沉疴中的两难：他们既是战争的发起者，同时也是战争的受害者。德国应该承担二战的历史责任，但是历史沉疴不应该束缚德国在国际社会发挥应有的作用。以施罗德为首的红绿联合政府在对待历史沉疴问题上表现出不同于往届政府的自信。2002年8月，施罗德在大选前接受德国《图片报》（*Bild - Zeitung*）采问时表示："我所工作的德国是一个自豪的和团结的国度。我把它叫作我们的德国……我们的德国自力更生……我们的德国是一个自信的国度……我们的德国在世界范围内享有尊敬和声誉，因为我们是伙伴和榜样；因为我们正在建设一个民族的欧洲，正在确保世界范围的和平和维护人权；我们不必隐藏我们的民族利益。这就是我们的'德国道路'。我为了这一信念而斗争并工作。"（转引自 Hellmann，2004：32）胆敢突破"德国道路"这一历史禁忌与施罗德没有亲身经历二战不无关系。

家境贫寒再加上幼年遭遇的不幸使施罗德很早就养成了坚强、独立、务实的性格，这种性格和经历影响了他后来的政治生涯。虽然一开始曾茫然地涉足过极右的德意志帝国党，也差点加入自民党，最终施罗德还是选择了社民党。对青年时代的施罗德起到决定作用的是日后担任联邦德国总理的施密特。"有人曾经问他对社民党领袖们有何具体看法，施罗德的答复是：对勃兰特是爱慕，对魏纳（Herbert Wehner）是尊敬，对施密特则是崇拜。"（王建政等，1998：13）可以说勃兰特那富有远见的思想深深地影响了这位青年社民党成员，而务实、自信的作风更多又是继承了施密特。

1978 年，施罗德当选为社会民主党青年团主席。属于晚期"68代人"的施罗德信仰过马克思主义，钦佩越南共产党领袖胡志明，反对越南战争和《紧急状态法》。1981 年的秋天，施罗德第一次踏上了美国的土地，他对美国的评价是"个人和空间的自由让人印象深刻，可是贫穷也让人诧异"（转引自 Hacke，2003：440）。施罗德和这个"拥有无限自由的国度"之间的距离感呼之欲出。2002 年德美由于伊拉克战争产生的分歧"冰冻三尺，非一日之寒"。

访美结束后，施罗德投入了声势浩大的反对北约"双重决议"的和平运动之中。在与和平运动积极分子会谈时，施罗德还宣称要投票反对所有与部署导弹计划有关的预算草案，然而最终他还是投了赞成票。就是这样一位凭借敏感而又灵活的政治神经，在社民党左派和右派中左右逢源的政治家开始一步一步走向权力巅峰。

1990 年，施罗德当选为下萨克森州的州长。担任州长期间，施罗德深深体会到汽车工业是下萨克森州经济发展的命脉。这一内政经历告诉后来成为德国总理的施罗德，只有当一名政治家具备经济判断能力时才能赢得大选。他在成为德国总理后也以实际行动证明了这一点，为此他也赢得了"汽车总理"的美名。

与此同时，"党内同志对施罗德性格中的不稳定性也十分厌烦。人们称他的'行军路线是从左上到右上'，从来没有直来直去的时候。在通往政治权力的道路上，他背叛过几乎所有的基本政治立场。1983 年，他作为青年抗议活动调查委员会的成员，曾经呼吁政府要与那些嬉皮士进行和解。但 13 年后，当嬉皮士策划在汉诺威闹事时，他威胁道：'谁要是敢来闹事，就要当心挨揍！'；1986 年，切尔诺贝利核电站泄漏事故发生后，他大力呼吁禁止核能。但在 1993 年和 1995 年的核能会谈中，他又为建造新的核反应堆竭力辩护；1990 年，他坚决反对耗资 1000 亿马克的'90 歼击机'研制计划。但在 3 年后，他却全力支持换汤不换药的'欧洲 2000 战机'生产计划。他的理由很简单：不管什么计划，只要能创造就业机会就好"（王建政等，1998：108～109）。

可以说，施罗德属于从州长成长起来的总理，在德国历任总理中，施罗德的外交经验最为缺乏。他从未在就任总理前担任过联邦部长的职务，只在 1980 年至 1986 年当选过联邦议会的议员。他既不能向前总理科尔一样利用所在党党内以及议会党团内的权力网络，也不能像前总理施密特一样利用在政府层面积累的经验。作为总理的施罗德延续了作为州长的施罗德的执政风格，这其中包括灵活地改变立场、自发的务实性以及将政治理解为不具有意识形态色彩的务实行为（参见 Egle，2003：131）。

红绿联合政府另外一位举足轻重的政治人物就是身为绿党成员的外长菲舍尔。菲舍尔出生于 1948 年 4 月 12 日，在 20 世纪 60 年代曾是当时席卷欧洲的学生运动的风云人物。1968 年遍及欧洲大陆的学生运动是新左派运动的一次大展示。整个一代"68 代人"在西欧掀起了一场旷日持久的"新社会运动"。没有读过大学、年轻时当过工人、在法兰克福街头开过出租车的菲舍尔就曾是这场运动中的一员。当年的他非常偏激和好斗。菲舍尔与当时著名的学生运动领袖丹尼尔·科恩－本迪特（Daniel Cohn－Bendit）在法兰克福成立了一个名为"革命斗争"（Revolutionärer Kampf，RK）的组织，共同策划了一系列的学生抗议示威活动。他的这段历史也在日后引出了一系列的政治风波。2001年1月，德国《明星》杂志刊登了5幅有关菲舍尔历史的照片，揭露他在1973年4月的一次街头游行抗议中使用暴力殴打一名警察。一石激起千层浪，在殴打警察的照片曝光后，对菲舍尔的指控也越来越多。有人指控他于1975年参加西班牙驻德使馆前的一次示威活动中向警察投掷石块和燃烧瓶，还有人指控他参加了巴勒斯坦解放组织在阿尔及尔召开的一次做出要摧毁以色列决议的会议，在法兰克福期间同恐怖分子席勒女士（Margit Schiller）有来往。于是，联邦法院提出将弹劾菲舍尔。最终帮助菲舍尔摆脱这场政治风波的是民意。2001年4月，法院放弃了对菲舍尔的弹劾。德国民众对菲舍尔的宽恕，并非在于他的个人魅力，而是由于这场政治风波引发了一场如何看待"68代人"历史的大讨论（参见刘东国，2002：174）。

开出租车的那段生涯让菲舍尔接触到社会上形形色色的人和事。这也使得他"慢慢抛弃了新社会运动早期的激进思想，通过自己的努力将这一运动引导到主流政治的框架范围之内，将新社会运动初期的反制度斗争转化为使议会制度更加完善的改良主义斗争，也就是使激进政治温和化，并与主流政治相融合"（刘东国，2002：168~169）。1985年他当选为黑森州环境与能源事务部长，却经常对国际政治发表看法，因为他对外交部长一职情有独钟。1998年他成功地当上了外交部长，在一次接受女摄影师科贝尔（Herlinde Koelbl）的采访时，摄影师询问菲舍尔什么时候开始瞄准外长这一职务作为他个人奋斗目标，菲舍尔答道："1993年时我就做出了要进军波恩的决定。"（Raschke，2001：99）1998年大选使得绿党成为第三大党，就在许多人质疑一名绿党成员能否胜任外长一职时，菲舍尔提出他将推行"德国外交"，而非"绿色外交"。促使菲舍尔在外交理念上发生转折的是 1995 年 7 月 12 日发生在波斯尼亚（Bosnien）的斯雷布雷尼察（Srebrenica）的大屠杀事件。尽管斯雷布雷尼察处于联合国保护区，而且也驻扎有蓝盔部队，波斯尼亚的塞尔维亚族人还是驱逐并杀害了生活在当地的阿尔巴尼亚族穆斯林。这一大屠杀事件使得菲舍尔后来逐渐抛弃了绿党激进的和平主义主张，转而认为绿党不该再在原则上拒绝联邦国防军参加联合国的维和行动。1998 年 3 月，绿党在马格德堡（Magdeburg）举行的大会上投票拒绝把联邦国防军参加在波黑的联合国维和行动写进竞选纲领，时任绿党议会党团发言人的菲舍尔认为，绿党在外交政策上自己给自己增加了不必要的麻烦，并认为这一决议是错误的信号。接下来的数月里菲舍尔借来一辆旅游巴士开始了他的"单人竞选活动"。

1998 年 10 月底，菲舍尔如愿成为德国的外交部长。身为绿党现实派的菲舍尔凭借他的个人魅力在德国和世界的政治舞台上赢得了很高的声望，同时也在很大程度上克服了红绿两党联合执政的两难，保证了红绿联合政府的行动能力。1999 年德国派兵参加科索沃战争以及 2001 年参加阿富汗战争决议的作出，正是菲舍尔费了九牛二虎之力的结果。2002 年大选期间，绿党史无前例地打出"第二票是约什卡的票"（Zweitestimme ist Joschkastimme）的口号。正是仰仗菲舍尔的个人魅力，绿党在这一次大选中获得了 8.6% 的选票，在很大程度上弥补了社民党丢失的选票，也为红绿两党能够再度连任立下了汗马功劳。

不过，人们对于绿党的这位灵魂人物褒贬不一。"新闻界的宠儿菲舍尔，他的提升是多年来按照一种简单的模式进行的：蔑视将他扶上飞黄腾达之路的党，在公众面前批评自己的党，并以此来树立自己的形象。绿党纵容他这样做，并甘愿臣服于他。"（拉封丹，2001：73）

施罗德和菲舍尔代表着一个全新的领导层：作为第一代二战后出生的领导人，他们一方面渴望塑造德国独立、自主的外交形象，但另一方面却又深刻体会到德国沉重的历史重负无法彻底摆脱；作为年轻时代经历过学生运动的领导人，他们一方面带有反叛的精神，而另一方面又受制于现实政治；作为通过积累内政经验一步一步奋斗到权力巅峰的领导人，他们一方面信心满满，而另一方面也不得不认识到外交领域还需不断锤炼。

第五节　红绿联合执政的两难

仅从绝对数字上看，社民党在 1998 年大选中的得票率似乎算不上历史性的，毕竟社民党曾在勃兰特的领导下于 1972 年创下过 45.8% 的纪录。可是如果从社民党和联盟党票数的悬殊来看，5.7% 的差距足以使得这次大选载入社民党的历史。1980 年诞生的绿党在此次联邦议会选举中一跃成为联邦议院中的第三大政党，取代了一向起 "政治天平砝码" 作用的自民党的地位（周弘，1999：115）。红绿联合政府的副总理兼外长菲舍尔在他 2007 年出版的《红绿岁月》一书的第一章中这样描述他 1998 年竞选获胜时难以名状的惊喜："我坐在大大的内阁大厅里，旁边坐着总理施罗德还有其他几位部长，身份是德国联邦政府的一员、外交部长以及德意志联邦共和国的副总理。其实不知怎么地总感觉有点发疯，或者难以名状，虽然我自己认为自己是一个著名的现实主义者，可是这一刻我还是要克服一些内心的疑虑，告诉我自己是否清醒或者最终只是梦一场。"（Fischer，2007：15）

社民党和绿党两党在 1998 年的联邦选举中成功实现组阁并非偶然，主要原因如下。

第一，科尔的光环逐渐褪色

来自基民盟的前任总理科尔连续执政 16 年，其任期超过了德国自 1949 年建国后历任总理的任期。如果说科尔的前两次成功连任多少得益于实现德国统一给他带来的优势，那么最后一届任期他头上的"统一设计师"的光环已逐渐暗淡。尤其是来自德国东部的选民并未看到科尔曾经承诺的"一片欣欣向荣的景象"，对科尔政府逐渐丧失信心。让科尔最难以承受的是，1994 年在路德维希港的选举中他败给了社民党的女性候选人多丽斯·巴讷特（Doris Barnett），未能以该选区的直选议员身份进入联邦议院。要知道这个选区是科尔的家乡，本应获得更多选民的认同。德国波恩大学政治学家哥尔特·朗古特（Gerd Langguth）曾写道，"施罗德之所以能够成功是因为执政 16 年之久的科尔不能动员许多潜在的联盟党选民。此外科尔之所以对他自己所在的党犯有罪过，是因为他没有培养接班人。社民党之所以获胜，不是因为德国人从根本上需要政治变革，而是因为需要一个新的总理"（Langguth，2009：205 - 206）。

第二，社民党的精心准备

社民党的此次胜出绝非仅仅归功于联盟党的失败以及全国上下一片希冀变革的呼声。社民党在组织、纲领和竞选策略上都对 1998 年的联邦议会选举进行了精心准备。1998 年 3 月，社民党在下萨克森州州选举中以 47.9% 的得票率，获得历史最好成绩，下萨克森州社民党领导人施罗德被推上了社民党总理候选人的宝座（王建政，1998：146～147）。根据 1998 年 4 月德国《明镜》周刊发表的数据显示，施罗德甚至在大选前就赢得了对手阵营的敬重：68% 的倾向于投自民党选票的选民认为施罗德将来会发挥更大的作用，联盟党阵营的这一比例也高达 57%。① 尤其是在下萨克森州选举结束后,社民党全党团结一致,分工协作:党主席奥斯卡·拉方丹(Okar Lafontaine)负责凝聚社民党的向心力;明特费林(Franz Müntefering)负责竞选组织工作;施罗德则利用超高的人气指数吸引尽可能多的选民。

第三,社民党和绿党的共性为两党合作提供了可能性

按照惯例,鲜有一个政党在德国联邦议会选举中获得多数实现单独执政,围绕着组阁展开的党派之间的合作显得颇为关键。

绿党在意识形态方面与传统的左翼政党有着较大的共性。这为红、绿两党的结合提供了较大的可能。社民党和绿党在理念上都比较强调社会的公正、财富的均衡,相比起联盟党和自民党而言更趋激进,绿党和社民党内部派系众多,均存在左、右翼之争,绿党中更是有绿党想象派、绿党生态派、绿党和平派、绿党激进左派之分,这便使两党的无论哪一部分均能在对方那里得到回应,从某种程序上淡化了两党的政治分野(参见王明芳,2003:47)。

许多绿党的成员原本就来自传统的左翼政党,也有些绿党成员离开绿党转而加入社民党。20 世纪 70 年代中后期,苏联在中东欧地区部署先进的"SS-20"中程导弹,时任西德总理——来自社民党的施密特主张采取"均势战略",促成了北约"双重决议"(NATO-Doppelbeschluss)的出台。然而,施密特的主张在反战色彩浓厚的联邦德国国内遭到误解,国内反战呼声高涨,联邦德国社民党内部也分化成不同的阵营,一些社民党成员选择退党加入和平示威活动,这些和平示威活动直接促成了 1980 年联邦德国绿党的创建;绿党创建后,也不乏选择退出绿党加入社民党的政治家,1998 年至 2005 年

---

① 参见 Spiegel Online,"Traumwerte für Schröder",http://www.spiegel.de/spiegel/print/d-7870192.html,最后访问日期:2015 年 2 月 25 日。

担任德国红绿联合政府内政部长的政治家席利（Otto Schilly）就是一个典型的例子。这位绿党"现实派"的代表人物曾为1980年绿党的创建立下了汗马功劳。然而，绿党内部现实派与保守派之间的胶着状态逐渐成为席利政治舞台上升迁的绊脚石，1989年在竞选绿党议会党团主席一职失利后，他毅然于11月2日退出绿党，放弃议会席位并加入社民党。2008年席利在接受德国《明星》周刊的采访时坦率地承认，他当年之所以选择离开绿党加入社民党是因为在绿党他看不到升迁的机会，而当时的绿党质疑国家对权力的垄断，这一点让他反感。① 可以说人员间千丝万缕的联系成为红、绿两党之间的直接纽带。

第四，社民党和绿党在联邦州层面执政的经验

"纸上得来终觉浅，绝知此事要躬行。"社民党和绿党虽然在同一时期均处于在野党的地位，在联邦层面是首度合作，但是在联邦州层面，两党均积累了丰富的执政经验，避免了"纸上谈兵"。1985年，位于德国中部的黑森州诞生了德国第一届由社民党和绿党组成的州政府，绿党政治家费舍尔出任环保部长。不过好景不长，这届红绿联合政府只持续了14个月就遭遇解体。1991年在社民党政治家艾歇尔（Hans Eichel）领导下，社民党和绿党再次携手，这届红绿联盟政府一直延续到1999年。1990年，社民党人施罗德出任下萨克森州州长，与绿党共同组建了红绿联合政府。除了黑森州和下萨克森州之外，德国的萨克森－安哈尔特州、北莱茵威斯特法伦州、柏林市和汉堡市也在1998年首届红绿联合政府组阁之前经历过州一级的红绿联合政府。州层面的合作使得社民党和绿党逐渐磨合，尤其是连续4届与执政党无缘的社民党在改革中吸收了很多绿色政治的

---

① 参见 Stern Online，"Otto Schily über seine grüne Vergangenheit"，http://www.stern.de/politik/deutschland/gruenen – jubliaeum – otto – schily – ueber – seine – gruene – vergangenheit – 615300. html，最后访问日期：2015年2月25日。

主张。天时、地利、人和都已具备，再加上两党政治领军人物均在州层面积累了执政经验，为1998年两党在联邦层面的携手奠定了基础。2002年社民党和绿党再度携手以微弱多数实现连任。

然而，看似携手并进的社民党和绿党合作起来并非一帆风顺。曾有人断言，一旦红绿两党开始联合执政，经济发动机就会熄火。理想化的红绿联合政府在政治上是不能长久的。社民党和绿党的结合并非出于彼此的"爱恋"，而是理智的婚姻。德国前总理施密特更是不看好绿党的经济理性："绿党起源于早期青年知识分子'反权威主义的'、部分是马克思主义的、部分是和平主义的激情。虽然它现在准备放弃一些具有幻想色彩的、无政府主义的观点，但是，与此同时，它却把注意力片面地放在说来也很有意义的生态目标上，并把后者绝对化，以致于回避其他重大社会经济问题。对它来说，在任何具体场合，原封不动地维护传统文化景观比创造劳动岗位更加重要。"（施密特，2001：159）

德国波恩大学政治学家朗古特也认为和绿党联手组阁并非施罗德的初衷。对于施罗德本人而言，他其实更愿意和联盟党的政治家、曾担任国防部长的吕厄（Volker Rühe）一起组成大联合政府。1998年3月，施罗德接受《明星》周刊的采访，当记者问到如果社民党和绿党票数不够组成联合政府怎么办时，施罗德回答不能完全排除组阁大联合政府的可能性。大联合政府可以不是战略目标，但是不能将大联合政府描绘成民族的灾难。2005年，施罗德在接受《时代》周报的记者霍夫曼（Gunter Hoffmann）的采访中也透露出当时内心对大联合政府的向往。霍夫曼回忆说施罗德认为他执政时期的"真正的问题"在于社民党和绿党的组阁并不真正适合德国的社会（转引自Langguth，2009：207）。

那么社民党和绿党联合执政究竟面临哪些阻力呢？

阻力之一：绿党内部的派别斗争

在世界的绿色政治舞台上，德国的绿党有着举足轻重的作用。绿党在联邦德国的诞生要追溯到学生运动和"新社会运动"。二战后的重建岁月里，德国将主要精力集中在经济建设上，青年学生对大学和社会缺乏改革创新而感到失望，渴望父辈能给他们一个有关纳粹经历的公开和实事求是的交代。与此同时，由于 1956 年德国共产党（KPD）被取缔，社民党也由于 1959 年《哥德斯堡纲领》的通过而发生转变，再加上 1964 年国家民主党（NPD）的建立，德国政治明显呈现向右转现象。1966 年联盟党和社民党组成的大联合政府更是让青年学生对民主政治感到失望。他们认为联邦德国的民主政治体制只是表面现象，联邦德国并不存在真正的在野党。于是许多人组建了议会外反对派（APO）来试图实现自己的政治抱负。1968 年 5 月 30 日，联邦德国议会通过了《紧急状态法》，该法令允许联邦政府在紧急情况下有权限制公民的基本权利，成为学生运动爆发的直接导火索。在此之前学生号召工会进行罢工，想在最后一秒力挽狂澜。可是学生的号召无人理睬。这也充分表明学生运动在社会上面临着被孤立的境地。此外，美国发动的越南战争更加促成了这场学生运动的爆发。1969 年，大联合政府解体，勃兰特为首的社民党和自民党组成了新一届政府，并提出了"敢于施行更多的民主"（Mehr Demokratie wagen）的口号。这最终加速了学生运动的结束。

所谓"新社会运动"主要是 20 世纪七八十年代爆发的反核运动、生态运动、和平运动、妇女运动的总称。这些运动是当代资本主义经济飞速发展所导致的经济结构和社会结构从工业社会向后工业社会转化的结果，是对传统物质主义支配下的经济发展模式给全球生态系统造成严重破坏的反应，同时也是新的社会力量和新的政治要求与传统政治主题和政治制度发生冲突的表现。"新社会运动"和学生运动有着千丝万缕的联系，只不过"新社会运动"涉及的领域远远超过了学生运动关注的范畴。自 20 世纪 50 年代北约采取核威慑战略开始,欧洲出现了呼吁和平的力量。联邦德国处于冷战的前沿,特殊的地理位置以及历史原因使得和平主义成为早就存在于联邦德国后工业化社会的一种普遍的社会运动。70 年代末,联邦德国掀起了声势浩大的反对北约"双重决议"的游行活动。该决议一方面主张同苏联就削减核武器进行谈判,另一方面主张在联邦德国部署潘兴 II 式中程导弹和巡航导弹。面对声势浩大的反核抗议运动,联邦德国政府实行了镇压。在民众和政府发生矛盾和冲突的过程中,一些激进分子开始采取暴力行动,有的甚至还成立了恐怖组织,例如当时颇让政府头疼的恐怖组织——"红军旅"(RAF)。在这种形势下,公民倡议性组织面临着失控或是被恐怖组织利用等危险。于是,"一些较为成熟的新社会运动活动家开始组建政党,以将民众抗议运动引向合法的议会政治道路"(刘东国,2002:25)。1980 年 1月 12 日至 13 日,绿党在卡尔斯鲁厄(Karlsruhe)召开了联邦层面的建党大会。虽然德国绿党是欧洲绿党中奉行现实主义路线最成功的典范,但是在 20 多年的发展过程中绿党经历了颇为曲折的道路。诞生于"新社会运动"的绿党其成员来自社会不同层面,因此出现错综复杂的内部派别之争也就不言而喻了。

按照权威政党研究专家赫伯特·基茨塞尔特(Herbert Kitschelt)的划分,德国绿党可以分为四个意识形态倾向各异的绿色政治派别:生态自由主义、生态社会主义、生态激进主义、生态现实主义。这些派别分别代表了资本主义、社会主义、理想主义和改良主义四种倾向(刘东国,2002:68)。在绿党的政治实践中,各派别之间的争论主要围绕理想政治和现实政治展开。于是上述四种派别重新组合形成了两大阵营:"生态激进主义与生态社会主义相互呼应,形成了原教旨主义派(或称生态理想派、生态根本派,德语称 Fundis,英语称 Fundamentalists),二者的共同之处是都主张全面的和彻底的社会变革；生态自由主义与生态现实主义站在一起，形成了生态现实派（德语称 Realos），两者都主张在接受现存社会安排和政治制度的前提下进行渐进的改良。"（刘东国，2002：82）

生态理想派和生态现实派的主要区别在于以下几点。

首先，两派在建设一个什么样的政党问题上有分歧。生态理想派的代表人物比如凯莉（Petra Kelly）认为绿党应该同传统政党划清界限，绿党是群众运动，是一个"反政党的党"（Anti - Parteien - Partei）。从绿党的德文名称（Die Grünen）可以看出，绿党的名称中没有出现"党派"（Partei）这个字眼。这是由于这些"新社会运动"中形成的"公民倡议"性组织大多奉行议会外反对派路线，反对组建政党和参加议会选举。生态理想派认为，绿党不应该只关心议会政治，而应该强调地方主义和基层权力至上，为此他们赞成轮换制原则①（Rotationsprinzip）、议席和职务分离（Trennung von Mandat und Amt），限制议员的任职年限和收入。而以菲舍尔和胡贝特·克莱纳特（Hubert Kleinert）为代表的生态现实派则坚持走议会道路，主张在组织结构上和决策过程上向现实政治靠拢，以提高自己的执政能力。生态现实派尤其抵制轮换制，认为这一制度浪费大量的政治资源，无法培养绿党的领袖人物。绿党的一些颇有声望的人物如前任德国内政部长席利（Otto Schily）就是由于这一点而离开绿党加入了社民党。

其次，两派在是否与其他政党，尤其是意识形态相近的左翼政党结盟的问题上产生了分歧。生态理想派主张捍卫绿色意识的纯洁性和独立性，反对同其他政治力量联合。所以有人戏称生态理想派为纯绿派或黄瓜派。而生态现实派出于政治策略的考虑，主张同传统左翼政党尤其是社民党联合，争取早日进入联邦政府，以实现绿

---

① 德国绿党在早期的党纲中规定，州级以上的议员必须实行中期轮换。

色主张。所以有人戏称生态现实派为红绿派或西瓜派。虽然53%的绿党成员属于现实派，但仍有11%的绿党成员坚持生态理想主义（Klein and Falter, 2003: 10）。他们中的部分仍主张绿党应该成为"反政党的党"，认为绿党应该坚持基层民主原则，反对执政，甚至反对同社民党组成联合政府。生态理想派坚持绿党建党初期的"非暴力"原则，反对使用武力解决冲突，不主张联邦国防军参加联合国维和行动，更不赞成德国参加北约发动的科索沃战争和阿富汗战争。

绿党内部的派别斗争使得作为执政党的绿党陷入了两难境地。一个"反政党的党"该如何面临执政的挑战？一个必须妥协才能保证延长政治生命的小党如何坚守自己的绿色主张？比如，经济利益优先还是人权等价值观优先？一个强调基层民主，赞成实行轮换制和集体领导制的政党如何面对菲舍尔势不可当的个人魅力？一个靠绿色政治起家的小党如何吸引广大的选民？绿党注定要在理想和现实的两难中抉择。离开了绿色政治的理想，绿党就失去了自己的特色，最终也会被选民所抛弃。离开了现实政治，绿党就无法执政，最终也无法实现自己的绿色理想。绿党也正是在不断的平衡中逐渐成熟。

阻力之二：社民党内部的派别斗争

其实早在1998年，德国红绿联合政府在制定施政纲领的过程中，社民党内就存在不同意见。"党的主席奥斯卡·拉封丹（Oska Lafontaine）根据凯恩斯主义经济理论主张实行'消费拉动'战略，即通过国家税收和调节提高劳动人民的生活水平和社会保障，增强普通民众的购买力，带动市场和经济。有人称这一路线为'红色奥斯卡'的'大税收、大开支、大调节'政策。而施罗德则主张实行'供给拉动'战略，通过减少企业税收、降低劳动成本来提高德国企业和产品的竞争能力，营造宽松的投资环境，吸引外资，增加就业。

其用意是向资方利益倾斜，以吸引企业界的支持。"（刘东国，2002：155～156）最终，政见的不一导致拉封丹于 1999 年 3 月辞职。

1999 年 5 月，执政刚过半年，施罗德便和英国首相布莱尔出台了"施罗德－布莱尔文件"。文件中写道："欧洲社会民主经常忽视一些对公民来说重要的价值，比如个人成就、企业家精神、个人承担的责任与付出的努力，而过多地追求安全感。"① 这份文件中类似的言辞比比皆是，大大刺激了德国传统的社民党人，他们接着开始了对这份文件的全面围攻。可以说施罗德刚刚执政就与靠之起家的社民党龃龉不断。此外，拉方丹的辞职导致社民党内左翼"传统派"和"现代派"之间长期存在的力量平衡被打破（郭业洲，1999：29），"传统派"群龙无首，以施罗德为首的"现代派"借机扩大势力，尤其是自从红绿联合政府 2002 年再度连任执政以来，施罗德提出了一系列改革措施。2003 年 3 月 14 日，施罗德在联邦议院发表了《2010 议程》（Agenda 2010），着手进行社会福利制度的改革。改革虽然已经艰难起步，可是由于社会福利制度的改革涉及社民党基本选民的切身利益，社民党内对施罗德的不满情绪越来越强烈。不仅传统的左派公开与施罗德的改革方案作对，而且社民党的基本社会力量工会与政府的关系也越来越紧张。再加上施罗德从来都不是党务活动家，在社民党内缺乏深厚的基层基础，"改革总理"施罗德被迫于 2004 年 2 月 6 日辞去兼任的社会民主党主席的职务。明特费林（Franz Müntefering）接任社民党主席。虽然选择党内基础深厚的明特费林是明智之举，但是并不意味着施罗德从此走出困境。正如此间舆论所说的那样，施罗德的困境实际上是社会民主党的困境，是社会民主党传统的思想体系和价值观与全球化时代的冲突。正像

---

① 参见"德国之声"中文版，《明特费林拉开批判资本主义的序幕》，http://www. dw-world. de/chinese，最后访问日期：2005 年 4 月 27 日。

《法兰克福汇报》的社论所说，施罗德试图对社民党的灵魂中不适应经济全球化的部分动手术，但这个病人却鼓起"最后的力量"打掉他的手术刀（江建国，2004）。在红绿路线问题上，拉封丹被称为红绿一体理论的创建者和信仰者。他主张从根本上改革社民党的经济路线，实现经济的绿色转向。而有着"汽车总理"美称的施罗德只是从政治功利主义出发对待红绿联盟。他曾扬言要与自民党合作，甚至不排除与联盟党组成大联合政府。

阻力之三：社民党和绿党联合执政的矛盾

经过战后 60 年的发展，德国从一个给世界带来无尽灾难的战败国发展成为一个经济强盛的发达国家。经济的强盛在很大程度上归功于民主政治的稳固。而民主政治的稳固在很大程度上取决于德国政党制度的稳固。德国统一前的议会民主制的运行中，除去 1966～1969 年的大联合政府时期，德国形成了联盟党和社民党分别联合自民党轮流坐庄的制度。1998 年 10 月第 14 届联邦大选后，异军突起的绿党一跃成为议会第三大党，取代自民党成为新的"政治天平"。按照不成文的规定，总理的职位一般由两大全民党之一的联盟党或社民党的候选人担任，而外交部长的职位则由第三大党的候选人担任。两党联合执政意味着在重大决策中，首先就是在外交决策中，执政两党必须兼顾执政伙伴的原则和利益。当政党原则和利益发生冲突时，矛盾就会产生。如果这些政党本身内部就被左派和右派之争困扰时，两难选择就不可避免。

不仅社民党和绿党的内部派别斗争加剧了两党联合执政的矛盾，两党基本理念的差异也造成了红绿联合执政的不和谐之音。以外交领域为例，虽然社民党和绿党在执政协议中强调要保持德国外交政策的基本稳定，菲舍尔也表示要推行"德国外交"，而并非"绿色外交"，但是绿党从一开始就试图将德国的外交政策打上绿色烙印：反核方面，红绿联合政府的执政协议中加入了将尽力敦促北约放弃首先使用核武器的绿党立场；核不扩散方面，德国红绿联合政府在绿党的要求下提出，美国应该撤出部署在德国土地上的最后一批核武器（欧览，2005）；环保方面，绿党赞成全面退出核能，同时也是《京都议定书》的积极推动者。此外，绿党还在对外交往中将人权问题置于重要的位置。绿党在外交上的这些新动向在一定程度上给德国外交带来了矛盾：环保和人权问题容易和经济利益问题产生冲突；敦促美国撤出部署在德国的核武器可能会对德美关系造成负面影响。

第六节　红绿联合政府的解体

2005 年德国红绿联合政府提前遭遇解体，提前大选是当时德国经济、政治面临诸多两难抉择的结果，同时也使得德国政坛遭遇前所未有的"困局"。

1998 年，施罗德上台后对选民的一个重要承诺就是将失业人口降至 400 万人以下。在红绿联合执政的第一个任期，德国失业率始终在 10% 左右，失业人口依旧维持在 400 万人以上。2002 年，红绿联合政府依靠微弱的多数再次赢得大选。然而，红绿联合政府未能兑现对选民的承诺。2005 年 2 月，德国的失业大军已经突破了 520 万人。失业率的上升加重了民众的恐惧心理，施罗德于 2003 年 3 月 14 日正式推出的包括税收、劳动力市场、福利制度改革等在内的名为《2010 议程》的一揽子总体改革计划触及了德国社会的"雷区"，使得民众对改革怨声载道。社民党和绿党在各州的地方选举中相继失利。尤其是 2005 年 5 月 22 日社民党在北威州选举中的败北不啻是给红绿联合政府致命的一击。在该州连续执政 39 年的社民党只获得 37.3% 的选票，败给了得票 44.8% 的基民盟（周弘等，2006：153）。红绿联合政府退位给黑黄联合政府。当日，总理施罗德和社民党主席明特费林就宣布将提前进行大选，由选民来决定德国政坛的走向。一个州地方选举结果导致提前举行全国大选，这在德国战后历史上尚属首次。为什么一个地方州的选举结果能有如此大的影响？

北威州的重要性首先是因为它的人口，北威州是德国人口最多的一个州。其次，它拥有科隆、波恩、杜塞尔多夫、多特蒙德等一批知名城市，属于德国影响力较大的州。不过，此次地方选举之所以能掀起如此大的波澜，却是因为原鲁尔区所在地的北威州产业工人占人口比重较大，所以一直以来，大部选民都将选票投给社会民主党。而北威州正是由于社民党长达39年不间断执政的经历而被称为社民党的"老巢"。再加上红绿两党联合组成州一级政府的模式在其他各州相继失败，北威州此次大选将是社民党和绿党谋求联合执政的最后一线希望。尽管社民党和绿党都使出浑身解数想赢得这次大选，最终还是失去了这一重镇，红绿两党在联邦州联合执政的愿望也化为泡影。社民党在北威州的败北预示着红绿联合政府风雨飘摇的处境。德国历史上由执政党主动提出提前大选的做法实属罕见，施罗德缘何决定提前大选呢？提前大选是施罗德为了摆脱红绿联合政府面临的"身在其位却无法谋其政"的困境采取的大胆尝试。

红绿联合政府之所以"无法谋其政"，首先与德国的一个重要机构——联邦参议院（Bundesrat）有关。按照德国《基本法》的规定，德国联邦参议院由各州政府的代表组成。各州的表决权取决于各州的居民数。北威州因其人口众多，在联邦参议院中有着举足轻重的作用。由于德国联邦各州普遍实行议会内阁制，因此只有在各州议会选举中获胜的政党或政党联盟才能取得组建州政府的权力。德国各联邦州通过联邦参议院参与联邦立法和行政工作，如此看来，参议院起着平衡联邦与各州之间、州与州之间的利益，调整各自之间矛盾的作用。这对于一个联邦制的国家来说很有必要。正如德国宪法学和政治学家库特宗特海姆指出的："联邦参议院是各州在联邦一级的联合机构，它的工作首先是代表各州的利益并且使各州的行政管理经验在联邦立法中得到有效运用。这就意味着它对联邦政府和联邦议院所作出的决定具有控制纠正功能。"（转引自刘兆兴，1993：10）按照德国《基本法》的规定，联邦参议院可以通过使用倡议权、向协调委员会上诉等权利对相关法律的实施施加影响，尤其是涉及各州根本利益的法律草案必须获得联邦参议院的同意。此外，如果涉及修改宪法和联邦制度的话，也要获得联邦参议院三分之二的多数同意。"如果反对党在各州取得执政或联合执政地位，联邦参议院的多数席位将被反对党控制，其在联邦政治中的影响和作用就会更大，主要表现在三个方面：一是联邦参议院将更加积极地提出法律草案，尤其是与联邦政府法案相对应的备选法案，以便民众直接比较反对党与执政党在某方面事务上的处理能力，间接对执政党形成某种制约；二是联邦政府法案会在联邦参议院遇到更多的不同意见，经常需要召集两院调解委员会就有关问题达成妥协。三是联邦参议院行使绝对否决权的情况明显增多。这时，联邦参议院往往会成为'反对党伸长的胳膊'，成为反对党拖延、修改甚至阻碍联邦政府法律出台的工具，联邦政府也会在联邦立法时被迫与反对党、与各州政府进行更多的讨价还价。"（焦亚尼，2005）北威州选举之后，社民党失去了大本营，反对党已在州一级政府和联邦参议院中占绝对优势，这样一来，红绿联合政府的重要提案基本上都会面临"兵败参议院"的危险。

同时需要指出的是，社民党内部本身已很不团结。许多社民党人士对施罗德掀起的轰轰烈烈的改革颇有微词，一些社民党成员已经退党并组成了新的政党。面对社民党日益加剧的路线斗争，唯有大选才能使得社民党重新团结起来，拧成一股绳。因为一旦面临大选的压力，党内即使有再大的矛盾也都会被暂时搁置。此外，施罗德想通过提前大选让对手——联盟党措手不及。联盟党并未做好提前大选的准备，更谈不上制定经过周密考虑的竞选纲领。社民党在这种情况下进行大选可能比一年后更占有优势。

总之，为了验证改革能否获得民众的支持，为了团结社民党，更为了挽救红绿联合政府，施罗德以退为进，准备促成提前大选。施罗德提出提前大选后不久，联盟党推出了自己的候选人——基民盟主席默克尔女士。就在各路政党酝酿提前大选时，德国政党格局发生了重要变化。原社民党"三驾马车"之一的灵魂人物拉封丹于2005年5月底宣布退出社民党，加入劳动与社会公正党（WASG）。劳动与社会公正党成立于2005年1月，许多成员为原社民党左派人士，由于不满施罗德的福利制度改革而退出了社民党，该党的主要活动区域为德国西部地区。与此同时，作为德国东部利益代言人的民社党（PDS）正苦于无法在全德打开局面，共同的利益驱使劳动与社会公正党和民社党的携手。2005年7月17日，民社党在特别党代会上决定将党的名称改为左翼党，为两党联手参加大选铺平了道路。左翼党的成立给德国政坛带来了冲击。首先，左翼党大张旗鼓地宣布为社会底层代言，吸引了大量不满现状的选民。选民的流失自然导致对其他党派政治空间的挤压。其次，左翼党的成立导致德国的政治格局发生改变。随着左翼党影响的扩大，德国第三大政党之争将在自民党、绿党和左翼党之间展开。德国这之后的政坛格局将充满变数。

基于魏玛共和国的经验，德国《基本法》规定德国总理不可自行解散议会。要提前举行大选，政府总理首先要在联邦议院提出信任案，如果得不到相对多数，德国总统可在总理的建议下于21天内决定解散议会。由于提前大选的建议由执政党提出，反对党对此表示欢迎，德国提前大选几乎已成定局。2005年7月1日，施罗德向议会提出信任案，在声明中，施罗德并没有采取2001年派兵阿富汗的做法，把信任案与一项具体政策捆绑在一起，而是真实地论述了他的改革方案即《2010 议程》在推行过程中遇到的困境，因而被《明镜》周刊誉为他在议会发表的"最好的讲演之一"。施罗德坦率地承认，北威州选举的失利构成了一连串选举失利的"最后一环"，如果没有来自选民的新的授权，力量对比已经不允许他继续成功地推行改革政策。他承认，他在执政联盟内部、本党内部都遇到了强大的反对，政府的行动能力受到很大的伤害，而且社民党和绿党的议会多数本来也就仅仅多出 3 票。在诸如土耳其加入欧盟、对俄罗斯和对中国的关系上，执政联盟的议员中都有不少背离政府路线的声音。为了政策的可信度，为了避免停滞甚至瘫痪，他需要对他的信任投票，以便有机会重新选举（参见江建国，2005）。最终，施罗德如愿获得了议会的不信任投票。7 月 21 日，德国总统科勒宣布同意提前大选。各主要政党纷纷推出自己的候选人，竞选逐渐进入白热化阶段。

2005 年 9 月 18 日，大选如期进行。次日凌晨公布的大选结果却出现了令德国政坛尴尬的局面。不仅两大政党得票率均未超过半数，而且社民党和潜在的联盟对手——绿党的得票率之和，以及联盟党和潜在的联盟对手——自民党的得票率之和也都未超过半数。社民党和联盟党得票率相差无几。虽然两大全民党候选人都宣布自己是大选的赢家，大选的真正赢家却是那些小党，尤其是得票率为 9.8% 的自民党。同时第一次参加大选的左翼党获得了 8.7% 的选票，让人刮目相看。"签证丑闻"困扰下的绿党只拿到了 8.1% 的选票。一时间，德国政坛一片混乱，国际社会一片哗然，美国时任总统小布什一头雾水，不知该给谁发贺电。英国的《华尔街时报》声称"欧洲病夫（指德国）很可能还要卧床一段时间"。波兰前总统瓦文萨（Lech Walesa）认为大选后的德国"既不会拥有一个健全的政府，也不会拥有一个健全的反对派"。欧盟希望作为欧洲发动机之一的德国能够迅速成功组阁，摆脱危机。

与此同时，德国政坛开始打破常规，尝试不同的排列组合：从"交通灯"组合（社民党、绿党、自民党联合）到"红红绿"组合（社民党、左翼党和绿党联合），从"牙买加"组合（联盟党、自民党和绿党联合）到大联合政府（联盟党和社民党联合），令人目不暇接，眼花缭乱。由于自民党恪守大选前的主张，坚决不与社民党组阁，"交通灯"组合首先出局；由于左翼党与社民党之间矛盾的不可调和性，"红红绿"组合只是一种假想组阁形式；由于绿党和联盟党主张过于悬殊，同时自民党和绿党就像"两条无法相交的平行线"，"牙买加"组合也遭遇失败。当上述组阁形式渐渐淡出人们的视野时，大联合政府逐渐成为唯一可行的方案。

10月2日，德累斯顿第160选区完成补选，联盟党成为补选的赢家。至此大选正式落下帷幕。全德正式选举的结果是：联盟党获得有效选票35.2%；社民党得票34%；自民党得票9.8%，成为第三大党；左翼党得票8.7%，；绿党得票8.1%（周弘等，2006：152）。当选举天平再次向联盟党倾斜后，社民党候选人施罗德明确表示，他不再担任总理一职。他不想成为改革路上的障碍，也不想成为建立一个稳定的德国政府进程中的绊脚石。接下来，两大政党之间展开了有关组建大联合政府的试探性会谈。10月10日，旷日持久的人事拉锯战终于有了一个结果：联盟党的候选人默克尔将出任下一届联邦政府总理，而施罗德的退出使得社民党拿到了新政府的八个部长职位，并把持着外交部长和财政部长这两个要职，双方基本上打了一个平手。

正当谈判进入最后冲刺阶段时，社民党内部却由于党内的权力斗争发生了重大的"人事地震"。由于社民党主席明特费林钦定的社民党总干事人选瓦瑟霍维尔（Kajo Wasserhövel）只获得14张选票，输给了获得23张选票、身为社民党左翼发言人的总干事人选纳勒斯女士（Andrea Nahles）。10月31日，明特费林意外宣布他将不再担任党首职务，甚至对是否出任大联盟政府副总理以及劳工和社会部长职务也不置可否。紧接其后，基社盟主席施托伊伯也宣布不再出任新政府经济部长一职。大联盟政府谈判几近崩溃。

最终，为了使社民党摆脱危机，51 岁的来自德国东部勃兰登堡州的州长普拉策克（Mattias Platzeck）临危受命，宣布将参加下届党主席的竞选，同时表示将坚持大联合政府方案。紧接着明特费林表示将出任大联合政府副总理以及劳工和社会部长。大联合政府筹组再现转机。

11 月 11 日，持续近两个月的德国大联合政府组阁谈判终于尘埃落定。在经历一系列波折后，联盟党和社民党拟定了题为《以勇气和人道共同为德国奋斗》的执政纲领，对未来的一系列重大政策以及大联盟政府的人事组成做出了安排。11 月 15 日，普拉策克高票（99.4%）当选社民党下一届主席。11 月 22 日，联邦议院表决批准联盟党领导人默克尔出任战后德国第八任总理，德国从此开始了"默克尔时代"。

德国的这场提前大选引发了一场"政治地震"。如何看待这场"政治地震"带给德国政坛的冲击？

第一，德国民意彷徨的结果

就在德国大选前两周，媒体报道仍有 1/4 的德国选民拿不准选谁当总理（参见段聪聪，2005）。虽然民众对施罗德政府实施的社会福利制度改革颇有微词，可是选民发现，联盟党在一些改革问题上与社民党观点趋同，只有专业人士才能理解双方政策的分歧所在。甚至还有选民认为，一旦联盟党上台，改革的幅度会更大，民众的生活会受到更大的影响。因此，大选前的民调已显示，这次大选不会出现一边倒的情况。德国民意的彷徨最终导致了德国大选的困局。

第二，德国经济面临困境的结果

德国长期实行的社会福利制度已经难以为继，改革刻不容缓。

可是改革终究要付出代价，尤其是当改革触及芸芸众生的利益时。同时，德国的政治体制决定执政党的政策受到多方面的牵制，尤其当执政党在拥有重要决定权的联邦参议院不具备多数时。总理施罗德的"铤而走险"正是在面临党内和国内多重压力之下的反应。施罗德被迫提前结束自己的总理生涯实属无奈，执政七年的红绿联合政府宣告解体。

第三，德国政坛格局充满变数

德国的这场提前大选使得小党在德国政坛中的地位愈加凸显。例如左翼党的形成将导致德国未来的政坛组阁形势更为复杂。绿党退出了联邦政府的舞台，同时也不隶属于任何一个联邦州政府，成为一个纯粹的在野党。大选后不久，绿党的领军人物菲舍尔就宣布，一旦绿党沦为在野党，他将不再竞争绿党党内任何职务，他愿意换回20年前用权力交换的自由，更愿意看到绿党的更新换代。随着绿党的核心人物菲舍尔的淡出，绿党进入了"后菲舍尔时代"。面对改变后的政党格局，绿党主席比特科费呼吁要开放绿党，甚至已经开始讨论与联盟党联手的可能性。

第四，西方选举制度的神话被打破

无独有偶，同期举行的新西兰大选也同样出现了和德国类似的"散票僵局"。再回顾西方其他大国，如美国2000年的总统大选，法国2002年的总统大选都经历过同样的困境。美国北卡罗来纳大学新闻与传播研究中心的一位教授曾撰文指出："德法美大选在5年内都遇到僵局和困局，而且几乎都面临了'非左即右'的两难选择，恐怕不是偶然的现象。这在一定程度上显示了现在的西方选举制度存在重大缺陷。这些缺陷有时能够对国家政局甚至国际局势产生关键影响，比如，一旦极端的左翼或右翼政党因选举制度问题而上台，对国家和地区形势来说就不是福音。虽然通过制度上的调整，这些缺陷有可能被克服，但西式民主制度的'神话'已经被打破。"（赵心树，2005）难怪德国大选初步结果刚一公布，意大利就认为此次德国大选给德国的将来提供了一个模糊的图景，西方的选举法必须做出修改。比如应该以法律的形式在正式大选前确定不同的组阁模式，避免大选后造成"选而不决"的尴尬局面。此外这次大选参选率只有77.7%，相比较2002年的79.1%下降了两个百分点，这在一定程度上表明民众对选举制度缺乏认同感。同时，西方选举制度的短时性也暴露无遗。难怪有人戏称德国执政党上台后前两年用来适应工作，后两年用来对付选举，真正全身心用来执政的时间所剩无几。大选结束后，德国的一些政治家，如社民党议会党团主席斯特鲁克和联邦议会主席拉墨特（Nobert Lammert），赞成将政府任期从四年延长至五年，以利于政策的延续性。

第五，大联合政府考验德国政治文化

大联合政府对德国的政治文化是一种考验。历史上德国曾经经历过一届历时三年的大联合政府（1966～1969年）。由于在野党与执政党力量对比悬殊，致使议会形同虚设，许多法律条文未经过议会辩论就予以通过。这也直接导致后来议会外反对派（APO）的产生。可以说，大联合政府在一定意义上意味着"民主的倒退"，大联合政府的昙花一现正是政策缺乏透明度使然。这对于战后西德逐渐发展起来的民主政治文化造成了很大的冲击。20世纪60年代后期的学生运动乃至后来风起云涌的新社会运动证实了这一点。与此同时，极右党也开始在西德抬头，国家民主党在巴登－符腾堡州的一次州选举中竟然得到了将近10%的选票。大联合政府导致的极左势力和极右势力至今仍然影响着德国的政坛。时隔将近40年，在德国的民主政治文化已经扎根的今天，大联合政府又会造成什么样的社会波动？德国将怎样度过"议会政治的冰冻期"？等待德国民主政治的将是一个大考验。

第六，来自东部的政治家领导德国政坛

此次提前大选使得德国诞生了第一位来自德国东部的女总理。此外，领导德国两大全民党的党首有着惊人的相似之处：年龄相仿，默克尔 51 岁，普拉策克 52 岁；都来自德国的东部，默克尔虽然出生在西德的汉堡，可是她 6 个月大时就随父母迁居东德。土生土长的波茨坦人普拉策克被称为"波茨坦王子"；都是理工科出身，默克尔曾就读于莱比锡大学学习物理，毕业后在原东德科学院从事科研工作，并获得博士学位。普拉策克曾就读于伊尔门瑙工业大学（TH Ilmenau），学习控制论，并曾任职于位于克姆尼茨市的（Chemnitz）大气卫生研究所。德国政坛对来自前东德地区政治领导人的接纳表明统一 15 年后德国政治已经足够成熟，德国政坛将迎来新的时代。

第五章　外交平衡术之外生根源

一个国家的外交无法脱离国际环境而孤立存在，外交平衡术面临的挑战绝非仅仅内生因素使然，而是内外因素合力作用的结果。"具体来说，国外因素包括世界战略格局、国际形势、外交关系和本国的国际地位与影响。比如冷战期间，在两极格局美苏争霸的国际大环境下，大多数国家都会将国家安全作为追求的首要目标。而目前，世界格局多极化成为大势所趋，加之随着科技的飞速发展，经济一体化不断扩展，国与国之间相互依赖的不断加深，和平与发展成为大多数国家的共同心愿，反对霸权、消除战争就成为各国外交活动的主旋律。"（毕云红，2002：12～13）

本书第五章将从变化中的世界格局以及全球化的角度论述德国红绿联合政府外交平衡术的外生根源。

第一节　世界新旧格局的交替

"冷战时期，国际关系体系的进程主要是围绕政治和军事两大领域展开的。冷战结束后，国际关系进程的主要内容发生了变化，即从军事、政治领域向经济、科技、文化领域转变，同时，经济全球化的深入发展，国际关系行为体增多，影响国际关系的因素错综复杂，这些都使新的国际关系体系和世界格局呈现出比雅尔塔体系两极格局更加复杂的一面。"（罗会均，2014：147）

旧的世界格局已经打破，而新的世界格局尚未形成。描绘当前转型期世界格局时常用的一个表述是"一超多强"。所谓"一超"

自然指美国，而对于"多强"则有不同的理解和定义。一般说来，"多强"既应包括一些国力和影响力较强的国家，还应包括某些国家集团和作用很突出的国际组织，也就是说转型时期的国际格局存在着多个力量中心，包括美国、欧盟、日本、中国、俄罗斯，东盟、联合国、世界贸易组织、北大西洋公约组织，等等。德国就是"多强"中的一个引人瞩目的国家。汲取历史经验教训的德国主张通过谈判解决冲突，提倡多边外交，同时关注影响人类未来发展的环境问题，赞成世界朝着多极化的方向发展。

可这种多极化的愿望却频频受阻。从退出《京都议定书》，到退出《限制反弹道导弹系统条约》，再到拒绝加入国际刑事法庭，唯一的超级大国——美国的外交政策在小布什执政初期就蕴含着单边主义的苗头。德国著名出版人特奥·佐默尔（Theo Sommer）于 2001年 7 月 26 日在德国《时代》周报上撰文称小布什对其他国家，尤其是欧洲盟友的主张一律采取否定的态度（Sommer, 2001），是新时期的"摇头先生"（Mr. Njet）。[①] 2001 年 9 月 11 日，纽约发生了震惊世界的恐怖袭击事件。随后美国在没有联合国授权的情况下发动了伊拉克战争，提出所谓的"先发制人"理念，这个唯一的超级大国在单边主义的道路上越走越远。从"邪恶轴心"的表述再到"新欧洲"和"老欧洲"的划分，冷战时代形成的"非敌即友"的思维定式不仅仍然体现在美国的外交政策中，国际格局的多极化趋势更是遭其攻击。德国法兰克福大学政治学教授黑尔曼在恐怖袭击发生一周后撰文指出，"9·11"后出现了一种"新的两极体制"。[②] 在旧的两极体制中，美苏之间力量均衡，由于核武器的存在，双方在碰

---

① 冷战时期的"摇头先生"指的是对一切有利于美苏缓和政策说"不"的苏联外长葛罗米柯（Andrej Gromyko）。

② Gunther Hellmann, 2001, "Die neue Bipolarität", http://publikationen. ub. uni – frankfurt. de/frontdoor/index/index/docId/5872, 最后访问日期: 2015 年 2 月 22 日。

到矛盾时采取了理智的态度和克制的做法，并未爆发可能危及全人类的正面交锋。而在新的"两极体制"下，双方力量极不平衡，尤其是恐怖分子处于暗处，使用的手段难以预判，更加剧了冲突爆发的可能性，也更让美国易于采取偏激行为，不顾国际组织和他国指责，大搞单边行动。因此，"9·11"事件的发生使得后冷战时期的世界无可奈何地认识到，"一超多强"的表述难以掩盖世界格局的真实处境，目前尚未形成一个多极化结构，世界现阶段的格局仍是一个单极格局。诚然，后冷战时期一些国家和组织的作用越来越突出，但是无论从经济实力、政治影响、科技和军事力量而言，只有美国才能称得上是唯一的超级大国。俄罗斯虽然继承了苏联的政治影响力和军事实力，但是在经济上充其量只能说是一个地区大国；欧盟从经济实力来看虽然已超过美国，但在外交和安全政策领域仍旧无法实现"用一个声音说话"，其行动能力亟待提高；日本至今仍不能正视历史，无法在世界政治舞台发挥太大的影响；中国近些年来经济快速发展，政治影响力日益增强，在国际舞台上日益扮演着负责任大国的角色。虽然有人预言21世纪将是中国的世纪，但是目前中国的经济水平和其他大国相比仍有较大的差距，其工作重心只能放在国内。

德国红绿联合政府的外交就是处在这样一个单极化和多极化不断交手的两难之中，从德国艰难的"入常"之路到伊朗的核问题，再到欧盟解除对华武器禁运，人们都看到了美国在从中作梗。"德国外交政策深受经济全球化与区域化影响，注重发展经济竞争力，信奉相互依存理论，强调建立网络状安全结构，它所提出的'多极世界''多边主义''文明国家''国际关系文明化'等一系列新的全球治理理念，与美国的'世界秩序观'存在巨大鸿沟，致使德美对制定全球制度的分歧增大，由此引起双方在战争与和平、多极与单极、多边与单边等一系列'国际政治顶尖级'问题上的激烈争论，揭示出德美战略分歧的深层根源。"（孙恪勤，2003：21）如何在单极的现实中实现多极的理想？德国红绿联合政府外交面临的平衡困境折射出世界新旧格局交替带来的两难。

第二节　全球化时代的挑战

21 世纪的今天，全球化的触角已经伸向世界的各个角落。国与国之间的相互依存日益要求冲破民族国家的壁垒，全球化给各民族主权国家带来了前所未有的挑战。

第一，德国红绿联合政府面临推动经济全球化和自身经济状况低迷的两难。作为一个资源缺乏、经济依赖出口的贸易大国，德国外交必须为德国寻找海外市场服务。这一点在经济全球化的时代显得格外重要。而当经济利益受阻时，就会出现平衡困境，比如"贸易立国"和"文明治国"的矛盾。

第二，"经济全球化导致一些政治价值的普遍化，特别是自由、民主、人权、和平。当这些政治价值在一个民族国家内部遭到毁灭性的破坏时，例如发生种族灭绝性暴力行为，国际社会的干预正在得到越来越多的道义上的支持。"（俞可平等，2004：8~9）人权和主权孰轻孰重？民族国家陷入了两难境地。

第三，处于全球化时代的民族国家在面对全球性的社区和全球性压力集团时，如绿色和平组织、民运组织、人权组织、宗教运动、女权运动和劳工组织等，更容易无所适从。参与外交决策的行为者的增加更容易导致尴尬处境的产生。

第四，在信息技术和网络高度发达的今天，不管是金融危机、恐怖主义，还是生态灾难，媒体全球化使这一切灾难发生的速度更快，密度更大，影响范围更广，外交早已不再是"密室里的游戏"，媒体有将政治进一步人格化的倾向。国际政治的日益媒体化导致各项政策之间的协调性下降、实时性上升。外交政策在时效性的压力下容易导致周全性的缺乏，困境的产生也就不足为奇。

第五，全球化导致内政和外交的界限日益模糊。许多关系人类生死存亡的重大问题的解决，如大规模杀伤性武器的传播、全球变暖、艾滋病、毒品走私等需要世界各国的参与。这一点尤其体现在德国的欧洲政策上。在欧盟一体化步伐逐渐加速的今天，人们有时已经很难将德国的欧洲政策全部划归为外交政策的范畴。德国的外交也越来越打上欧盟外交的烙印。当德国外交政策和欧盟外交政策发生冲突时，困境也就产生了。

其实，全球化到底偏向同一化还是多元化？是促进融合还是导致冲突？是扩大差距还是缩小差距？是历史的进步还是历史的终结？这些问题都没有答案。"在全球化时代，很难划出泾渭分明的敌我界限，也鲜有非此即彼的是否判断，更找不到绝对适用的万全之策。"（江凌飞，2005）在两难之中进行平衡将是这样一个"政治上不明朗、道义上含糊不清的时代"（布热津斯基语）外交的常态。

第六章 外交平衡术之总体评价

　　德国阿伦巴赫民意测验研究所 2005 年的一项问卷调查（见图 6 -
1）表明，1998 年以来，德国民众对于德国外交的评价一直呈上升的
趋势，2002 年这一积极的评价达到顶峰，有 50% 的受访民众认为德
国外交很成功，只有 9% 的受访民众认为德国的地位不如以前。然
而，自 2002 年起，这一上升趋势戛然而止，德国民众对德国外交的
满意度逐年下降，2005 年认为德国外交很成功的民众人数仅占总人
数的 24%，31% 的民众认为德国的地位不如以前。

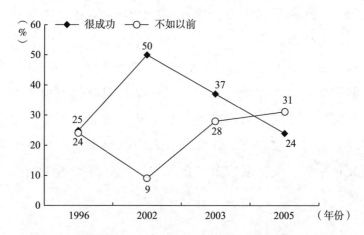

**图 6 - 1　问卷调查："您认为近年来德国的外交很成功
还是德国的地位不如以前？"**

资料来源：Institut für Demoskopie Allensbach, IfD - Umfrage Nr. 7070, Mai 2005,
Graphik：Lunkenheimer, 转引自 Gunther Hellmann, "Europäisches Deutschland oder deut-
sches Europa? Deutsche Wege in der Außen - und Sicherheitspolitik seit der Vereinigung 1990",
http：//www. fb03. uni - frankfurt. de/44950101/Tutzing_2005. pdf, 最后访问日期：2015 年 2
月 22 日。

　　七年间德国民众对待德国外交态度的剧烈变化从一个侧面说明：

红绿联合政府时期德国外交没有掌握好平衡。

红绿联合政府是德国建国以来首次由社民党和绿党组成的联合政府，两党在执政理念方面需要逐渐磨合。当传统的政府组阁形式被更改后，一段时间内的"失衡"在所难免。社民党和绿党都属于德国政治谱系中的左派，与保守的联盟党相比更擅于与俄罗斯、中国等国家打交道，遇到价值观和利益之间进行取舍时更容易做出偏向利益的决策，这必然会被保守的政治家和学者看作"失衡"，红绿联合政府执政的七年正处于新旧世纪交替期。进入21世纪以来，德国已经开始加快了全面发展的步伐，外部的期待与自身的积淀要求德国在国际舞台承担更多的责任。然而对于德国这样一个历史包袱沉重的国家，建立新的平衡绝非一蹴而就；两极体制的解体在经历了20世纪90年代的狂喜之后，固有的平衡已被打破，曾被两极体制掩盖的各种问题层出不穷，西方世界内部面临在合作与分歧之间做出新的平衡抉择。

德国波恩大学施瓦茨教授曾表示，"德国外交成功的秘诀在于均衡、节制和协调"。[①] 然而，新时期的平衡与旧时代的均衡不可同日而语，如何达到不同利益诉求的最佳平衡也绝非易事，不能以简单的好与坏、错与对去评判。红绿联合政府外交未能掌握好平衡，既是克制文化和责任文化交织共生的结果，也是外交的平衡路径尚未成型使然。

第一节　克制文化和责任文化交织共生

"在德国民众对德国外交的理解中，克制文化十分深厚，其核心

---

① Hans Peter Schwarz, "Das Ende der übertreibung. Deutschland braucht eine Außenpolitik des Ausgleichs", http://www.internationalepolitik.de/ip/archiv/jahrgang2005/august2005 -/，最后访问日期：2012年5月27日。

是和平主义和自我约束的外交取向。联邦德国的和平主义具有特殊之处，它建立在对纳粹历史深刻反思的基础之上，是以普遍的社会运动形式表达对德国历史上军国主义传统的反叛。德国政治家维利·勃兰特的名言'决不允许从德国的土地上引发战争'具有广泛的民意基础。德国民众普遍认为，德国不仅不应推行美国那样的大国外交，而且必须摈弃运用军事手段达成外交目的，其民意从根本上排斥各类盟国军事行动。"（熊炜，2014）

冷战时期德国被一分为二，民族利益和国家利益无法兼顾，在夹缝中求生存的状况为克制文化提供了最佳的土壤。冷战结束后，德国实现了统一，重新获得了完整意义的主权。虽然柏林墙的倒塌和德国统一的实现完成于科尔政府时期，但是直至红绿联合政府，德国外交的责任文化才开始形成。

这一责任文化萌芽于有关德国外交政策的"正常化"的讨论。大多数针对德国红绿联合政府外交的评价和辩论都围绕着外交"正常化"这个概念。[①] 德国统一以来，"正常化"这个概念常常用于三种相互区别却又联系的情况："第一，它被用于描述一个与其过往存在'正常'关系的国家，换言之，一个具有自过去纳粹时代以来的连贯逻辑并且能够自由地追求一种'不受约束的'或者'自信的'外交政策。第二，它被用于描述一个'正常的'北约成员国，有意愿并且能够仿效其他北约成员国那样使用军事力量，即强化联盟能力（成为一个有效的北约成员国的能力）。第三，它被用于描述一个'正常的'国家，在这个意义上，它是一个仿效其他国家的行为方式来追求自身国家利益的主权国家。"（昆德纳尼，2014：20）红绿联合政府成立初期，德国社民党人巴尔多次发表了有关德国外交政策

---

① 参见 Winfried Veit, "Zwischen Realpolitik und historischer Verantwortung", Zur Außenpolitik der rot - grünen Koalition in Deutschland, http://www.fes.de/ipg/IPG1_2006/VEIT.PDF，最后访问日期：2015 年 3 月 15 日。

"正常化"的观点。巴尔指出，德国外交"正常化"主要包括以下内容：第一，德国不应该忘记奥斯威辛，它是德国历史的一部分。但是，德国不能始终笼罩在历史的阴影之下，过去的历史不应成为德国恢复到正常状态的障碍。第二，德国人应该消除国家分裂造成的政治烙印，应该习惯于德国已经是一个统一的国家。因此，德国应该像其他大国一样在国际事务中"正常"地发挥作用。第三，德国虽然已经是一个完全的主权国家，但它在外交政策上还没有习惯于自决。德国不应该像某些美国批评者所说的那样继续成为美国的附庸，在重大问题上德国应该有自己独立的主张。此外，巴尔向红绿联合政府提出了实行"正常化"外交政策的建议：德国应该重新具有"大国意识"，但不可骄傲自大；德国乃至欧洲与美国的关系应由过去的那种"舒适的监护关系"转变为一种"成熟的伙伴关系"（转引自李乐曾，1999：2）。

红绿联合政府的外交实践印证了巴尔的观点和建议，三次战争的考验促使德国外交责任文化的形成。1999年，德国派兵参加科索沃战争是联邦国防军自二战结束后第一次派兵作战，德国外交首次突破了二战结束后不派兵参战的禁忌。此次参战标志着战争重新成为德国外交的手段之一，如何处理战争与和平的关系成为德国责任文化面临的首要问题；2001年，"9·11"恐怖袭击发生后，德国派兵参加阿富汗战争。此次参战是联邦国防军战后第一次跨北约防区作战，恐怖主义等非传统安全因素逐渐给德国外交的责任文化提出了进一步的挑战；2003年，德国选择走"德意志道路"，不仅没有参加美国主导的伊拉克战争，同时还使德美关系遭受重创，欧盟内部也因此发生分裂。如何处理西方世界的内部分歧成为责任文化是否成熟的又一个试金石。

责任文化形成的同时克制文化并未被取代，尤其在民众阶层克制文化反而呈现抬头之势。德国阿伦巴赫民意测验研究所2005年的另一项问卷调查表明（见图6-2），2002年至2005年，赞成德国在国际舞台上应该克制的德国民众所占比例由29%上升为43%。责任文化和克制文化两种文化交织共生，加大了德国外交进行平衡的难度。

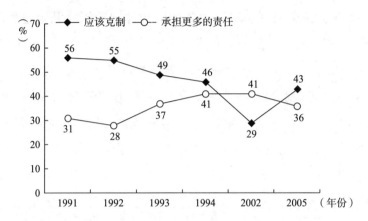

图6-2　问卷调查："您觉得德国应该在国际舞台上承担更多的责任还是应该克制？"

资料来源：Institut für Demoskopie Allensbach，IfD – Umfrage Nr. 7070，Mai 2005，Graphik：Lunkenheimer，转引自 Gunther Hellmann，2006， "Europäisches Deutschland oder deutsches Europa? Deutsche Wege in der Außen – und Sicherheitspolitik seit der Vereinigung 1990"，http://www. fb03. uni – frankfurt. de/44950101/Tutzing_2005. pdf，最后访问日期：2015年2月22日。

第二节　德国外交的平衡路径尚未成型

德国红绿联合政府外交之所以未能掌握好平衡的另一个原因是因为德国外交的平衡路径尚未成型。

德国外交通往平衡的可行路径有四：第一，具体分析，围绕国家利益进行取舍；第二，以史为鉴，回答德国外交的三个问题；第三，审时度势，彰显政治家的外交艺术；第四，克服恐惧，增强德国经济的实力。红绿联合政府时期，这四个路径均尚未成型。以下将分别论述这四个平衡路径，并在分析每个路径的最后针对红绿联合政府的表现进行小结。

平衡路径一：具体分析，围绕国家利益进行取舍

外交是为一个国家的利益服务的，离开利益的支点毫无外交逻辑可言。德国外交的平衡取决于如何围绕德国的国家利益进行取舍。

德国外交一直很忌讳使用"国家利益"这个词。由于独特的历史经历，德国在二战结束后一直回避强烈的民族自我意识，认为承认"国家利益"就等同于"种族主义"或是"反犹主义"，预示着权力政治的野心。二战结束后德国被一分为二，"民族利益"和"国家利益"在一段时期内难以兼顾。统一的实现使得德国摆脱了这一困境。统一后的德国必须定义德国的国家利益。"如果想将原来的联邦德国的力量以及全德国的经验和希冀汇聚为统一的力量，必须满足一些条件。细数一下这些条件，有一点就是承认民族国家这个角色本身。谁要是不断敲响民族国家的丧钟，那么就会无意中摧毁法治国家和民主体制的根基。而这一法治国家和民主体制暂时只有在民族国家中才有保障。德国是一个民族国家，再过50年和100年还会是一个民族国家。承认这一点是把握现实和迈出其他步骤的第一步。"（Dahrendorf，1994：758）

虽然"国家利益"一词日益受到政治家们的青睐，可是对于什么是国家利益难有一个共同标准。更何况一个国家的国家利益不是一成不变的，不同时期的国家利益会有所不同，它会因这个国家外部环境和内部环境的变化而变化。这一切都加大了对国家利益把握的难度。可以说，德国外交的失衡在一定程度上源自于如何正确把握德国的国家利益导致的两难抉择。

这种两难也同样困扰着国际关系理论界。"主流的国际政治理论认为，国家是理性的自主的行为体，如同经济人一样追求效用最大化，其利益就是最大化地追求权力、安全和财富。国家利益是不变的。"而以美国学者玛莎·费丽莫（Martha Finnemore）为代表的建构主义学派则认为"国家利益不是先定的，等着去发现，而是通过社会互动建构的。国家利益不能只从国家内部的条件和物质状况中推导出来，作为社会结构的规范同样对国家利益构成影响。这种影响不是外在的，而是被内化到行为体中。它们不只是限制国家行为，更重要的是改变国家的偏好"（袁正清，2005：210）。德国的毛尔教授在有关"文治力量"理论的分析中也指明，角色理论并非排斥国家利益。"文治力量"也要追求国家利益，只是这种国家利益受到价值、规范的直接影响，并且是集体学习过程的结果。[①]

阎学通教授在其著作《国际政治和中国》中指出，"根据利益的重要性，国家利益可以分为核心利益、重要利益、主要利益和一般利益。核心利益也称为生存利益，是关系到人民生命安全、国家政治制度和经济生活长期稳定的利益，包括全体公民的生命安全、领土完整、政治独立、经济独立、政治制度延续等。重要利益与生存利益的主要区别在于前者所受的威胁程度低于后者，它包括有利的国际战略平衡、国家信誉的维护、发展模式的选择权、重要经济利益的保障等。主要利益是国家在没有明显国际威胁环境下所追求的利益，如扩大出口市场、保持技术优势、吸引国际投资、维护国际政治稳定、发展双边友好关系等。一般利益是那些对国家安全和战略经济利益没有大影响的利益，如公司和个人在海外的安全和经济利益等"（阎学通，2005：25）。无独有偶，德国社民党政治家巴尔在其著作《德国的利益》一书中也依据同样的分析对德国的利益进行了梳理。按照巴尔的分析，德国外交的核心利益应该是维护欧洲的稳定，以防（尤其是）来自欧洲东部的不稳定因素将德国卷入动荡之中。德国外交的重要利益则是提高欧洲的行动能力、保留北

---

① 参见 Knut Kirste und Hanns W. Maull, 1997, "DFG – Projekt Zivilmächte Fallstudie – Zivilmacht und Rollentheorie", http://www. deutsche – aussenpolitik. de/resources/conferences/zib. pdf, 最后访问日期：2015 年 2 月 25 日。

大西洋公约组织的安全结构以及加强联合国。德国外交的主要利益则是巩固中亚和高加索地区的稳定、支持中东地区的和平进程、为撒哈拉沙漠以南的非洲地区的健康发展做出贡献以及促进东南亚地区的经济发展（参见 Bahr，1998）。

"对于外交政策制定者来说，他们不仅要知道什么是国家利益，而且更要了解不同的国家利益之间的层次关系，因为在绝大多数情况下每项具体的政策对国家利益的影响有正负两个方面。决策者只有判断了不同利益的效用大小之后，才能制定出有利于大利益、放弃或牺牲小利益的政策。"（阎学通，2005：37）

德国外交要想把握平衡，必须围绕不同层次的国家利益进行合理取舍。取舍的同时应该注意以下几点。

第一，德国外交的未来在欧盟

统一后的德国虽然获得了完整的主权，国土面积的增加和人口总数的上升使得国力得以加强。但与此同时，统一后的德国承诺放弃制造、拥有和控制核武器、生物武器和化学武器，并承诺兵力不超过 37 万人。因此统一并未使德国的硬实力（hard power）得到显著的提升。社民党和绿党联合执政时期，德国经济持续低迷，东部地区的重建工作困难重重，德国很难发展成为多极世界中的一极。尤其重要的是，德国在统一完成后重又回到欧洲中央位置。有着和众多邻国历史恩怨的德国一旦"单干"，势必会引起邻国的猜疑，恶化德国的外交环境。2005 年 5 月，德国阿伦巴赫民意测验研究所就德国外交政策的最重要的目标进行了民意调查，调查显示，与德国的欧洲邻国发展友好关系被多数民众选为德国外交政策最重要的目标。① 由此可以看出，从国家实力，从地缘政治和历史重负的特点，

---

① 转引自 Gunther Hellmann，"Europäisches Deutschland oder deutsches Europa? Deutsche Wege in der Außen – und Sicherheitspolitik seit der Vereinigung 1990"，http://www. fb03. uni – frankfurt. de/44950101/Tutzing_2005. pdf，最后访问日期：2015 年 2 月 22 日。

抑或从民心的向背来分析，德国外交的未来注定在欧洲。

欧盟在经历东扩后成为一个拥有众多成员国的庞大机构。新加入的中东欧国家无论在经济体制、民主政治制度和政治文化方面和欧盟的其他成员国都存在着较大的差异。这一切都构成欧盟不稳定的因素。《欧盟宪法条约》在法国和荷兰遭遇搁浅敲响了欧盟"政治地震"的警钟。在这种背景下，盲目的"疯扩"将会造成更加严重的后果。

欧盟的建设是一项前所未有的巨大工程。如何在保持各民族特性的同时超越民族性，推动欧盟的深化和扩大，将是欧盟国家面临的最大挑战。被称为欧盟"发动机"之一的德国任重道远。

第二，允许德美之间存在分歧

2002 年，由于伊拉克危机导致德美关系遭遇冰期并非偶然。冷战时期，德美之间也曾出现过政策上的分歧。

20 世纪 60 年代，路德维希·艾哈德（Ludwig Erhard）担任总理期间，联邦德国曾回绝过美国总统约翰逊的派兵请求。当时的美国政府正深陷越南战争的泥潭。约翰逊政府要求作为盟友的联邦德国提供军事支持，甚至不惜以撤出驻扎在联邦德国的美国士兵为威胁。艾哈德深知派兵参加北约防区之外的军事行动对于联邦德国将会意味着什么。1955 年德国国防军重建时引发的争议似乎还回响在艾哈德的耳畔。"去越南，不，总统先生！"（Nach Vietnam, No, Sir!）曾经是 1965 年 3 月间联邦德国《图片报》的标题新闻（参见 Zimmermann, 2003）。不过，在坚持不越雷池的同时，联邦德国通过大批购买美国的军火给予美国财力支持。同时，联邦德国还对南越政府提供了大量的财力支持。当联邦德国的国防开支占到联邦财政预算 1/3 时，联邦德国政府很难再坚持用购买军火的方式平衡美国在联邦德国的外汇支出。艾哈德试图降低军费开支的要求遭到了约翰逊的拒绝。最终，艾哈德的辞职以及联邦德国首届大联合政府的诞生都和德美在这一时期的分歧直接有关。

20世纪70年代，德美再次出现了经济和安全政策的不和谐。这时决定德美命运的是两位截然不同的政治家。拥有"实干家"美誉的联邦德国前总理施密特是一位头脑冷静的务实派。而时任美国总统的卡特却是一位标榜"人权外交"的"道德卫士"。施密特批评美国过于依赖中东地区的石油，主张美国实行刺激性经济政策。卡特则提出"发动机理论"，要求贸易盈余国家（主要是联邦德国和日本）要刺激国内需求，不仅为本国经济增长，而且为世界经济增长承担责任。面对苏联以极快的速度部署SS－20新型导弹，"均势战略家"施密特主张美国应该做出相应的回应。可是，美国放弃了中子弹的计划。后来的北约"双重决议"也是在施密特的积极推动下才得以实施。

两极体制结束后，德国在美国眼中的战略重要性在下降。尤其是小布什上台后，美国在单边主义的道路上越走越远，单极的现实和多极的愿望交织中的德美关系注定面临分歧。

第三，尽量避免在德法和德美之间站队

德国外交向来就有"戴高乐派"和"大西洋派"的区分。单从这两个概念就能得知，如何权衡德法和德美的关系，一向都是困扰德国外交的一个中心议题。虽然存在着"戴高乐派"和"大西洋派"的争执，但总的看来，联邦德国正是由于在法国和美国之间起到协调人的作用而得到了重视。德国外交应该遵循这一尽量避免在法国和美国之间站队的传统，为自己在国际舞台赢得更重要的位置。

德法不仅是邻国，而且还曾是有着历史恩怨纠葛的"宿敌"。从阿登纳政府时期开始，联邦德国就致力于德法的和解，同时积极推动欧洲一体化进程。1963年《德法友好条约》签订后，德法关系进入了一个新的阶段。现在的德法并称为欧盟的"两大发动机"，两国的关系决定着欧盟的未来。以德法关系为核心的欧盟政策和德美关系是德国外交的两大支柱，缺一不可。虽然单极和多极之争导致欧美开始在许多问题上日渐疏远，但国际舞台上的重大问题的解决无法绕开美国，德国和欧洲想在国际舞台上发挥更大的作用仍然离不开美国的支持。

法国同德国相比没有背负沉重的历史包袱，享有连续的政治文化传统。法国不仅是核大国，还是联合国安理会常任理事国，法国有着强烈的民族自豪感，这一民族自豪感时常夹杂着强烈的反美情绪，目的是依仗法国的政治实力，充当欧洲的领导人。笔者赞成法兰克福大学政治学教授黑尔曼的观点："德国外交必须对尽可能良好的法美关系有着突出的兴趣。鉴于雄心壮志深深扎根于法美两国的政治文化，只要共同的危险还未出现（国际恐怖主义至少现在还不算），法美两国就会长期高举权力竞争的大旗。在这种情况下，针对法美分别提出独立的、法美都不能完全忽略的主张对于德国而言就越来越重要。由于 1990 年以来德国对于法美的依赖性分别都显著下降，现在的德国可以将对法美的关系从曾经的'两者兼顾'（sowohl - als - auch）转变为具有约束力的'另起炉灶'（weder - noch）。"（参见 Hellmann，2005：8）当然，要做到"另起炉灶"意味着德国的外交将面临更大的挑战。不过，德国若要在国际舞台上发挥更大的作用，别无他选。

第四，提升德国的"软实力"

一个国家的外交政策在很大程度上是该国综合实力的反映。到底哪些要素构成了一个国家的综合实力？20 世纪以来，许多国际关系研究专家提出了不同的观点。

定性分析学派的代表——现实主义大师摩根索认为，一个国家的国家实力由九个方面的要素组成，它们分别是：地理因素、自然因素、工业能力、军事准备、人口、民族性格、国民士气、外交质量和政府质量。摩根索把这九种要素归结为无形和有形两种。"在构成国家权力的所有因素中，外交质量是最重要的要素，尽管它是一个极不稳定的因素。决定国家权力的所有其他因素都好像是制造国家权力的原料。一个国家外交的质量将这些不同因素结合为一个有机的整体，给予它们方向和质量，并通过给予它们一些实际权力而使它们沉睡的潜力苏醒。"（参见摩根索，1990：190）

定量分析学派的代表认为定性分析无法将国家实力中的各种要素进行分解和量化，从而影响其科学性。于是又形成了定性和定量分析相结合的学派。典型代表为美国乔治敦大学的克莱因（Ray Cline）。他把力量要素分析与定量分析结合起来，提出了著名的对国家实力综合计量的公式，又称"克莱因公式"：

$$P = (C + E + M) \times (S + W)$$

即国家实力 = ［（人口＋领土）＋经济能力＋军事能力］×（战略意图＋贯彻国家战略的意志）（转引自姜安，2004：56）。

无论是摩根索提出的九要素还是克莱因的公式，学者们都指明了无形力量的重要性。有鉴于此，美国哈佛大学教授约瑟夫·奈将综合国力分为硬实力与软实力两种形态。硬实力（hard power）是指支配性实力，包括基本资源（如土地面积、人口、自然资源）、军事力量、经济力量和科技力量等；软实力（soft power）则分为国家的凝聚力、文化被普遍认同的程度和参与国际机构的程度等。21世纪的时代，大国的标准不应只拥有强大的政治、军事和经济等"硬实力"，"软实力"越来越成为强国之本。

统一后的德国允诺不生产和拥有生物武器、化学武器和核武器，因此单从国防力量上而言"德国缺少一个世界大国必备的军事实力"（潘琪昌，2000：362）。同时德国还是一个背负沉重历史包袱的国度，因此新时期德国外交的魅力在于"文明治国"，提升德国的"软实力"。

　　两极体制的解体并没带来战争的消亡，世界仍旧冲突不断。从承诺不生产 ABC 武器到放弃核能，从倡议彼得斯贝格会议到积极参与阿富汗战后的重建，从拒绝派兵伊拉克再到着手谈判解决伊朗核问题，德国外交向世界展示了"非武力"的魅力。作为联合国、欧盟、北约、欧安组织等世界重要多边国际组织的成员，德国积极奉行多边外交。从欧盟事务中扮演"发动机"的角色到致力于联合国机制的改革，从签署《京都议定书》到加入"国际刑事法庭"，从斡旋中东危机到反对对伊动武，德国一直是多极世界的重要一员，并积极致力于国际关系的民主化。

　　德国联合国政策的重点应该放在提高联合国行动能力上，而不能只将改革的重点放在德国的"入常"上。关于德国的海外派兵政策，作为一个负责任的大国，德国应该在自身能力范围内承担起维和的使命。由于德国坚持和平外交的原则，德国的海外派兵一定首先要具备联合国的授权，同时要提高联邦国防军的行动能力。人权外交方面德国应该坚持"静默的人权外交"，促进国际关系的民主化，提升德国外交的"软实力"。

　　平衡路径一之小结　德国红绿联合政府敢于直面与美国的分歧，提出"德意志道路"，展现出德国外交的一种新的自信。但是在取舍国家利益方面还是存在不足。虽然德法反对伊拉克战争的立场是正确的，但是重要的是德国应该在坚决反对动用武力的同时提出解决危机的和平方案，彰显德国的软实力，而并非只局限于"道义上的高人一等"，更不应该成为"法国的小伙伴"。[①] 德国红绿联合政府未能避免在德法与德美之间站队，在一定程度上掉进了法国反美主义的"陷阱"，从而在外交上陷入被动。此外，红绿联合政府未能在

────────────

① 参见 Christian Hacke, "Deutschland darf nicht Juniorpartner Frankreichs bleiben", http://www. politik – soziologie. uni – bonn. de/institut/lehrkoerper/welt_140704. pdf，最后访问日期：2015 年 2 月 25 日。

欧盟扩大和欧盟深化之间做出更好的协调，欧盟同时面临扩大和深化的双重压力，最终遭受制宪危机和预算危机等多重打击。

平衡路径二：以史为鉴，回答德国外交的三个问题

德国波恩大学政治系教授哈克认为，把握德国外交必须解答三个问题：一是要考虑国际大环境的背景下什么样的外交具备可能性。二是要考虑党派联合执政的背景下什么样的外交具备可行性。三是要考虑内政的背景下什么样的外交能够获得支持。（参见 Hacke，2003：57）

古人云："以铜为鉴，可以正衣冠；以人为鉴，可以明得失；以史为鉴，可以知兴替。"联邦德国的一部外交史就是一面明镜。作为冷战的产物，战后德国被一分为二，侵略扩张的外交政策让德国付出了沉重的代价。通过近60年的努力，德国不仅成功地实现了国家的和平统一，发展成为欧洲的"火车头"，同时通过长期不懈地反省战争和纳粹暴行，赢得了国际社会的谅解。如果将联邦德国外交史的镜头回放，有三个关键时期尤其显得突出。联邦德国正是在这三个关键时期正确回答了德国外交的三个问题才成功走出夹缝，走出了冷战时期德国国家利益和民族利益无法兼顾的困境。

1. 建国初期（1945～1949年）

战后的联邦德国满目疮痍，百废待兴，国内的重建迫在眉睫。与此同时，另一个重要的任务也摆在了联邦德国政治家的面前，那就是外交道路的选择。建国初期，联邦德国政坛上涌现出三位杰出的政治家，这三位政治家从战争中汲取了教训，提出了不同的外交方案，试图为德国的将来指明方向。

第一种方案是凯泽尔（Jakob Kaiser）提出的"桥梁方案"。出身于工会运动的凯泽尔是柏林统一工会和德国东部基督教民主联盟的创建人。凯泽尔把柏林作为德国未来命运的出发点，主张德国应该扮演一个东西方协调人的角色，成为联结东西方的"桥梁"。他坚决反对德国加入那时正在酝酿中的两大对立集团的任何一方，认为德国应该恢复 1937 年时的疆界。对于凯泽尔而言德国的首要任务是实现民族统一。

第二种方案是舒马赫（Kurt Schumacher）提出的"第三条道路"。饱受两次世界大战蹂躏的舒马赫是一名极其坚定的反共分子。虽然舒马赫也反对德国加入那时正在酝酿中的两大对立集团的任何一方，但是舒马赫并不赞成德国扮演一个东西方协调人的角色，他主张德国应该走一条不同于"西方资本主义"和"俄国社会主义"的"第三条道路"（Der dritte Weg），并将走"第三条道路"的重任寄托在以英国为首的欧洲社会民主党人身上。

分析一下联邦德国建国初期的国际环境，就能理解为什么这两位政治家的主张最终未能实现。德国战后被一分为二并非波茨坦会议的决定，而是冷战的结果。作为"冷战的产儿"，德国的分裂不以德国政治家的意志为转移，只有选择"一边倒"政策才能顺应冷战时期的国际环境。此外，当时的欧洲刚刚经过战争的摧残，包括英国经济上都依赖美国"马歇尔计划"的支持，没有能力另起炉灶，寻找"第三条道路"。

最终胜出的只能是阿登纳的"西方一体化进程"。阿登纳清醒地预见到了两极格局的不可逆转，同时饱受希特勒独裁统治的联邦德国人民希望呼吸到自由、民主的新鲜空气。1948 年"第一次柏林危机"的解决使得美国在德国人心目中的形象从"占领国"转变为"保护国"。"马歇尔计划"的援助使得联邦德国逐步摆脱经济危机的困扰，为日后实现"经济奇迹"铺平了道路，更为以后联邦德国的外交打造了坚实的经济基础。可以说，正是由于很好地回答了前文提到的三个问题，阿登纳才获得了成功。当然，在做出判断和抉择后，也就意味着要对德国当时的不同利益做出取舍。作为占领国的联邦德国本身并非拥有完全主权，民族统一对于被一分为二的德国来讲更是遥遥无期，这也使得阿登纳的西方一体化政策曾遭受了诸如"卖国"的指责，舒马赫甚至还指责他为"盟国的总理"（Kanzler der Alliierten）。但是当国际环境因素的外因对当时联邦德国的外交起着主导性作用的时候，暂时搁置民族统一问题有其历史必然性。"西方一体化进程"道路是二战结束后联邦德国的理智抉择。

2. 新东方政策时期（1969～1974年）

阿登纳执政晚期，国际社会发生了重要的转变。中苏关系的恶化一度使苏联面临腹背受敌的困境。与此同时，在越战泥潭中越陷越深的美国力不从心。"缓和"逐渐成为20世纪70年代描述美苏关系的一个核心词汇。在这样的国际背景下，阿登纳政府时期采取的"哈尔斯坦主义"（Hallstein - Doktrin）束缚了联邦德国外交的手脚，成为扩大外交空间的障碍。1969年，经过三年大联合政府时期的磨炼，社民党人勃兰特出任联邦德国总理。这位目睹柏林墙修建的原西柏林市市长决心打开通往东方的大门。其实这一"新东方政策"早在60年代初期就已具备了理论基础。勃兰特的密友、社民党人士巴尔于1963年7月15日发表的图青演说（Tutzinger Rede）提出了一个著名的口号，那就是"以接近求变化"（Wandel durch Annäherung）。勃兰特成为这一口号的具体贯彻者。1970～1973年一系列"东方条约"陆续出台，如《莫斯科条约》《华沙条约》《四大国柏林协定》以及两个德国签订的《基础条约》。这些条约的主要内容大都围绕放弃武力、承认边界以及实现关系正常化，从而成为东西方缓和政策的重要里程碑。1973年9月，联邦德国和民主德国同时加入联合国。至此，坚持联邦德国拥有单独代表权的"哈尔斯坦主义"退出了历史舞台。在联邦德国推行"新东方"政策的同时，1973年7月3日，欧安会召开，东西欧国家开展了在经济、政治、文化等对方面的对话，关系逐步走向缓和。

当然，缓和政策的推行面临重重阻力，尤其是承认奥德－尼斯河作为德波边界成为当时联邦德国国内争论的焦点。《华沙条约》签订后，德国《明镜》周刊曾以《和解还是出卖？》（*Aussöhnung oder Ausverkauf?*）作为封面大标题，"新东方政策"面临的压力可想而知。不过也正是出于对德国那段黑暗历史的忏悔，勃兰特在华沙犹太人纪念碑前的下跪成为德国真诚反省历史的标志。最终，一个民族以自己的诚意换回其他民族的谅解，从而也得到了世人的尊重。"新东方政策"是联邦德国在外交上针对国际形势缓和而做出的积极回应，并为德国日后的统一奠定了基础。

3. 德国统一的实现（1989～1990 年）

20 世纪 80 年代中期，苏联被军备竞赛拖垮，经济形势每况愈下。时任苏联领导人戈尔巴乔夫开始实行以"透明"（Glasnost）和"改革"（Perestorika）为主要内容的"新思维"。"戈氏的'新思维'对外主张缓和东西方关系，在欧洲提出'全欧大厦'的新构想，主张超越意识形态和社会制度的对立进行合作，放松对东欧社会主义国家的控制，对东欧采取支持'改革'的态度。"（丁建弘，1996：333）在"新思维"的影响下，东欧酝酿着一场剧变。民主德国也开始加入了这场剧变的行列。从声势浩大的"星期一大游行"到柏林墙的倒塌，民众要求德国统一的呼声越来越高涨。联邦德国科尔政府抓住了这一难得的历史时机。从"十点计划"的出台到承诺以"1∶1"兑换货币直至为民主德国提前选举施加影响，从坚持"2＋4"的会谈方式直至承认奥得－尼斯河边界，以总理科尔和外长根舍为代表的联邦德国领导人高瞻远瞩，展现出精湛的外交艺术。1990年 10 月 3 日，德国终以和平的方式赢得了统一。

诚然，德国领导人在统一进程中也犯过错误，尤其是德国的经济为此付出了沉痛的代价。时至今日，这种代价还困扰着德国。可是对于一个国家而言，又有什么比获得完整主权和民族统一更为重要的呢？历史时机稍纵即逝。如果国际社会在德国统一问题上采取拖延态度的话，德国也许会永远错失统一的良机。可以说，冷战时期的德国正是由于能够根据国际大环境的变化适时调整外交政策，才最终走出困境，实现和平统一。

平衡路径二之小结　德国红绿联合政府诞生于 20 世纪末，解体于 21 世纪初。新旧世纪更替间的国际政治格局错综复杂，恐怖主义等非传统安全因素对世界的和平和发展提出了新的挑战。"后两极时代"的政治失去了两极体制时期特有的平衡而变得扑朔迷离。在这样的国际大环境下，把握外交平衡的难度加大。此外，红绿联合政府是德国社民党和绿党在联邦层面建立的首个联合政府，虽然两党的相似性促成了联合政府的建立，但是七年的发展中，社民党和绿党内部均纷争不断，削减福利的改革使社民党丢失了大量的传统选民，"红党不红"；德国两次派兵参战使绿党的绿色理想逐渐破灭，"绿党不绿"。政治身份的丧失加速了红绿联合政府的提前解体。

平衡路径三：审时度势，彰显政治家的外交艺术

外交政策要想取得成功，离不开谙熟外交艺术的政治家。而"政治家的最终困境在于如何在价值观与利益之间，有时是如何在和平与正义之间取得平衡。许多人把道德与利益，理想主义与现实主义的二分法视作是天经地义的，而这样的二分法却是目前就国际事务进行辩论中的一个标准的陈词滥调。实际上，世上并不存在这样明显的选择。'现实主义'过了头就会造成停滞；而'理想主义'过了头则会导致发动类似宗教圣战那样的运动，最后以理想破灭而告终。"（基辛格，2003：361）这正如西方的一个政治谚语所说：左派执行右派的政策，右派执行左派的政策。政党一旦执政似乎就很难实现在野党时的抱负。政治家的困境最终也导致了外交的困境。难怪美国前国务卿赖斯曾将自己的外交策略称为"现实理想主义"。

德国社会学家马克斯·韦伯（Max Weber）在他那篇脍炙人口的

《政治作为一种志业》的演讲中指出，政治家应该具备三项基本素质：热情（Leidenschaft）、判断力（Augenmaß）和责任感（Verant-wortungsbewußtsein）。"政治家不在于热情本身，而是要用热情去追求某一项'踏实的理想'之同时，引对这个目标的责任为自己行为的最终指针。这就需要政治家具备最重要的心理特质：判断力。这是一种心沉气静去如实面对现实的能力；换句话说，也就是一种对人和事的距离。'没有距离'，纯粹就其本身而言，是政治家致命的大罪之一，也是我们新起一代的知识分子，一旦养成便会注定他们在政治上无能的性质之一。"（转引自钱永祥，2004：252～253）同时，韦伯还区别了两种不同的伦理：信念伦理和责任伦理。"用宗教的预言说，信念伦理奉行如下原则：基督徒只管把事情做好就够了，结果如何要看上帝。信念伦理不考虑结果，而责任伦理则不同，它要求人们对自己的行为负责任。"（转引自施密特，2001：113）对于政治家而言，责任伦理显得格外重要。"权衡风险、必要的代价和预期效果——包括国内政策和议会决策失误带来的风险——并非只是在紧要关头和危机形势下才要做的事情，它简直就是政治家的常规工作。"（施密特，2001：212）尤其当这一责任暂时得不到多数人的支持时，坚持这一责任伦理就显得弥足珍贵。

在一个信息全球化的时代，政治家还要经得住媒体的诱惑。德国前总理施密特在他的著作《寻求公共道德——面临新世纪的德国》一书中指出：电视会诱使政治家们变得浅薄。电视节目制作人应当避免对政治家的窥视并把他们的私生活当众曝光，以此防止将政治进一步人格化的倾向。"理查德·冯·魏茨泽克（Richard von Weizsäcker）曾经很有根据地告诫新闻记者，不要把政治斗争的技术手段同实际解决方案混为一谈。重要的是向公众展示各种设想，而不是探究政治'明星'的特征或者给他们提供赢得好感的机会。"（施密特，2001：141～142）

平衡路径三之小结　1998 年的大选使德国联邦政府的领导班子彻底得以更换，一些缺乏国际政治经验的政治家走上了联邦的政治舞台。就任总理前常年担任下萨克森州州长的施罗德就是一个"富有激情的国内事务政治家"。（Hacke，2003：442）2002 年德美的危机固然有其内在的必然性，可是施罗德在一定程度上难逃机会主义的指责：利用民众对战争的憎恶，为获取更多选票在一定程度上牺牲了德美关系。虽然施罗德反对伊拉克战争的立场是对的，但施罗德在未同任何欧盟成员国协商的情况下拒绝对伊动武，甚至对媒体表示即使有联合国授权也决不派兵。这不仅不利于欧盟发展共同的外交和安全政策，更与德国的联合国政策有所背离。施罗德在社民党内属于衣着讲究、重视享受的"托斯卡纳"派（参见郭业洲，1999：29）。口叼昂贵哈瓦那雪茄的形象不仅与社民党政治家的传统形象相去甚远，也与削减福利改革，号召民众开源节流的精神格格不入。此外，施罗德与媒体保持了过于紧密的关系，不仅他的数段婚姻成为民众茶余饭后的谈资，甚至还因"染发"和"裸照"等风波与媒体关系不断交恶。

平衡路径四：克服恐惧，增强德国的经济实力

外交是内政的延续。一个国家的经济实力越强，其外交半径也就越长。经济无法摆脱困境的国家最终也很难在外交领域有所作为。战后联邦德国的经济曾经创造过奇迹，随着马克成为硬通货，联邦德国也成了"经济巨人"。正是在这样的经济基础之上，施密特促成了北约"双重决议"的出台，为联邦德国争取到了更多的发言权，而最终也正是这种强大的经济实力为德国的和平统一提供了经济基础。然而，2005 年的调查数据表明，当时德国人对未来有着强烈的恐惧心理，这种恐惧主要来自对经济状况的恶化、失业率的增长（见表 6 - 1）。

表 6 – 1 问卷调查：2005 年您担心什么？

德国人 2005 年的恐惧	百分比（%）
生活开支的上涨	72
经济状况的恶化	70
德国的失业状况	68
本人遭遇失业	65
严重的疾病	64
政治家不贴近民众	64
年老时需要他人护理	62
恐怖主义	43 * 48 **
自己的孩子吸毒以及酗酒成瘾	48
年老时生活水平降低	48
外国人移居德国导致的紧张关系	45
年老时的孤寂	40
德国参与的战争	33
犯罪行为	24
伴侣关系的破裂	24

* 伦敦爆炸案前的统计数据

** 伦敦爆炸案后的统计数据

资料来源：Infocenter der R + V Versicherung: Die Ängste der Deutschen 2005，Grafiken：Wirtschaftliche Ängste drücken die Stimmung，转引自 Gunther Hellmann，"Europäisches Deutschland oder deutsches Europa? Deutsche Wege in der Außen – und Sicherheitspolitik seit der Vereinigung 1990"，http://www.fb03.uni – frankfurt.de/44950101/Tutzing_2005.pdf，最后访问日期：2015 年 2 月 22 日。

这种恐惧在一定程度上影响到德国的外交政策，发生在德国东部的一些排外事件就是明证。"由于人的经济状况从根本上决定着他的意识和政治倾向，由于目前的失业和社会福利国家的危机使许多人深受刺激，因此，无法排除我们这个开放社会发生危机的可能性。一旦艾哈德和席勒所高度赞赏的社会市场经济运转得不好，那么，在我们这个本来就受恐惧困扰的，尤其难以抵御精神变态的国家，民主和开放社会受到的危害将并非是不可想象的事情。"（施密特，2001：156～157）难怪德语中的"恐惧"（Angst）一词已经同"旅行背包"（Rucksack）和"幼儿园"（Kindergarten）一样被邻国的语言吸收为外来词，并且其使用频率已经超过后两个词（参见施密特，2001：87）。

要想摆脱经济困境，就必须了解"德国病"的真正病因。诚然，统一的进程使得德国经济付出了巨大的代价；全球化进程，尤其是欧洲一体化进程的加快使得德国这个经济依赖出口的国家受到前所未有的挑战。然而许多专家指出，"德国病"的真正病因在于德国自身的经济体制。社会市场经济体制曾经让德国人引以为自豪，可是如今德国的福利制度已难以为继。德国财政支出的相当大的一部分用于社会福利和各种补贴。德国的政府赤字已经连续多年超过欧盟稳定和增长公约3%的规定。随着"棕榈树下的福利"等一系列事件的曝光，人们认识到福利制度一旦滥用就会制造大批懒汉。人口的老龄化已经使得福利制度无法正常运转，例如德国的养老金制度。德国养老金制度实行的是"现收现支"的制度，也就是用在职人员缴纳的养老金来支付退休者的养老费用。而德国的出生率却持续走低。"据2000年权威机构发布的人口预测，如果出生率继续如此之低，50年后，德国将只剩5000万人口，100年后也许只剩下2400万德国人了。联合国计算，要保持目前德国的老龄者比例，德国每年需要340万移民。即使每年能净移民30万人，老龄化的速度到2050年也只能降低到1/3左右。到2050年，如果人口状况不好转，将出现一个就业者养活一个退休者的局面。"（江建国，2003）

因此，德国的福利制度改革迫在眉睫。施罗德政府于2003年出台的《2010议程》可以说在福利改革方面迈出了重要的一步。但是由于这一"从摇篮到坟墓"都照顾周全的福利制度早已在德国民众心中根深蒂固，因此改革的难度可想而知。再加上施罗德来自于向来注重社会公正的社民党，对福利制度进行大刀阔斧的改革有悖于社民党的传统。于是，党内的阻力也不言而喻。如何在效率和公平之间进行权衡？如何在维护民众福利利益的同时促进经济的增长？这就要求德国政治家必须说服民众，使得他们认识到改革从实施到见效之间的时间差。同时也应该指出，民众不应该将生活水平的改善仅仅建立在社会福利制度的基础上。德国的失业主要是结构性失业，而要克服这一结构性失业，德国必须提高科研创新能力，大力发展朝阳产业。这需要国家政策的扶持，包括简化烦琐的不必要的法律程序，使得科学领域最新研究成果能够及时应用。德国只有上下齐心协力走出经济的困境，才能使得德国人增强信心，才能最终让德国更加自信地站在国际舞台上。

平衡路径四之小结 社民党和绿党联合执政时期，德国经济患上了"德国病"。其病症可以归结为"五高两低"：即高福利、高劳动成本、高国债、高税收、高失业和低投资率、低增长（殷桐生，2001：67）。施罗德政府执政七年来在社会经济方面造成了三大负面后果：1. 失业长期居高不下，人们普遍感到没有安全感。2. 德国人普遍感到新的"贫困化"的威胁。3. 国家财政赤字和国债无休止的增长，让老百姓看不到摆脱困境的希望（顾俊礼，2005：15）。尤其是高失业率加重了民众的财力和心理负担，滋长了民众的悲观情绪。红绿联合政府制定了以《2010 议程》为代表的一系列削减社会福利的改革措施，其目标是在中短期内加强德国的经济动力、创造就业岗位、使福利体制现代化。然而，由于社民党对社会福利改革政策的宣传解释工作做得不够充分，该改革措施没有得到广大党员和其他阶层尤其是社会中下阶层的理解和支持（张文红，2004：86）。未能走出经济困境的红绿联合政府最终也难以在外交舞台施展更大的抱负。

第七章 外交平衡术之延续影响

红绿联合政府解体后，德国政坛先后经历了由联盟党和社民党组成的大联合政府（2005～2009年）、由联盟党和自民党组成的黑黄联合政府（2009～2013年），并于2013年底再一次迎来了新一届由联盟党和社民党组成的大联合政府。来自联盟党的默克尔三度问鼎总理宝座，开启了德国政坛的"默克尔时代"。尽管自2005年以来，社民党和绿党未能再度在联邦层面携手执政，然而，红绿联合政府给德国外交带来的影响却一直在延续。

首先，默克尔政府时期，德国外交依旧面临与红绿联合政府时期类似的平衡挑战。黑狱和虐囚事件阴云未散，德（欧）美之间又因维基解密风波、斯洛登事件等再度面临合作与分歧之间的平衡；欧盟虽较为顺利地度过了制宪危机，可是欧债危机、乌克兰危机、难民危机等一系列危机的爆发再度印证欧盟扩大和欧盟深化之间的平衡并非易事；2014年特恩斯市场研究公司政治研究部针对德国人对待外交的态度进行的抽样问卷调查结果显示，政治精英和普通民众就德国外交是否应该更加积极有为存在不同的看法；① 德国外交政策协会（DGAP）会长桑德施耐德（Eberhard Sandschneider）和德国《时代》周报记者和出版人劳（Jörg Lau）之间展开的围绕利益和价值观的辩论为贸易立国和文明治国之间的两难提供了新的理论注脚，德国繁荣的武器出口贸易则为这一两难提供了新的现实案例；无论是围绕阿富汗驻军展开的称谓之争，还是在利比亚危机中选择弃权，

---

① 笔者已将这一问卷调查译成中文，详见本书的附录3。

德国在承担责任时仍旧既有现实的又有历史的考量。

其次，自红绿联合政府开启的外交平衡路径逐渐成形，"平衡"已经成为默克尔政府外交战略的最重要的特点。[①] 除了从红绿联合政府七年的外交实践中汲取了经验，默克尔政府之所以能较好掌握德国外交的平衡主要得益于以下几点。

第一，默克尔低调矜持的执政风格

2005 年开始执政的德国总理默克尔女士是一位被称为"铁娘子"的奇女子。默克尔的母亲是社民党党员，弟弟是绿党成员。有着这样一个"多党制"家庭经历的默克尔对党派之争的艰辛有着切身的体会，家庭的熏陶有助于她在两大党之间起到平衡协调的作用。作为一位物理学博士，默克尔曾被人低估。可正是这样一位看似柔弱谦逊的女子一步一个脚印地登上了总理的宝座。她审时度势，巧妙地击败了自己所有政治对手。当基民盟被政治献金丑闻困扰时，她敢于同自己的政治教父——科尔划清界限，帮助基民盟成功克服危机，从而成为基民盟这个被称为"富有男人娱乐部"的主席。2002 年，她主动提出让姊妹党——基社盟（CSU）主席施托伊伯（Edmund Stoiber）代表联盟党角逐大选，施托伊伯的失利最终确保了她在联盟党内的领导地位，并当仁不让成为 2005 年联盟党竞选总理的人选。与她的前任施罗德相比，默克尔不善言辞，处事低调。难怪一些媒体评论到，一旦默克尔成为德国总理，德国将会成为一个没意思的地方。相比她的前任施罗德而言，默克尔的这种低调、严谨的作风能够更好地使她抵御来自媒体的诱惑，避免媒体时代政治过于"人格化"的倾向，以防在处理外交关系时遭遇不必要的两难境地。

---

① 参见刘建辉《默克尔的平衡术》，http://money.163.com/06/0515/15/2H62C3OO000251H-H5.html，最后访问日期：2014 年 1 月 17 日。

如此看来，美国前国务卿基辛格（Henry Kissinger）的评价不无道理："默克尔就任德国新一届总理将是影响深远的一个事件。她是德国历史上第一个女总理，第一个大部分时间生活在共产党统治下的联邦德国领导人，也是自 1969 年以来第一个由德国两大党组成的联合政府的领导人。10 年工夫，她从一个默默无闻的东德科学家变成了德国总理。默克尔政府标志着战后德国第三代政治家的到来，他们既很少受到 20 世纪五六十年代亲美主义的束缚，也没有所谓'68 一代'反美、独立倾向的影响。凭着科学家特有的系统缜密的行事作风，默克尔在大战略上会避免在大西洋与欧洲为本之间做出选择，也不会感情用事地与俄罗斯发展热络的关系。事实上，她将努力发展适应新的国际秩序的各种关系——不是在法国和美国之间进行选择，而是建立一个两方都拥抱的关系框架。她会维护她所理解的德国利益，但是这些利益将会以未来发展的眼光来定义，而不是过去的意识形态之争。"（基辛格，2005）

第二，大联合政府特有的政治构架

2005 年至今，德国党派政治的一个重要变化是：联邦议院的两大全民党——联盟党和社民党均面临自身的定位和发展问题，政治凝聚力减弱。小党之间互相掣肘，导致德国政坛两度出现由联盟党和社民党组成的大联合政府。大联合政府这种组阁形式虽然饱受知识精英们的诟病，但是从外交政策的实施来看，大联合政府固有的制衡为德国外交寻求平衡提供了较好的路径。首先联盟党和社民党属于德国两大全民党，历史更为悠久，同时因面向社会所有阶层，党员构成多样，群众基础更为广泛。与德国政坛的小党相比，两大全民党在外交总体方针方面反而更加接近。其次，这两届大联合政府都是由在联邦大选中得票率最高的联盟党领导人出任总理，社民党领导人出任外长。联盟党政治家素来亲美，强调价值观，在资本家等社会精英阶层有着深厚的基础，而社民党政治家一贯重视发展与东部国家的关系，在普通民众阶层有着更为深厚的基础。这种大联合政府特有的政治架构能够使德国更理性地对待西方世界内部的分歧与合作、兼顾政治精英和普通民众的意愿，并在贸易立国与文明治国之间、历史责任和现实责任之间进行平衡。最后，大联合政府意味着昔日的竞争对手成为合作对手，强大在野党的缺失虽然不是西方民主体制乐意看到的局面，但更利于（尤其是危机时期）政策的贯彻执行。

第三，德国经济稳步前行

红绿联合政府时期，德国经济患上了"德国病"，疲软的经济妨碍了德国这个"欧洲病夫"在外交舞台施展手脚。德国外交的平衡缺少了经济实力作为强大的后盾。默克尔执政时期，德国经济稳步前行，为德国外交在世界舞台大展身手提供了坚实的基础。

诚然，默克尔执政以来的这十年正是世界经济和欧洲经济经受巨大考验的十年。"美国次贷危机和欧债危机给德国经济带来了意料之外的考验，也给它提供了难得的自我表现舞台。主要出口目的地国家和地区的经济衰退，并未给高度依赖对外贸易经济的德国造成持续困扰，相反，德国能够很快摆脱出口贸易下滑造成的冲击，使经济重新进入稳定前行的通道，这对一个高度依赖对外贸易的经济体来说，无论如何都是令人感到欣慰的业绩。"（朱宇方，2014：54）"虽然德国经济遭受了欧债危机的严重冲击，但是由于一系列内外因素的作用，如德国政府松紧有度的危机应对政策、以新兴经济体为代表的旺盛外部需求，以及德国在危机之前实施的、冠以'2010 议程'之名的长期结构性改革，使德国经济在一片哀鸿的欧洲表现为'一枝独秀'。"（丁纯、李君扬，2015：63）

本章将以默克尔政府时期德国践行外交平衡术的案例和施泰因迈尔的"开明现实主义"外交理念为例分析红绿联合政府时期外交平衡术的延续影响。

第一节　默克尔执政时期德国外交平衡术的实践

本节笔者将选取两个典型案例，分别阐述默克尔执政时期在欧盟政策以及德美关系领域外交平衡术的实践。

案例一　欧盟制宪危机的解决[①]

2005 年 5 月底和 6 月初，《欧盟宪法条约》相继在法国和荷兰的公民投票中失利，欧盟陷入制宪危机。此后，如何重启欧盟制宪进程也成为红绿联合政府遗留给下任政府的"烫手山芋"。德国是欧盟"双缸发动机"之一，一直以来，德国既支持欧盟的扩大又积极推动欧盟的深化，是欧盟成员国中公认的亲欧国家。此外，德国刚刚在 2005 年提前举行了大选，组成了以默克尔为首的大联合政府。相比当时面临大选的法国和英国而言，德国政坛相对稳定。德国自然也就成为促使欧盟走出制宪危机的不二人选。

2006 年 12 月底，三个即将担任欧盟轮值主席国的国家——德国、葡萄牙和斯洛文尼亚一起制定了为期 18 个月（从 2007 年初直至 2008 年底）的共同的工作方案。工作方案分为战略框架、优先任务以及全面方案等三个部分。无论是在哪个部分，有关挽救宪法条约命运的字句都出现在最为醒目的地方，并被列为优先任务之首。在"全面方案"部分该工作方案指出："三个欧盟轮值主席国将继续遵循 2006 年 6 月欧盟首脑会议上达成的双轨理念。这就意味着，欧盟一方面要尽可能好地挖掘现有条约提供的可能性，使民众期待的具体成果能够得以实现，另一方面要继续建立在欧盟首脑会议委

---

① 本案例曾作为论文《〈里斯本条约〉的出台：解析和展望》的核心部分发表于《欧洲研究》2008 年第 1 期（参见吴江，2008）。

任基础上的工作。尤其是德国轮值主席国将在 2007 年上半年向欧盟首脑会议提交报告，此报告应该建立在同成员国详细磋商的基础之上，并包含对有关宪法条约协商状况的评估，从而指明可能的未来发展方向。该报告随后将在欧盟首脑会议上予以审阅，审阅的结果将作为决定改革进程应该如何进行的下一步决议的基础。葡萄牙主席国和斯洛文尼亚主席国有责任必须最迟在 2008 年下半年采取为此所需的步骤。"① 可以说，欧盟历史上首次成立的 "团队式主席国"（Triopräsidentschaft）旨在推动欧盟政策的延续性，它的成立为顺利结束制宪危机奠定了基础。

　　作为 "开路先锋"，默克尔领导的大联合政府于 2005 年底在内部就结束制宪危机从而重启改革进程的 "红线"（red lines）达成了一致，那就是坚持《欧盟宪法条约》的精髓不可动摇。还在担任轮值主席国之前，德国就将这一信号陆续传递给了欧盟其他成员国。针对围绕《欧盟宪法条约》存在的争议，默克尔领导的大联合政府采取了有所侧重、各个突破的谈判战略：首先与法国和荷兰展开谈判，接着与未对宪法条约进行表决的成员国谈判，最后才和已经表决通过宪法条约的成员国谈判。为此默克尔还专门委派了两名资深欧盟事务政治家作为德国的谈判特使：德国总理府欧洲处处长科尔泽朴斯（Uwe Corsepius）以及德国外交部负责欧洲事务的国务秘书西尔伯贝格（Reinhard Silberberg）。与以往几届轮值主席国不同的是，此届德国轮值主席国期间的峰会不再延循先由外交部官员准备最后再由政府首脑协商的惯例。2007 年 1 月 2 日，就在德国担任欧盟轮值主席国的第二天，德国总理默克尔致函欧盟各国政府首脑，建议有关结束制宪危机的谈判直接在政府核心机构之间进行。这样

---

① 参见 "18 – month Programme of the German, Portuguese and Slovenian Presidencies"，http://www.eu2007.de/includes/Download Dokumente/Trio – Programm/trioenglish.pdf，最后访问日期：2008 年 1 月 15 日。

一来可以避免过多人员参与谈判进程，减少中间环节的同时直接提高了工作效率。2007 年 3 月 25 日，欧盟各政府首脑齐聚德国首都柏林，欢庆欧盟成立 50 周年。德国作为轮值主席国发表了《柏林宣言》（Berliner Erklärung）。虽然，《柏林宣言》通篇没有提到"欧盟宪法条约"这个字眼，但是宣言在最后提到将"在 2009 年欧洲议会大选时把欧盟置于一个新的共同基础之上"。① "路线图"呼之欲出。2007 年 4 月，德国谈判特使递交了针对 12 个核心问题的问卷调查，并以此作为 2007 年 4 月底至 5 月初和各国谈判特使协商的基础。与此同时，默克尔还通过同各成员国领导人展开的直接对话摸清了成员国在结束制宪危机问题上的"红线"。2007 年 6 月 6 日，德国谈判特使就谈判结果向德国轮值主席国提交了报告。2007 年 6 月 22 日，经过长达近 36 个小时的马拉松式谈判，欧盟布鲁塞尔峰会就宪法条约的命运达成了一致。峰会制定了"路线图"，通过了欧盟改革方案并将其作为下一届欧盟轮值主席国——葡萄牙制定最终法律文本的明确授权。欧盟各成员国的法学专家在 2007 年 7 月 23 日启动的里斯本政府首脑会议上开始着手将这一改革方案翻译成法律文本。该法律文本于 2007 年 10 月 5 日予以提交并最终在 2007 年 10 月 19 日的里斯本峰会上得以通过。2007 年 12 月 13 日，《里斯本条约》正式签署，刊登于 2007 年 12 月 17 日的《欧洲联盟官方公报》（Official Journal of the European Union）（文号为 2007/C 306/01）。② 至此，旨在结束欧盟制宪危机的努力取得了实质性的突破。

---

① "Erklärung anlässlich des 50. Jahrestages der Unterzeichnung der Römischen Verträge", http://www. eu2007. de/de/News/download_docs/Maerz/0324 - RAA/German. pdf，最后访问日期：2007 年 12 月 02 日。

② 参见 "Vertrag von Lissabon zur Änderung des Vertrags über die Europäische Union und des Vertrags zur Gründung der Europäischen Gemeinschaft, unterzeichnet in Lissabon am 13. Dezember 2007", in *Amtsblatt der Europäischen Union C306*, 50. Jahrgang, 17. Dezember 2007, http://bookshop. europa. eu/eubookshop/FileCache/PUBPDF/FXAC07306DEC/FXAC07306DEC_002. pdf，最后访问日期：2008 年 01 月 25 日。

《里斯本条约》的出台使得结束欧盟制宪危机的努力取得了实质性的突破。这一改革条约在核心内容上保留了《欧盟宪法条约》的精髓。当然，从"宪法"到"条约"的蜕变，《里斯本条约》的出台表明欧盟尚不具备接纳宪法的政治成熟度。它的出台标志着欧盟将继续深化机制改革，提高自身的行动能力。围绕《欧盟宪法条约》作出的删改印证了欧盟特性的复杂性，并折射出欧盟内部各成员国之间的利益纠葛。《里斯本条约》的诞生归功于连续几届欧盟轮值主席国的密切合作，它的出台表明欧盟在制宪危机中汲取了经验教训并逐渐趋于务实。《里斯本条约》的出台是欧盟各成员国妥协的产物，彰显了默克尔政府的外交平衡术。

案例二　利比亚危机中的外交平衡术

2011 年 3 月 17 日，联合国安理会通过决议，决定在利比亚设立禁飞区。安理会 15 个理事国中有 10 个国家对此决议投赞成票，中国、俄罗斯两个常任理事国以及印度、德国和巴西三个非常任理事国投了弃权票。

德国作为西方世界的一员选择弃权着实显得另类。一时间，西方媒体的批评声此起彼伏。法国《世界报》批评德国的弃权给人造成"搭便车"的印象；[1] 英国工党议员斯图尔特（Gisela Stuart）认为弃权的立场表明了德国某种程度上的懦弱。如果欧盟最大的三个国家在这样一个重要的问题上都不能达成一致的话，共同欧洲外交的梦想就会被埋葬。[2] 美国媒体评论说德国弃权是因为国内面临莱法州和巴符州州议会的选举，德国政府出于内政原因选择弃权实属走

---

① 参见 TAZ Online, 2011, "Frankreich kritisiert deutsche Libyen – Politik. Breitseite gegen Deutschland AG", http://www. taz. de/! 67715/, 最后访问日期: 2015 年 2 月 22 日。

② 参见 Sebastian Borger, 2011, "London kritisiert Berlin wegen Enthaltung", http://derstandard. at/1297820844480/London – kritisiert – Berlin – wegen – Enthaltung, 最后访问日期: 2015 年 2 月 22 日。

机会主义路线。[1]

可以说，利比亚危机使得德国外交陷入了尴尬境地。一方面，盟友期待德国扮演积极的作用，现实责任要求德国站在西方盟友一边选择参战；而另一方面，2011 年是德国的超级选举年，七个联邦州陆续举行州议会选举。因为众所周知的历史原因，德国民众深受和平主义思潮的影响。默克尔领导下的黑黄联合政府深知只有拒绝参战才能顺应民意，赢得州议会的选举。历史责任要求德国站在国内民众一边拒绝派兵参战。最终德国选择了投弃权票，反对设立禁飞区，拒绝派兵参战。"从利比亚危机中德国的表现可以看出，德国的安全政策受到内政的驱动，换言之，德国日益以民调所反映的本国利益作为其安全政策的出发点，甚至不惜为此损害与西方伙伴的联盟。"（郑春荣，2013：4）

但与 2002 年伊拉克危机不同的是，默克尔政府并未因为选择投弃权票与美国弄僵关系，导致一场新的德美危机，而是为了尽可能挽回对德美关系造成的负面影响，采取了平衡战术。首先，默克尔政府在国内外多种场合针对盟国和国内的质疑，进一步解释、阐明了德国的立场。默克尔总理指出："德国仅仅是因为不参加在利比亚的军事行动而投弃权票，德国完全支持联合国决议的目标，弃权态度并不意味着德国立场是中立。"外长韦斯特维勒表示，德国政府考虑到各种因素，对安理会决议中关于采取军事行动的内容存在顾虑，认为利比亚问题可能无法用军事手段解决。历史的经验反复证明，军事干预有可能造成大量平民伤亡，禁飞行动也有可能使战争进一步扩大，引发一系列外交和军事风险。因此，德国决定不派兵参加对利比亚的军事干预，但坚定站在反对卡扎菲、追求自由民主的人

---

① 参见 RP Online, "Deutsche Enthaltung stößt auf heftige Kritik. Westerwelle denkt vom Ende her", http://www.rp-online.de/politik/deutschland/westerwelle-denkt-vom-ende-her-aid-1.2290199，最后访问日期：2015 年 2 月 22 日。

民一边（转引自闫瑾，2011：11）。

其次，默克尔政府表示为美国提供德国领土上的军事基地，并表示加强在阿富汗地区的投入，以协助美国将更多的侦查设备转移到利比亚战区，同时会在阿富汗投入空中预警战机（AWAKS），以减轻北约对利比亚实行禁飞后的军事负担。2011年3月25日，德国议会多数通过了向阿富汗投入空中预警战机的决议，德国派出300名士兵参与在阿富汗的空中预警战机飞行任务，德国驻阿士兵人数因此上升至5300名。德国外长韦斯特韦勒称扩大德国国防军在阿富汗的投入是德国北约政策的必要之举。德国虽然没有参加利比亚的军事行动，但是"这并不意味着，我们将我们在利比亚的盟友置于危险的境地"。为了减轻盟友的负担而在阿富汗增加投入，是"德国北约政策的理智之选"。①

2011年6月7日，就在德国投弃权票后不久，德国总理默克尔受邀访美。这是默克尔2005年就任德国总理后第一次对美国进行国事访问。奥巴马在默克尔访美前接受德国《每日镜报》采访时称赞默克尔是"好朋友、值得信任的全球合作伙伴"。② 为了凸显对这次默克尔访美的重视，奥巴马在白宫南草坪准备了19响礼炮的正式欢迎仪式，白宫专门举办了一场欢迎外国领导人的高规格晚宴。访问期间，奥巴马向默克尔颁发了"2010年总统自由勋章"。针对德国在利比亚危机中选择投弃权票，奥巴马并未予以指责，而是指出德国在阿富汗投入空中预警战机，减轻了北约的压力。这次默克尔的成功访美可谓为默克尔政府在利比亚危机中的外交平衡术画上了圆满的句号。

---

① 参见 DIE WELT，"Bundeswehr beteiligt sich an Awacs – Aufklärungsflügen"，http://www.welt. de/politik/deutschland/article12955914/Bundeswehr – beteiligt – sich – an – Awacs – Aufklaerungsfluegen. html，最后访问日期：2015年10月4日。

② 和讯网，《美国热迎默克尔访问》，http://news. hexun. com/2011－06－08/130339279. html，最后访问日期：2015年10月4日。

第二节　施泰因迈尔的 "开明现实主义" 外交理念

红绿联合政府留给默克尔政府的一个掌管德国外交的灵魂人物是社民党人施泰因迈尔。

2013 年 12 月，经过旷日持久的组阁谈判，德国历史上第三届大联合政府成立。当月 17 日，社民党人施泰因迈尔宣誓就任外长，成为德国建国以来首位在执政生涯中再次掌舵的外长。2014 年 2 月 6 日，施泰因迈尔在德国趋势（Deutschland Trend）的民意调查中一度击败了连续两年稳居榜首的德国总理默克尔，成为德国最受欢迎的政治家。[①] 媒体甚至赐予施泰因迈尔"外交总理"（Außenkanzler）的美誉。[②] 一个国家的外长秉持和彰显何种外交理念，"对内往往引导民众的选择和取向，对外则关系到国际秩序的安稳"（左希迎，2009：47）。施泰因迈尔的外交理念是什么？这一外交理念在他重返外交一线后的实践中表现出什么样的特点？这一外交理念对于德国新时期外交平衡术又意味着什么？本节试图对上述问题进行剖析。[③]

一　"开明现实主义" 外交理念的内容

2011 年，施泰因迈尔发表题为《重新丈量世界》的论文，该论

[①] 参见 Jörg Schönenborn，" DeutschlandTrend. Mehrheit gegen Olympia in Sotschi"，http://www. tagesschau. de/inland/deutschlandtrend2150. html，最后访问日期：2015 年 2 月 22 日。

[②] 参见 Karolina Pajdak，" Der neue Außenkanzler"，http://www. bild. de/politik/ausland/dr - frank - walter - steinmeier/der - neue - aussenkanzler - 34879256. bild. html，最后访问日期：2015 年 2 月 22 日。

[③] 本章的核心内容曾以《刍议施泰因迈尔的外交理念》为题发表于《德国研究》2014 年第 3 期（参见吴江，2014）。

文剖析了国际政治面临的深刻变革及其对德国外交的五大影响。① 对欧盟和跨大西洋伙伴关系以及对外文化和教育政策的论述反映了施泰因迈尔对德国外交传统支柱的重视；重新调整对俄罗斯和中亚关系以及跨大西洋伙伴关系则折射出施泰因迈尔的现实主义取向。2012 年 5 月，施泰因迈尔在文集《共同建构价值观的转变》的"全球化背景下的价值观"板块中发表了《现实主义和忠于原则——新的全球平衡下的外交政策》一文，② 首次提出了"开明现实主义"③的外交理念。2014 年 1 月 30 日，施泰因迈尔接受德国《南德意志报》的采访，就他再次出任外长后外交政策的基本特点发表看法。采访中施泰因迈尔毫不掩饰对现实主义的欣赏："我总觉得有时我们对世界的关注中缺少现实主义的火花"，"智慧的外交政策一旦缺乏现实主义就会不可避免地空转"。④

综合分析施泰因迈尔的以上论述，我们可以看到，他提出的"开明现实主义"外交理念主要涵盖以下几个方面的内容。

1. 价值观和利益并行不悖

施泰因迈尔指出，自德国建国以来，价值观在德国外交中一直占有重要的地位。选择皈依西方曾是德国摆脱历史阴影、进入西方

---

① 这五大影响分别是：第一，欧洲一体化进程仍旧是德国外交未来最为重要的一项工程；第二，北约必须嵌入到一个全面的预防性安全政策的理念之中，继续成为德国安全的核心要素；第三，德国必须重新调整与俄罗斯和中亚的关系；第四，德国需要重建跨大西洋伙伴关系；第五，德国需要继续加强对外文化和教育政策（参见 Steinmeier, 2011）。

② 参见 Frank‐Walter Steinmeier, "Realismus und Prinzipientreue‐Außenpolitik im Zeichen neuer globaler Balancen", in Brun‐Hagen Hennerkes/George Augustin (Hrsg.), *Wertewandel mitgestalten. Gut handeln in Gesellschaft und Wirtschaft*, Freiburg: Verlag Herder, 2012, S. 82‐99.

③ "开明现实主义"这一概念的德文原文是"aufgeklärter Realismus"，如下文所述，施泰因迈尔借鉴了康德的启蒙思想。如果直译应该是"启蒙了的现实主义"，本专著按照中文的表达习惯译成"开明现实主义"。

④ Auswärtiges Amt, "'Es wird zu Recht von uns erwartet, dass wir uns einmischen' Außenminister Frank‐Walter Steinmeier im Interview zu den Grundzügen seiner Außenpolitik", http://www.auswaertiges‐amt.de/DE/Infoservice/Presse/Interviews/2014/140130‐BM_SZ.html? nn = 599564, 最后访问日期：2014 年 7 月 31 日。

民主世界的"入场券"。不过，这之后德国许多政治家都受到过指责：不是在人权遭遇侵犯时未能给予相应的谴责和制裁，就是与独裁者和暴力统治者没能保持足够的距离。这些指责一直伴随着德国外交领域的辩论（参见 Steinmeier，2012：82～84）。施泰因迈尔并不赞同以此为由为德国外交贴上"价值观外交"的标签，在他看来，"价值观外交"这一表述过于肤浅和表面化，[①]借用康德启蒙思想的"开明现实主义"更能凸显价值观和国际行为之间的互动。（参见Steinmeier，2012：86）对启蒙思想的现代意义施泰因迈尔评价道："直至今日，康德在18世纪末写下的许多观点对于我们西方人而言都绝非偶然地极具现代意义：人权的普适性、国际关系的法制化、在承认国际法的基础上创建国际和平秩序、自由贸易、通过缔结条约达成的裁军——所有的这些设想和观点都影响着今天的外交议事日程。"（Steinmeier，2012：85）之所以将康德的启蒙思想与现实主义相结合，施泰因迈尔的出发点是价值观和利益之间并不存在根本性的矛盾，二者并行不悖（参见 Steinmeier，2012：86）。

2. 理性看待国际政治变革带来的挑战

康德启蒙思想的核心是对理性的自由运用，施泰因迈尔主张将这种理性运用到国际政治领域，并指出：旧的国际格局已经打破，新的格局尚未建立。无论是中国、印度和巴西等新兴大国的崛起，还是国际恐怖主义、大规模杀伤性武器的扩散以及种族和宗教冲突给世界带来的威胁，西方的社会体制正在遭遇前所未有的挑战。"这个世界由不同的文化组成，例如中华文明拥有几千年的传统，在这样的一个世界里，我们的设想不再所向披靡。随着全球化的推进，

---

① "价值观外交"的德文表述施泰因迈尔在《现实主义和忠于原则——新的全球平衡下的外交政策》一文中使用的是"wertegebundene Außenpolitik"，如果直译应该是"受价值观约束的外交"。他在批驳这一概念的肤浅和表面化时连续抛出两个疑问："这里到底确切地指哪些价值观？""约束究竟是什么意思？"（参见 Steinmeier，2012：85）

不同体制之间的竞争开始变得重要。"① 正是认识到国际政治变革给德国外交带来了竞争的压力，施泰因迈尔指出欧盟最为紧迫的任务在于展现领导力以及促成一种新的"共性精神"（Geist der Gemein-samkeit）的诞生，跨大西洋关系的振兴关键在于面对诸如气候变化、能源等全球性问题时努力寻找共同的解决方案。

3. 通过对话与来自东部的崛起中的国家进行沟通

世界格局的不确定性以及全球力量对比的变化使得施泰因迈尔特别重视发展与中国、俄罗斯等来自东部的崛起中的国家的关系，不过，"开明现实主义"最为棘手的问题正是如何同这些东部崛起的国家打交道。例如在提到俄罗斯时，他表示，虽然俄罗斯的民主赤字有目共睹，但聪明的做法是进行长远思考。俄罗斯需要欧洲，欧洲也需要俄罗斯。为此他提出了一个"现代化伙伴关系"（Moderni-sierungspartnerschaft）的概念用于发展对俄关系，并希冀这一概念不仅在短期内，在战略上看也能长期使双方获益（参见 Steinmeier，2011）。施泰因迈尔认为对话是沟通的最佳途径，训导和孤立往往适得其反："最终只有一条途径：那就是在拒绝对话和无原则的讨好之间开辟出一条狭窄的山脊线。……不管怎样，仅仅愤怒总是不会取得任何结果，有时候甚至还会导致令人不悦的损失。这里不是指我们能够以及允许否认自己的信念。但是实际经验表明，训导和孤立对手形成的恶性循环通常都解决不了问题。"（Steinmeier，2012：97）

4. 辩证地厘清信念伦理和责任伦理的关系

康德认为道德世界与政治世界紧密相连，并对"道德的政治家"

① Auswärtiges Amt，"'Es wird zu Recht von uns erwartet, dass wir uns einmischen' Auß enminis-ter Frank – Walter Steinmeier im Interview zu den Grundzügen seiner Außenpolitik"，http://www. auswaertiges – amt. de/DE/Infoservice/Presse/Interviews/2014/140130 – BM_SZ. html? nn = 599564，最后访问日期：2014 年 7 月 31 日。

和"政治的道德家"进行了区分。韦伯针对道德和政治的关系进一步阐明了信念伦理和责任伦理的不同："恪守信念伦理的行为，即宗教意义上的'基督行公正，让上帝管结果'，同遵循责任伦理的行为，即必须顾及自己行为的可能后果，这两者之间却有着极其深刻的对立。"（韦伯，2013：107）施泰因迈尔认为"道德的政治家"和"政治的道德家"之间并非存在不可逾越的鸿沟，只是视角的不同；韦伯所区分的这两种伦理之间的冲突至今也未能完全消失。政治家要想在政治实践中真正取得进步，仅仅关注对方的信念是不够的。道义上的严苛很少能够促进自身价值观和利益的实现，一旦这一严苛僵化到拒绝对话的地步，就会事与愿违地面临加剧政治对抗的风险。所以，虽然信念作为外交的行动指南不可或缺，但是不能仅仅以信念伦理作为评价的视角，外交行为的道德价值最终取决于责任伦理，也就是去帮助世界范围内为实现权利和机会而奋斗的人，力争为他们取得显而易见的具体成果。（参见 Steinmeier，2012：98～99）在这一点上，施泰因迈尔赞同西德前总理勃兰特的观点：一旦面临不可回避的抉择，（政治）必须将人类的福祉作为首选（参见 Steinmeier，2012：82）。

二 "开明现实主义" 外交理念的诞生

"开明现实主义"外交理念的形成绝非偶然，无论是红绿联合政府时期的熏陶，还是首任外长时期的锤炼，抑或是在野党时期的反思积淀，施泰因迈尔执政生涯的每个重要阶段都打下了"开明现实主义"的烙印。

1. 红绿联合政府时期的熏陶（1998～2005 年）

得益于与德国前总理施罗德的私交以及低调高效的行事风格，德国红绿联合政府成立初期，施泰因迈尔在施罗德的提拔下开始了联邦层面的政治生涯。1998 年出任联邦总理府国务秘书以及新闻专员，1999 年出任联邦总理府部长，直至 2005 年红绿联合政府的解体。

红绿联合政府执政的七年间，价值观与利益在德国外交中的碰撞似乎史无前例。一方面不乏价值观主导外交的案例：科索沃战争中德国以"人权高于主权"为由做出二战后首次派兵参战的决定；"9·11"恐怖袭击后，施罗德铤而走险动用信任案成功派兵阿富汗，对盟友美国进行"无条件的支援"；而另一方面利益屡屡成为德国外交的方向标：中德关系步入"蜜月期"，成为发达国家和发展中国家合作的典范；德俄关系心心相印，波罗的海石油管道项目成为两国紧密关系的见证，等等。

身为总理府部长的施泰因迈尔是这一时期德国外交政策幕后策划者之一，施罗德在其回忆录中如此描绘昔日的得力助手："例如弗兰克－瓦尔特·施泰因迈尔，有了他才有我办公桌上的秩序井然，因为他已阅读整理好了堆积如山的文件，识破并排除了各种陷阱，准备好或提出了解决问题的思路。"（施罗德，2007：257）"2001 年'9·11'恐怖袭击后的那几天，他每天都参加施罗德和外长菲舍尔的会晤；在德国进行是否出兵参加伊拉克战争的辩论时，施泰因迈尔对施罗德提出了自己的建议，对施罗德做出不出兵的决定起到了重要的作用。"[1]

红绿联合政府时期的耳濡目染为施泰因迈尔"开明现实主义"外交理念的形成奠定了基础。

2. 首任外长时期的锤炼（2005～2009 年）

2005 年的大选催生了默克尔领导的第一届大联合政府，虽然来自联盟党的总理默克尔和来自社民党的外长施泰因迈尔都主张外交

---

[1] 李岩：《德国新外长很会劝架》，http://news. sina. com. cn/w/2005－11－02/14588190266. shtml，最后访问日期：2015 年 2 月 23 日。

应该超越党派博弈，两人在外交领域并不存在根本性的分歧，但在涉及棘手的外交挑战时，施泰因迈尔坚持了自己的主张，彰显了其政治远见。

2007 年 9 月，德国总理默克尔在总理府接见达赖喇嘛，中德关系遭遇冰期。施泰因迈尔从一开始就质疑默克尔的做法。在 2007 年 10 月底的社民党全党大会上，施泰因迈尔直言不讳地指出"人权政策不是橱窗政策"，施泰因迈尔明确反对"价值观外交"，认为"静默的外交"更有希望获得成功。2008 年 6 月 12 日至 15 日，施泰因迈尔对中国进行了为期三天的"修复之旅"，标志着跌入谷底的两国关系重新走上正常的轨道。

在处理与俄罗斯的关系方面，默克尔和施泰因迈尔也同样存在差异：默克尔一改施罗德时期对俄罗斯频频示好的政策，在公开场合批评俄罗斯在人权、车臣问题以及能源问题上的政策和立场。2008 年 8 月，格俄战争爆发后，默克尔支持格鲁吉亚，一度还坚持在战争结束后允诺格鲁吉亚加入北约。而施泰因迈尔在格俄战争爆发前就警告，如果北约有可能东扩至乌克兰或是格鲁吉亚，一定要顾及俄罗斯的利益。施泰因迈尔同时还指出，一旦德国不断地通过揭露俄罗斯缺乏民主而让普京出丑的话，德国就会面临风险，无法发挥"引航"的作用，俄罗斯可能会与西方疏远。[1]

无独有偶，无论是行驶在快车道的中德关系，还是愈演愈烈的乌克兰危机，2014 年的外交舞台似乎佐证了施泰因迈尔当时的远见卓识。"开明现实主义"的外交理念也正是在施泰因迈尔的首次外长任期内逐渐成形。

---

[1] 参见 Wulf Schmiese，"Ein lauter Streit über die leise Diplomatie"，http://www.faz.net/aktuell/politik/inland/steinmeier - kritisiert - merkel - ein - lauter - streit - ueber - die - leise - diplomatie - 1492059. html，最后访问日期：2015 年 2 月 22 日。

3. 在野党时期的反思积淀（2009～2013 年）

社民党在 2009 年的大选中惨遭失利，默克尔领导的联盟党与自民党组建了新一届黑黄联合政府，社民党沦为在野党。此次社民党的大选失利并未终结施泰因迈尔的政治生命，反而给他提供了一个绝佳的反思机会。

施泰因迈尔首先如愿以直选议员的身份进入联邦议院，紧接着以高票当选为社民党议会党团主席。四年内，施泰因迈尔积累了丰富的政党政治以及议会政治的经验，并对德国外交进行了反思。一方面，施泰因迈尔密切关注德国外交的动态，批评时任外长韦斯特韦勒过于凸显党派冲突，将外交置于次要地位;[①] 另一方面，施泰因迈尔暗下决心，如果有机会重返外交一线，一定要对德国外交进行重新评价。[②] 前文提到的施泰因迈尔的两篇论文就是这一反思期的结晶。可以说，在野党期间的反思和积淀促使了施泰因迈尔在外交理念上进一步走向成熟。

三　"开明现实主义" 外交理念的实践

2013 年底，施泰因迈尔再度掌舵外交部，"开明现实主义"的外交理念在半年多的外交实践中逐渐形成了以下特点。

1. 少官僚、多激情

深受韦伯政治思想的影响，施泰因迈尔毫不掩饰对政治家领导力的渴望，他特别指出，欧盟的发展和跨大西洋关系的振兴无不需要把政治当作一种使命的召唤、为政治而生的政治家（参见 Stein-

---

① 参见 Reuters Deutschland, "Steinmeier kritisiert Außenminister Westerwelle scharf", http://de. reuters. com/article/domesticNews/idDEBEE66I02220100719, 最后访问日期: 2015 年 2 月 23 日。

② 参见 Majid Sattar, 2014, "Der deutsche Graben", http://www. faz. net/aktuell/politik/inland/steinmeier – und – die – neue – aussenpolitik – der – deutsche – graben – 12948699. html, 最后访问日期: 2015 年 2 月 23 日。

meier，2012：89 – 91）。

2013 年 12 月 17 日，施泰因迈尔发表了热情洋溢的就职演说，他对四年之后重操旧业解释道：再次掌管外交部是一项殊荣。[1] 整篇演讲中力展外交抱负的激情溢于言表。2014 年 5 月，施泰因迈尔一段在柏林亚历山大广场发怒的演讲视频在 YouTube 网站受到热捧，施泰因迈尔的演讲原本是为了支持欧洲大选中社民党的候选人舒尔茨，可是演讲途中有人喝倒彩，一名年轻男子大喊道"你们是战争的发动者！"施泰因迈尔无法容忍这样的指责，一改平日斯文冷静的形象，即兴地面向喊话的人群吼道："世界的组成并非一边是和平的天使，一边是恶棍，世界可惜比这要复杂。谢天谢地还有一些人献身于这些复杂的事业，并从乌克兰危机中寻求出路。"[2] 社民党党员对施泰因迈尔愤怒的反击感到振奋；德国《图片报》认为"吼得好，外长先生！"[3] 德国《明镜》周刊更以《发怒的勇气》为题分析为何德国民众对咆哮的施泰因迈尔赞誉有加。文章认为施泰因迈尔的发怒展示了他敢作敢为的真性情，民众对施泰因迈尔发怒的赞赏恰好说明，选民希望看到政治家具备的素质正是激情。[4]

2. 少逃避、多主动

"开明现实主义"强调对责任伦理的看重，这就意味着政治家不

---

[1] 参见 Frank – Walter Steinmeier，"Rede von Außenminister Frank – Walter Steinmeier bei der Amtsübergabe im Auswärtigen Amt am 17. Dezember 2013"，http://www. auswaertiges – amt. de/DE/Infoservice/Presse/Reden/2013/131217 – BM_Antrittsrede. html，最后访问日期：2015 年 2 月 23 日。

[2] Grit Bobe，"Steinmeiers Wutrede wird zum YouTube – Hit"，http://www. mdr. de/nachrichten/steinmeier – wutrede100_zc – e9a9d57e_zs – 6c4417e7. html，最后访问日期：2015 年 2 月 23 日。

[3] Veit Medick，"Steinmeiers Rede：Mut zur Wut"，http://www. spiegel. de/politik/deutschland/steinmeier – wutrede – warum – der – schreiende – aussenminister – so – fasziniert – a – 970665. html，最后访问日期：2015 年 2 月 23 日。

[4] Veit Medick，"Steinmeiers Rede：Mut zur Wut"，http://www. spiegel. de/politik/deutschland/steinmeier – wutrede – warum – der – schreiende – aussenminister – so – fasziniert – a – 970665. html，最后访问日期：2015 年 2 月 23 日。

能仅仅拥有激情，而是要用激情去主动地追求一项"踏实的理想"，否则只能是"没有结果的亢奋"（钱永祥，2004：252）。施泰因迈尔再度出任外长后，在多种场合强调德国外交不能逃避，而应主动承担相应的责任。

2014 年 1 月 29 日，施泰因迈尔在德国议会的演讲中呼吁德国应该推行积极有为的外交政策，并在解决国际冲突中有更多的担当。施泰因迈尔指出德国作为欧洲最大、经济实力最强的国家不能在外交领域袖手旁观，"军事克制政策再对，也不允许被误解为脱身政策"。[1] 在第 50 届慕尼黑安全会议上，施泰因迈尔强调"只从旁观者的角度来点评世界政治体现不出德国的分量"。[2]

2014 年 4 月 16 日，施泰因迈尔接受德国《时代》周报的采访，当问及德国的外交政策具体而言有何改变时，施泰因迈尔回答道："我们身上寄托的希望比我们能够实现的要多，但在能够实现的领域我们必须更积极一些。这也解释了为何我在上台后不久就决定我们要积极参与销毁叙利亚化学武器以及确保利比亚的武器安全；与（法国外长）法比尤斯和（波兰外长）西科尔斯基一起尝试终止基辅的流血冲突也属于朝这个方向作出的努力。"[3]

3. 少训导、多解释

"开明现实主义"强调对话的重要性，而对话的前提是解释。"施泰因迈尔认为德国外交没能做到倾听外国的声音以及提出问题。

---

[1] Auswärtiges Amt, "Für eine aktive deutsche Außenpolitik", http://www. auswaertiges – amt. de/DE/Aussenpolitik/AktuelleArtikel/140129 – BM – GrundsatzAPimBT. html, 最后访问日期：2015 年 2 月 23 日。

[2] Frank – Walter Steinmeier, "Rede von Außenminister Frank – Walter Steinmeier anlässlich der 50. Münchner Sicherheitskonferenz", http://www. auswaertiges – amt. de/DE/Infoservice/Presse/Reden/2014/140201 – BM_MüSiKo. html, 最后访问日期：2015 年 2 月 23 日。

[3] Matthias Naß und Michael Thumann, "Nicht zur Tagesordnung übergehen", http://www. auswaertiges – amt. de/DE/Infoservice/Presse/Interviews/2014/140416_BM_Zeit. html, 最后访问日期：2015 年 2 月 23 日。

这也是他为什么在首访布鲁塞尔时提到今后的德国外交要少训导、多解释。对于说话字斟句酌的团队协作者施泰因迈尔而言，这样的话无疑是对总理以及前任外长表现出的直言不讳的批评。"①

再次掌舵的施泰因迈尔首先通过出访进行解释。细心的记者观察到他在外交部的写字台总是收拾一新，看上去几乎未曾使用过。对此施泰因迈尔一语中的——"外交很少在写字台边进行"。② 上任以来，施泰因迈尔不知疲惫地在世界各地进行"穿梭外交"，尤其是乌克兰危机持续发酵时，由他参与倡导的德法两国外长首次共同出访欧盟东部和南部邻国堪称德法合作的典范。

深受康德启蒙思想的影响，施泰因迈尔还倡导通过反思进行解释。在重返外交部的就职演说中，施泰因迈尔指出德国外交不能故步自封，世界正在发生变革，德国必须进行"有创意的思考"。他呼吁德国仿效美国、法国、挪威等国对其外交政策进行自省，并委托德国科学与政治基金会（SWP）前任所长贝尔特拉姆（Christoph Bertram）参与组织这一自省进程。③ 该进程由三个阶段组成。由德国外交部发起的"评论2014——进一步思考外交"项目④的启动标志着第一阶段的开始，施泰因迈尔在该项目大会开幕式的致辞中直接抛出"德国的外交错在何处？"的疑问，旨在激发德国以及世界各

① 参见 Steffen Hebestreit，"Steinmeiers zweite Chance"，http://www.fr-online.de/politik/aussenminister-steinmeier-steinmeiers-zweite-chance，1472596，25945848.html，最后访问日期：2014年7月13日。

② 转引自 Karolina Pajdak，"Der neue Außenkanzler"，http://www.bild.de/politik/ausland/dr-frank-walter-steinmeier/der-neue-aussenkanzler-34879256.bild.html，最后访问日期：2015年2月22日。

③ 参见 Frank-Walter Steinmeier，"Rede von Außenminister Frank-Walter Steinmeier bei der Amtsübergabe im Auswärtigen Amt am 17. Dezember 2013"，http://www.auswaertiges-amt.de/DE/Infoservice/Presse/Reden/2013/131217-BM_Antrittsrede.html，最后访问日期：2015年2月23日。

④ 参见 Auswärtiges Amt，"Außenminister Steinmeier gibt Startschuss für 'Review 2014 - Außenpolitik Weiter Denken'"，http://www.auswaertiges-amt.de/DE/Infoservice/Presse/Meldungen/2014/140228-Review_2014.html，最后访问日期：2015年2月23日。

国的外交官、高校学者、智库工作人员等精英为德国外交献计献策；第二阶段于 2014 年夏、秋在德国各大城市陆续展开，旨在寻求与德国公民进行直接对话，为德国外交创造更好的民意基础；第三阶段是德国外交部内部的自省阶段。整个进程的结果已于 2015 年初公布。

四 "开明现实主义" 外交理念的评价

1. "开明现实主义" 为国际关系理论范式之间的视域融合提供了思路

施泰因迈尔不是国际关系理论领域的研究学者，"开明现实主义"也并非一套完整的国际关系理论框架。但不可否认的是，"开明现实主义"外交理念融合了不同国际关系理论流派思想，为国际关系理论范式之间的视域融合提供了思路。

一方面，"开明现实主义"强调国家对外政策的制定必须基于本国的国家实力，证明了"不管人们承认或者喜欢与否，现实主义永远是国际政治中最重要、最有影响的一个主流学派"（王逸舟，2006：208），肯定了现实主义理论范式的强大生命力；同时施泰因迈尔作为德国外交的长期践行者和决策者，选择"开明现实主义"的外交理念也表明"在决策纬度，现实主义仍然是决策者考虑问题的重大前提"（秦亚青，2005：166）。

另一方面，"开明现实主义"并不仅仅限于从现实主义的视角观察国际政治，而是借鉴了康德的启蒙思想。作为古典自由主义的代言人，康德的启蒙哲学确定了现代民主制推崇的自由、平等等基本价值，带有强烈的理想主义色彩。

虽然"开明现实主义"外交理念旨在指导德国外交的实践，但是这一结合了现实主义与理想主义思想的理念同时也给国际关系理论界带来启迪。国际关系领域千变万化，新现实主义、新自由主义和建构主义这三大主流理论范式形成了目前国际关系理论三足鼎立的局面，但迄今为止没有一种放之四海而皆准的理论。从各种理论范式之间的不可通约到理论趋同，国际关系理论领域的学者已逐渐认识到不同流派之间视域融合的重要性，正如美国学者斯蒂芬·沃尔特（Stephen Walt）所言，相互竞争的每一个理论视角都抓住了世界政治中的一些重要方面，但如果我们的思维只局限于其中的某一个，那么我们对世界政治的理解就会很贫乏（转引自袁正清，2005：297～298）。

2. "开明现实主义"利于德国外交在价值观导向和利益导向之间寻求平衡

新时期德国外交面临的一个困境就是价值观导向和利益导向之间如何取得平衡。"开明现实主义"为德国外交把握这一平衡术提供了一个较为可行的方案。

"开明现实主义"理念诞生于与"价值观外交"针锋相对的论战中，现实主义的视角使得施泰因迈尔认识到"价值观外交"表述的肤浅，这就意味着德国外交不能"唯价值观论"，更何况施泰因迈尔已指出，"这个世界还有一些地区并非以西方民主体制为导向"。[①]以俄罗斯、中国等国家为代表的新兴国家纷纷抓住经济全球化机遇，呈现群体性崛起势头，"开明现实主义"不仅认识到这些国家在能源、贸易等领域对德国的重要性，更意识到这些国家的崛起有可能重新塑造国际政治经济新秩序，主张通过对话发展与这些新兴国家的关系有利于德国在新的竞争中继续保持优势地位。

这一理念的现实主义视角不仅体现在与东部崛起国家的沟通，

---

① Auswärtiges Amt, "'Es wird zu Recht von uns erwartet, dass wir uns einmischen' Außenminister Frank – Walter Steinmeier im Interview zu den Grundzügen seiner Außenpolitik", http:// www. auswaertiges – amt. de/DE/Infoservice/Presse/Interviews/2014/140130 – BM＿SZ. html? nn = 599564, 最后访问日期：2014 年 7 月 31 日。

同时也体现在西方世界内部的沟通。以欧盟政策为例，欧盟要想摆脱政治危机需要一个新的"共性精神"，这一"共性精神"不能由欧盟机构来委派，它必须来自共同体本身，并需仰仗一个政治能量场，以促进和保障这一"共性"。施泰因迈尔认为由德国、法国和波兰组成的"魏玛三角"能成为一个具备吸引力的政治能量场，（参见 Steinmeier，2012：91）他上任后的外交实践证实了对"魏玛三角"的看重。以跨大西洋关系为例，"开明现实主义"认识到这一关系的稳固来源于冷战，在新的全球平衡体系下，这种根基不再具备天生的特质，德国外交需在赋予跨大西洋关系活力的同时寻找新的"外交增长点"。

平衡术的关键在于，现实主义的视角并未导致这一理论走向"唯利益论"的极端。"开明现实主义"吸收了康德有关"道德的政治家"思想：政治家要有正确的目的，同时也要有正确的手段。尤其不能以人的自由为代价，来达到某个正确的目的（李梅，2007：120）。也正是出于对自由、民主等西方核心价值观的认同，"开明现实主义"认为德国外交必须立足西方。

"开明现实主义"外交理念酝酿于长期的外交实践，诞生于激烈的外交辩论之中，施泰因迈尔清醒地认识到价值观和利益缺一不可，德国外交无须在二者之间进行取舍，接受这一合理悖论才是把握平衡的关键。

3. "开明现实主义"利于德国大联合政府理性地推动积极有为的外交

"德国进入'默克尔3.0'时代后，利用有利的内外背景条件，显示出准备从恪守克制型外交政策转向推行积极有为的外交政策的端倪。"（郑春荣，2014：13）无论是参与销毁叙利亚化学武器还是出台新的对非指导方针，无论是借重中国力图在国际事务中发挥更大的影响力还是穿梭各方为解决乌克兰危机斡旋，施泰因迈尔正在成为德国大联合政府"积极有为外交"的推动者。需要指出的是，深受康德启蒙思想影响的"开明现实主义"并非霍布斯眼中的"人人为战"的自然状态，而是建立在充分运用理性的基础之上。

类似"评论2014——进一步思考外交"等反思项目即是运用这种理性的例证。德国是一个背负着沉重历史包袱的国家。尽管它在战后对第三帝国的野蛮与黑暗历史进行了深刻反省，对纳粹所犯暴行和罪恶表现了真诚的忏悔，得到受害者及世界各国的普遍宽恕和尊重，可是，任何一个国家要完全同自己过去的历史彻底决裂都很困难。纳粹德国犯下的滔天罪行不仅给其他国家的人民带来深重的灾难，同时也给德国人民打上了"集体记忆"的烙印。

这也说明了为何有关"积极有为外交"的讨论自德国统一后始终"雷声大，雨点小"。此次由施泰因迈尔倡导、德国外交部发起的对德国外交进行的反思可谓一举两得。首先，邀请国外精英对德国外交出谋划策，尤其是一些国外精英对德国外交有着较高期待的表述屡见报端，① 可以在一定程度上释放历史重负带给德国"积极有为外交"的压力；其次，陆续在德国各大城市开展的外交界与公民的对话可以填补政治精英和民众认知的鸿沟，为"积极有为外交"争取更多的民意支持。也同样是在这种理性的驱使下，施泰因迈尔呼吁德国"积极有为外交"不应仰仗咄咄逼人的军事攻势，而应借助外交手段，积极参与塑造全球秩序。

五 "开明现实主义" 面临的制约因素

1. 外长在德国外交决策中的局限性

"开明现实主义"能在多大程度上影响德国外交，施泰因迈尔作

---

① 施泰因迈尔在"评论2014——进一步思考外交"项目启动仪式的致辞中上列举了一些国外学者对德国外交的期待，如德国的作用在于"带领欧洲去领导世界"；德国应该"使得欧盟重新焕发活力"；德国应该成为"跨文化的协调者"；德国应成为富裕的北方和"崛起的南方"之间的"桥梁"；德国应该"使俄罗斯欧洲化"；德国应该"使美国多边化"等。

为外长的政策影响力固然举足轻重，然而也必须看到，外长在德国外交决策中具有局限性。

根据德国《基本法》第 65 条的规定，德国总理制定国家政策的指导方针并为此承担责任。已经开启第三任期的德国总理默克尔牢牢地将外交的主动权控制在自己的手中，早已成为德国外交领域当仁不让的"1 号人物"。此外，全球化的背景下，外交的议事日程不断扩大，已绝非外交部的独享领域。"各专业部委国际领域工作的扩大对于德国外交部而言是一项几乎难以驾驭的挑战。"（Weller，2007：216）例如欧债危机的背景下，德国财政部的重要性日益凸显，再加上德国财政部长朔伊布勒经验老到，使他成为德国外交领域无可厚非的"2 号人物"。在无人驾驶机"欧洲之鹰"项目宣告失败前，低调沉稳的德国前任国防部长德梅齐埃一度是外交领域的"3 号人物"，甚至连默克尔的外交首席顾问霍伊斯根（Christoph Heusgen）在外交中的作用都要超过韦斯特韦勒。[1] 难怪社民党元老级政治家巴尔（Egon Bahr）评价道："（韦斯特韦勒领导下的）德国外交部不是在做外交，而是在管理外交。"[2] 此外，与第一任期不同的是，施泰因迈尔不再同时出任副总理一职，在这样的背景下，施泰因迈尔面临的首要任务是克服外长在德国外交决策中的局限性，逐步扩大自己的政策影响力。

从新一届大联合政府的外交实践来看，鉴于默克尔对"积极有为外交"三缄其口，以及国防部长冯德莱恩与施泰因迈尔在有关军事手段和外交手段上的意见分歧，如何与总理达成外交共识，如何同政府其他部门进行协调，施泰因迈尔面临挑战。

---

① 参见 "strategisch handeln andere：Merkels außenpolitische Bilanz"，http://www.seidlers - sicherheitspolitik.net/2013/08/merkels - aussenpolitik.html，最后访问日期：2014 年 7 月 13 日。

② 转引自 Jacques Schuster，"Der Verwaltungsleiter deutscher Außenpolitik"，http://www.welt.de/debatte/kommentare/article116527075/Der - Verwaltungsleiter - deutscher - Aussenpolitik.html，最后访问日期：2015 年 2 月 23 日。

2. 外交实践的复杂性

施泰因迈尔曾指出外交必须面对现实与理想之间的鸿沟，而现实往往与康德"永久和平"的理想相去甚远（Steinmeier，2012：86）。作为寄托了一种完美政治理想的"开明现实主义"，风云变幻的外交舞台无疑是其面临的最为严峻的挑战。

施泰因迈尔第一任期内，"开明现实主义"与默克尔推行的"价值观外交"的对垒还让人记忆犹新；第二任期前质疑声又再次响起。德国记者劳2013年10月在德国《时代》周报撰文对施泰因迈尔有可能再度出任外长提出了不同的看法。劳援引施泰因迈尔引以为豪的叙利亚政策和俄罗斯政策分析了"开明现实主义"的失败："破坏'现代化伙伴关系'的正是普京，而非默克尔。阿萨德让施泰因迈尔的叙利亚政策难堪，从失败中可以汲取一些教训，人们必须明了，弗兰克－瓦尔特·施泰因迈尔是德国最好的政治家之一，他可以当议会党团主席，劳工部长或是财政部长，最好别当外长。"[1]

第二任期刚刚开启，一系列外交挑战让"开明现实主义"遭遇了严峻的考验，以乌克兰危机为例，这一"柏林墙倒塌以来欧洲最严重的危机"[2] 已经使施泰因迈尔面临困境。尽管良好的人脉和丰富的经验使得施泰因迈尔成为调停危机各方的最佳人选，可是愈演愈烈的局势以及俄罗斯的强硬让"开明现实主义"成为一些人眼中"软弱"的代名词；尽管施泰因迈尔希冀重启"魏玛三角"使其在冲突的解决中发挥平衡作用，然而乌克兰危机还是再一次暴露了欧盟内部"剪不断，理还乱"的利益纠葛；尽管奉行"开明现实主义"的施泰因迈尔强调与俄罗斯进行政治对话和沟通，可是德国也

---

[1] Jörg Lau， "Warum er nicht ins Auswärtige Amt sollte"， http：//www.zeit.de/2013/41/steinmeier－spd－aussenminister/komplettansicht，最后访问日期：2014年7月13日。

[2] Welt Online， "Steinmeier：Europa'in schärfster Krise seit Mauerfall'"， http：//www.welt.de/politik/ausland/article125374622/Europa－in－der－schaerfsten－Krise－seit－Mauerfall.html，最后访问日期：2014年7月31日。

不得不在欧美的压力下加入了制裁俄罗斯的行列；尽管明知制裁是"搬石头砸自己的脚"，却苦于难以拿出其他方案。

外交实践十分复杂，政治家很难做到完全理性。启蒙本身就是一项艰巨的任务，所以康德才断言，"我们目前不是在启蒙了的时代，但确实是一个启蒙的时代"（康德，1990：28）。看来，施泰因迈尔能否真正落实"开明现实主义"的外交理念，尚需德国未来外交实践的进一步检验。

结语　外交之道，贵在平衡

外交绝非用一个理想化的理论公式去设计，而是一项复杂的实际操作。

平衡是艺术　"社会越多元、人性越健全、信息越丰沛、技术越发达，人类处理事涉价值判断与主观感受的命题时就越难周全。"①外交是一门实践性很强的领域。小到说话时拿捏分寸，大到谈判中寸土必争，外交的艺术无处不在。平衡是艺术，不是科学。为了出色地完成德国外交这项"穿透硬木板的工作"（韦伯语），政治家需要通晓平衡的艺术：平衡不仅需要激情，还需要冷静；平衡不仅需要"舌战群儒"的机智，还需要字斟句酌的细致；平衡不仅需要"该出手时就出手"的胆识，还需要掌握"欲速则不达"的火候。

平衡是过程　平衡是相对的、短暂的，它是追求的目标。不平衡是绝对的，是行为的动力源泉。德国政党调色盘的变化或许打破了德国外交固有的联合执政伙伴之间的平衡，伴随而来的却有可能是选民多元利益诉求之间的平衡。德国联邦国防军的海外派驻或许打破了德国外交固有的历史重负和现实责任之间的平衡，伴随而来的却有可能是世界范围内战争与和平力量之间的平衡。德美之间的信任危机或许打破了德国外交固有的利益导向和价值观导向之间的平衡，伴随而来的却有可能是西方世界内部合作和分歧之间的平衡。德国外交正是在平衡与不平衡的矛盾斗争中不断进化和发展。

---

① 《美国也有不少两难》，《中国经济周刊》，http://finance.ifeng.com/opinion/hqgc/201007-13/2399945.shtml，最后访问日期：2015年2月23日。

平衡是常态　"环顾当今世界，地缘板块之变、国家转型之痛、发展方式之争、力量重组之显、有效治理之难无不表明，一个全球政治的'再平衡时代'已然到来。"① 中东乱局和乌克兰危机已为全球政治的失衡提供了最好的注脚；大西洋同盟的裂变和太平洋世纪的凸显（王湘穗，2012：22）带来的全球重心转移也为"再平衡时代"的到来揭开了序幕。德国地处欧洲中心，特殊的地缘位置注定应成为欧洲平衡的稳定器；德国是发达的资本主义国家，出口型导向的经济注定应成为发达国家和发展中国家之间合作的典范；德国挑起过两次世界大战，沉重的历史包袱注定应在积极有为和理性克制中寻求平衡。平衡并非与世无争的消极避世，平衡是在各种极端的冲突中寻求发展的积极调整。外交之道，贵在平衡。平衡将在比较长的时期内成为德国外交的常态，新时期的德国外交也应该通过平衡变得更加成熟与自信。

---

① 赵明昊：《全球政治进入"再平衡时代"》，http://opinion.huanqiu.com/opinion_world/2013-07/4094854.html，最后访问日期：2015年2月23日。

附录1 德国红绿联合政府
(1998～2002) 执政纲领
(外交和安全政策部分)

1998 年 10 月 20 日，德国红绿联合政府出台了以"变革和更新"为题的执政纲领。纲领第 XI 部分主题为"欧洲一体化、国际伙伴关系、安全和和平"，集中阐述了德国红绿联合政府（1998～2002）外交和安全政策领域的抱负。这部分内容的中文译文如下。①

1. 目标和价值观

德国外交政策是和平外交政策。

新一届德国政府会继续坚持迄今为止德国外交的基本方针：与邻国发展和平友好的合作关系；维护跨大西洋伙伴关系，深化和扩大欧盟；在欧安组织范围内发展全欧合作、对中东欧和南欧国家民主和稳定肩负特殊责任以及促进所有南部国家的可持续性发展。这样做的基础是尊重国际法和维护人权、时刻做好对话的准备、放弃暴力以及建立信任机制。新一届德国政府将国际合作视为全球范围内确保未来的政策。

新一届德国政府将提出自己的建议和主张，推动国际关系进行必要的变革。鉴于经济领域、技术领域、社会领域以及环境领域面临的新挑战，新一届德国政府将其外交和安全政策视作为在全球范围内确保未来所作出的贡献，并将竭尽全力出台和使用有效的战略

---

① 《德国红绿联合政府（1998～2002）执政纲领》，http://www.spd.de/linkableblob/1850/data/koalitionsvertrag_bundesparteitag_bonn_1998.pdf，最后访问日期：2015 年 3 月 19 日。

以及预防危机和和平解决冲突的手段。新政府有义务促进国际关系的民主化、法治化；有义务限制军备和进行裁军；有义务促进世界各个区域在经济、生态和社会领域进行公正的利益均衡；有义务在世界范围内保护人权。

2. 欧洲一体化

将德国纳入欧盟的框架之内对德国的政治而言意义重大。新政府因此将通过新的倡议继续推进欧洲一体化进程，并将利用 1999 年上半年德国担任轮值主席国的契机，为欧盟的深化和扩大注入新的动力。新政府尤其会关注如何将民族国家层面的改革倡议和欧盟层面的改革倡议相结合。欧盟只有持续发展成为一个政治联盟以及社会和环境联盟，才能成功地使得民众重新亲近欧盟并使得欧盟贴近公民。

新政府将抗击失业置于欧洲政策的重点。其目标是创建一个全欧就业条约，新政府认为应该将一些具有约束性以及能够检测的目标，例如减少青年失业和长期失业以及克服女性在劳动力市场上面临的歧视等，纳入就业政策的指导方针中。为了使工作岗位能够面向未来，欧盟必须遵循生态现代化的政策，加强研发新的技术以及通过跨欧网络建设现代化的基础设施。

为促使共同的欧洲货币获得成功，新政府会在欧盟范围内积极推动经济、金融以及社会政策的协调。为了有效地对企业进行最低纳税以及消除避税天堂，不可或缺的是出台共同的以及具有约束力的规定，以抵制税收、社会以及生态倾销。

新政府将在欧洲环境政策中发挥先锋作用。从担任欧盟轮值主席国开始，新政府就会加大投入，通过出台加强跨领域的环境保护以及一体化原则的动议，使可持续性准则在内部大市场中发挥更大的影响。一般性的社会和环境政策标准以及保护知识产权的规定必须写进新的世界贸易协定之中。

新政府支持在欧盟层面上实行同工同酬，并会关注这个政策与性别相关的效果以及确保采取积极的促进措施。

新政府主张使欧盟更加民主并加强欧洲议会的作用。新政府赞成使欧盟的决策过程更易于理解并且更具有透明度。《阿姆斯特丹条约》中的有关透明度的规定必须坚定不移地予以贯彻执行。新政府将抵制过度行政化管制以及官僚化。欧盟在使用权限时必须坚持辅助性原则。

新政府将采取主动在欧盟条约前加入一部基本权利宪章，并将欧洲议会、民族国家议会以及尽可能多的社会群体纳入相关的讨论和政策制定过程之中。新政府将倡议加强欧洲的青年交流，尤其是加强欧洲志愿者组织。

必须坚决利用欧盟东扩的历史机遇。新政府将通过有效的帮扶战略以及团结援助措施为加强中东欧国家的经济和民主建设作出贡献。欧盟必须通过内部改革尽快具备接纳新成员的能力，尤其是应该在欧盟下一轮扩大前出台机制改革措施。为了避免入盟给成员国造成的经济或者社会裂痕，有必要在例如雇员自由迁徙方面设立合适的过渡期限。

德国轮值主席国期间的一个主要任务是出台《2000 议程》。新政府因此会将精力集中放在规定期限出台相关决议上并同时兼顾整体连贯性。

新政府支持对共同的农业政策进行根本性改革。欧洲的农业经济必须更加具有竞争力和环境兼容性。为此，公共资金的使用更加注重生态和就业政策的标准并尽可能地将此作为目标。在这个过程中应该注意的是，欧盟在共同的农业政策领域的支出会随着时间的推移被返回。世界贸易组织谈判即将开启，必须在世界农业政策领域执行生态和社会最低标准。只要这一点没有做到，就必须平衡欧洲农业的竞争劣势。

　　新政府将制定一体化的地区政策以及结构政策的适应战略，以便在农村地区创造其他的就业可能性并在生态方面对农业经济进行改革。尤其是结构上处于弱势的农村地区必须制定出一体化的地区发展理念。新政府准备以典型项目为依托帮助相关区域解决问题。

　　新政府支持在欧洲结构基金的框架内主要资助结构上处于最弱势的以及最需要资助的区域。资助必须简化、非中央集权化、更加符合生态标准以及对就业起到更加有效的作用。必须将相关的地区行为体更强地纳入规划以及当地的执行过程中。重点资助的地域以及事务以后也必须由政治上具有相关性的国家予以制定。欧盟的援助监管必须在地区政策方面给予联邦和各州更大的空间。

　　新政府支持尽快实现《阿姆斯特丹条约》中与内政和法治政策相关的规定。新政府赞成继续将申根的内涵融入欧洲共同法之中。警务和司法合作应该在法治国家准则的基础上予以加强，并与国际法原则相结合。

　　新政府支持欧盟委员会遵守《阿姆斯特丹条约》议定书中确定下来的对公法广播电台以及公法信贷机构的承诺，也就是说在援助法方面不质疑现行的法律地位。

　　德国在今后也会对欧盟的财政做出合适的贡献，并为团结互助和平衡负担贡献力量。在 2000～2006 年的财政年度，必须尽可能地将欧盟预算（包括东扩所需费用）的上限控制在占国民生产总值的 1.27% 之内。欧盟财政面临的新调整必须尤其通过支出方面的改革使各成员国的所摊费用变得更加合理。如果这个目标不能通过其他的手段得以实现，那么自 2000 年开始，应该在欧盟规定的基础上由欧盟各成员国对共同农业政策的直接收入补助进行双重资助，以减少德国的净负担。新政府会在这种情况下从联邦资金中准备出由民族国家支付的为共同的农业政策提供的双资助份额。

3. 欧洲外交和安全政策

德国将利用《阿姆斯特丹条约》中创建的共同的外交和安全机制，使欧盟在国际政治领域更加具备行动能力，并推动以共同的方式代表欧洲利益。新政府将努力发展共同的外交和安全机制，进一步实现外交和安全政策的一体化。有鉴于此，新政府会支持多数表决制，支持欧盟赢得更多外交方面的权限以及强化欧洲安全和防务认同。

新政府将致力于在《阿姆斯特丹条约》的基础上继续发展西欧联盟。

应该充分利用共同的外交和安全机制使欧盟提高以非军事的方式预防危机的能力以及以和平的方式管理危机的能力。新政府将努力使欧盟更好地承担对于欧盟南部国家的责任，并通过其作为一个整体的身份为强化欧安组织和联合国做出贡献。

4. 北约/跨大西洋伙伴关系

新政府视跨大西洋联盟为欧洲稳定和安全以及建设持久性欧洲和平体制的不可或缺的手段。通过北大西洋公约组织确保的美国的参与以及美国在欧洲的存在仍旧是欧洲大陆安全的前提。

为了促进欧洲安全，应该通过继续发展和加强北约－俄罗斯委员会从机制上保障与俄罗斯的友好关系。应该发展与乌克兰和其他和平伙伴关系成员国的合作。北大西洋公约组织的大门仍旧向其他民主体制国家敞开。

德国新政府遵循稳固全欧和平体制的目标，支持北大西洋公约组织和其他对欧洲安全负有责任的组织之间的紧密合作，支持有效协调以及有意义的分工协作。在即将开始的北大西洋公约组织改革的框架内，德国新政府谋求使北大西洋公约组织自身防务之外的任务遵循联合国和欧安组织的规范和标准。

5. 欧洲安全和合作组织（OSZE）

欧洲安全和合作组织是唯一的一个全欧安全机构。这使得欧洲安全和合作组织具有无可替代性。新政府因此将提出倡议，以强化欧洲安全和合作组织的法律基础，并使之在欧洲安全和合作组织内承担起以和平方式调停争端的义务。其手段和能力可以通过更优的人员和财力配置予以加强，以提高其在危机预防和危机协调领域的行动能力。

为了创建稳固的秩序，应该在巩固和平的框架内发展和利用非军事的国际警务派驻。与非政府组织的合作具有特别的意义。新政府支持建设用于预防危机以及非军事危机处理的基础设施。除了对和平与冲突研究提供财政资助、将现有的倡议进行整合等，相关措施还包括改善法制、财政以及管理条件，以便对从事和平事务的专业人员以及和平事务（例如公民和平队）进行培训和投入。新政府将为维和领域以及建设和平领域的任务创造培训的可能性。

6. 裁军和军备控制

对核武器、化学武器以及生物武器进行有控制的裁军仍是全球和平保障领域最重要的任务之一。新政府始终坚持销毁全部的大规模杀伤性武器，并将与德国的伙伴国和盟友国家合作，参与到实现这一目标的倡议努力中。在特定的情况下，单方面的裁军措施能够承担起责任并对裁军进行有意义的推动。新政府认为一个核心任务在于预防性的军备控制。

新政府主张在《欧洲常规武装力量条约》谈判的框架内大幅度调低目前的军备上限。新政府会施加影响，促使与不扩散大规模杀伤性武器相关的国际机制具有更大效果，尤其是在世界范围内禁止使用地雷之类的残忍武器，力争进一步减少战略核武器。为了履行《不扩散核武器条约》中有关对核武器裁军的义务，新政府支持减少核武器的警报等级，并放弃首先使用核武器。

新政府支持有关创建无核区的努力。新政府将提出倡议对小武器进行监管和控制。

7. 联合国

联合国是解决全球问题的最重要的层面，新政府的特别任务是：从政治和财政方面加强联合国，并对联合国进行改革，将其建设成为具有行动能力的旨在解决国际问题的一个机构。在这个意义上，新政府将提出倡议优化联合国的职权和资金配置。新政府致力于使女性在国际层面的机构和委员会中能够得到平等的对待。

联合国工作的一个越来越重要的领域是履行保障和平的使命。联合国应该拥有旨在维和的独立部队作为"待命部队"。

德国军事力量参与维护世界和平以及国际安全的措施的同时需遵守国际法以及德国的宪法。新政府积极支持维护联合国的绝对权威以及加强联合国秘书长的作用。

如果安理会旨在加大地区平衡力度的改革结束后，德国原则上优先考虑的欧洲常任理事国席位无法得到实现，那么德国将利用一切可能性争取成为联合国安理会常任理事国成员。

新政府支持扩展经济制裁的手段并辅之以制裁救助基金。

8. 人权政策

尊重和实现《世界人权宣言》中规定的以及写进人权条约中的人权是德国联邦政府所有国际政策所遵循的原则。新政府也会在这个领域着重致力于出台国际协调战略，以打击并预防对人权的侵犯及其根源。

新政府将改善德国现行保护人权的手段并支持出台有效的国际性手段。新政府支持在德国建立一个独立的人权研究所。

9. 联邦国防军/军备出口

德国联邦国防军服务于欧洲的稳定和和平。作为一支被纳入北约框架内的军队，必须在预防风险的意义上继续使联邦国防军具有国家和联盟防御能力。

在对最新的风险进行分析以及广义地理解安全概念的基础上，由联邦国防部为新政府任命的联邦国防军结构委员会将对联邦国防军的改革、培训以及装备进行审核，并将于执政中期时出台未来联邦国防军架构的可能性方案。尽管存在普遍性的预算保留，在联邦国防军结构委员会工作结束前不会做出明显改变所调查领域或导致新情况出现的事务性的决定以及预算决定。

新政府将原定的德国安全政策协调机构的作用归还给联邦安全委员会并为此创造必要的条件。

新政府将审核现行的军事装备援助规划，原则上不再在这个领域签署新的条约，而会大力促进民主援助措施的出台以及为此提供额外资金。

新政府积极支持欧洲航空航天业进行联合方面的努力。欧洲跨国军工产业出口业务受制于所承诺的欧洲行为准则。新政府支持将有可能接受武器的国家的透明度准则以及人权地位纳入到标准之中。

北约和欧盟框架之外的德国武器出口将予以限制。在对武器出口进行决策时将把可能接受武器的国家的人权状况作为附加的决策标准。

新政府将在每年给联邦议会提交一份军备出口报告。军工企业改制被视为联邦政策的任务，同时被看作地区结构政策的要素。

10. 友好的睦邻关系以及历史责任

新政府支持与德国的所有邻国发展关系。新政府将赋予德法关系以新的动力，并将把与法国的合作提升到一个广阔的基础之上，使之覆盖社会的各个方面。新政府尤其竭力争取更多的文化交流。

新政府会通过与波兰发展更紧密的伙伴关系来体现德国对于波兰担负的特别历史责任。新政府将加强"魏玛三角"框架内的德国、法国和波兰三国的合作。

新政府将尽快在《德捷和解宣言》的基础上解决两国的现存问题。

德国对以色列肩负特殊义务。新政府将尽力维护以色列的安全以及和平地解决地区冲突。

新政府将继续发展与俄罗斯和乌克兰的友好关系。新政府的目标是通过民主、法制、社会和市场经济改革来确保该地区的稳定。

11．发展政策

发展政策现今已成为全球结构政策。发展政策的目标是改善发展中国家的经济、社会、生态以及政治状况，其理想是全球的持续性发展。

新政府会依据这些目标对发展政策进行改革和进一步推进，使之能够更有效并确保和其他部门政策的关联性。目前德国发展政策方面的任务散落在不同部门，上届政府遗留的现象将予以消除，所有的任务将集中至联邦经济合作和发展部。联邦经济合作和发展部将主管欧盟发展政策，以便利于促进国际结构政策。联邦经济合作和发展部将成为联邦安全委员会的成员。

为了接近国际范围内达成的0.7%的目标，新一届联合政府将扭转发展预算的下行趋势，并持续大幅度提高承诺拨款。新政府将改革对外经济资助，尤其会按照生态、社会以及发展的原则对提供出口信用担保（赫尔梅斯担保）进行改革。新政府支持对最贫穷和负债最高的国家提出国际债务减免倡议。

为了提高对国际关联性的意识，新政府尤其关注非政府组织有关发展政策方面的工作，并将加大支持力度。

新政府继续推进《洛美协定》的框架内合作，并致力于后续谈判的成功举办。新政府将更加有效地完成欧洲发展政策赋予德国的任务，并起到更好的协调作用。

新政府支持国际货币基金组织以及世界银行按照发展兼容性以

及生态持续性的标准对其结构适应政策进行新的规划。国际贸易组织或是多边投资协定之类的国际经济规制必须按照生态和社会的标准进行新的构架。必须保留民族国家立法机构在投资和贸易事务方面引入生态和社会标准的可能性。

我们支持改革和加强联合国的发展项目以及有效的国际融资机构并为此承担更多的责任。纳入联邦经济合作和发展部的中心融资机构以及多边发展政策的支柱机构——也就是世界银行、国际发展组织以及地区银行——为长期的发展规划和项目提供资金。联邦经济合作和发展部将提高多边融资措施的效率，所采取的措施包括制定与发展和社会相吻合的结构适应项目、与双边规划更好地紧密相连等。

女性是发展过程中的重要承担者，有鉴于此，我们要加强女孩和妇女的经济独立性，尤其要加强她们享受基础教育和培训的权力以及基础医疗保障。

新政府将创建国家发展合作，并对不同执行机构的合并进行审核。新政府将完善发展合作项目的成功监管程序。

12. 文明的对话

世界范围内的共同行动需要跨越文明冲突，需要相互理解。新政府支持在广阔基础上进行的开放性跨文化对话，其目的旨在消除敌对意识。为了推动跨文化对话，新政府将利用对外文化政策、海外电台以及经济往来和学术往来提供的各种可能性。

Koalitionsvertrag 1998 - 2002:
Aufbruch und Erneuerung - Deutschlands
Weg ins 21. Jahrhundert[*]

Bonn, 20. Oktober 1998

(Außen- und sicherheitspolitischer Teil)

XI. Europäische Einigung, internationale Partnerschaft, Sicherheit und Frieden

1. Ziele und Werte

Deutsche Außenpolitik ist Friedenspolitik. Die neue Bundesregierung wird die Grundlinien bisheriger deutscher Außenpolitik weiterentwickeln: die friedliche und partnerschaftliche Zusammenarbeit mit den Nachbarn, die Pflege der transatlantischen Partnerschaft, die Vertiefung und Erweiterung der Europäischen Union, die gesamteuropäische Zusammenarbeit in der OSZE, die besondere Verantwortung für Demokratie und Stabilität in Mittel-, Ost-und Südosteuropa und die Förderung nachhaltiger Entwicklung in allen Ländern des Südens. Grundlagen sind dabei die Beachtung des Völkerrechts und das Eintreten für Menschenrechte, Dialogbereitschaft, Gewaltverzicht und Vertrauensbildung. Die neue Bundesregierung begreift die internationale Zusammenarbeit als Politik der globalen Zukun-

---

* Aufbruch und Erneuerung-Deutschlands Weg ins 21. Jahrhundert. Koalitionsvereinbarung zwischen der Sozialdemokratischen Partei Deutschlands und Bündnis 90/Die GRüNEN, http://www. spd. de/ linkableblob/1850/data/koalitionsvertrag_bundesparteitag_bonn_1998. pdf, 最后访问日期：2015 年 3 月 19 日。

ftssicherung. Die neue Bundesregierung wird den notwendigen Wandel der internationalen Beziehungen mit eigenen Vorschlägen und Impulsen mitgestalten. Angesichts der neuen ökonomischen, technologischen, sozialen und ökologischen Herausforderungen wird sie ihre Außen- und Sicherheitspolitik als Beitrag zur globalen Zukunftssicherung entwickeln. Sie wird sich mit aller Kraft um die Entwicklung und Anwendung von wirksamen Strategien und Instrumenten der Krisenprävention und der friedlichen Konfliktregelung bemühen. Sie wird sich dabei von der Verpflichtung zur weiteren Zivilisierung und Verrechtlichung der internationalen Beziehungen, zur Rüstungsbegrenzung und Abrüstung, zu einem ökonomischen, ökologischen und sozial gerechten Interessenausgleich der Weltregionen und zur weltweiten Einhaltung der Menschenrechte leiten lassen.

2. Europäische Einigung

Die Einbindung Deutschlands in die Europäische Union ist von zentraler Bedeutung für die deutsche Politik. Die neue Bundesregierung wird den europäischen Integrationsprozeß deshalb mit neuen Initiativen vorantreiben und die deutsche Ratspräsidentschaft im 1. Halbjahr 1999 nutzen, um der Vertiefung und Erweiterung der Europäischen Union neue Impulse zu verleihen. Besonderes Augenmerk wird sie darauf legen, Reforminitiativen auf nationaler und europäischer Ebene miteinander zu verknüpfen. Nur durch die Weiterentwicklung zu einer Politischen Union sowie einer Sozial- und Umweltunion wird es gelingen, den Menschen Europa wieder näher zu bringen und die Europäische Union bürgernah zu gestalten. Die neue Bundesregierung wird die Bekämpfung der Arbeitslosigkeit in den Mittelpunkt der europäischen Politik stellen. Ihr Ziel ist ein europäischer Beschäftigungspakt. In die beschäftigungspolitischen Leitlinien sollen verbindliche und nachprüfbare Ziele, vor allem zum Abbau der Jugend- und Langzeitarbeitslosigkeit sowie zur überwindung der Diskriminierung von Frauen auf dem Arbeitsmarkt, aufgenommen werden. Um zukunftsfähige Arbeitsplätze zu schaffen, muß die Europäische Union eine Politik der ökologischen Modernisierung verfolgen, ihre Anstrengungen bei Forschung und bei der Entwicklung neuer Technologien verstärken und eine moderne Infrastruktur durch transeuropäische Netze aufbauen. Die neue Bundesregierung will die gemeinsame europäische Währung zum Erfolg führen. Deshalb wird sie die europäische Koordinierung der Wirtschafts-, Finanz- und Sozialpolitik aktiv vorantreiben. Gemeinsame und verbindliche Regelungen gegen Steuer-, Sozial- und Umweltdumping sind dazu unverzichtbar, insbesondere zur effektiven Mindestbesteuerung von Unternehmen und zur Beseitigung von Steueroasen.

Die neue Bundesregierung wird in der europäischen Umweltpolitik eine Vorreiterrolle übernehmen. Schon während der deutschen Ratspräsidentschaft wird sie ihre Bemühungen intensivieren, dem Prinzip der Nachhaltigkeit im Binnenmarkt durch Initiativen zur Stärkung des grenzübergreifenden Umweltschutzes und des Integrationsprinzips Geltung zu verschaffen. Beim neuen Welthandelsabkommen müssen allgemeine sozial- und umweltpolitische Standards wie auch Regelungen zum Schutz des geistigen Eigentums festgeschrieben werden. Die neue Bundesregierung wird auch auf europäischer Ebene für eine aktive Gleichstellungspolitik stehen. Sie wird auf geschlechtsspezifische Auswirkungen ihrer Politik und die Absicherung positiver Fördermaßnahmen achten. Die neue Bundesregierung wird sich für mehr Demokratie in der Europäischen Union und die Stärkung des Europäischen Parlaments einsetzen. Sie wird dafür eintreten, daß die Entscheidungsprozesse in der Europäischen Union verständlicher und durchschaubarer werden. Das Transparenzgebot des Amsterdamer Vertrages muß konsequent umgesetzt werden. Sie wird der überreglementierung und Bürokratisierung entgegenwirken. Bei der Ausübung ihrer Kompetenzen muß die Europäische Union das Subsidiaritätsprinzip wahren. Die neue Bundesregierung wird die Initiative ergreifen, um den europäischen Verträgen eine Grundrechtscharta voranzustellen. In den Prozeß der Diskussion und Ausarbeitung will die neue Bundesregierung das Europäische Parlament, die nationalen Parlamente und möglichst viele gesellschaftliche Gruppen einbeziehen. Sie wird anregen, den Jugendaustausch, insbesondere den europäischen Freiwilligendienst, in Europa stärker zu fördern. Die historische Chance der Erweiterung der Europäischen Union nach Mittel- und Osteuropa muß entschlossen genutzt werden. Die neue Bundesregierung wird die Europäische Union aktiv dabei unterstützen, durch eine wirksame Heranführungsstrategie und solidarische Hilfen zur ökonomischen und demokratischen Stabilisierung der mittel- und osteuropäischen Länder beizutragen. Die Europäische Union muß durch interne Reformen zügig erweiterungsfähig werden. Dazu gehört insbesondere der Abschluß der institutionellen Reformen im Vorfeld der Erweiterung. Um beitrittsbedingte wirtschaftliche oder soziale Brüche zu vermeiden, sind angemessene Übergangsfristen, z. B. bei der Arbeitnehmerfreizügigkeit, erforderlich. Eine Hauptaufgabe der deutschen Ratspräsidentschaft wird die Verabschiedung der Agenda 2000 sein. Die neue Bundesregierung wird daher ihre Kräfte auf eine fristgerechte Beschlußfassung unter Wahrung des Gesamtzusammenhangs konzentrieren. Die neue Bundesregierung tritt für eine grundlegende Reform der Gemeinsamen Agrarpolitik ein. Die europäische Landwirtschaft muß wettbewerbsfähiger und umweltverträglicher werden. Dazu müssen die öffentlichen Mittel stärker auf ökologische und beschäftigungspolitische Kriterien und so effizient wie möglich auf

171

diese Ziele ausgerichtet werden. Dabei ist darauf zu achten, daß die Ausgaben der Europäischen Union für die Gemeinsame Agrarpolitik im Zeitablauf zurückgeführt werden. Bei den anstehenden WTO-Verhandlungen müssen in der internationalen Agrarpolitik ökologische und soziale Mindeststandards durchgesetzt werden. Soweit dies nicht erreicht wird, sind die Wettbewerbsnachteile der europäischen Landwirtschaft auszugleichen. Um alternative Beschäftigungsmöglichkeiten in den ländlichen Räumen zu schaffen und die Landwirtschaft ökologisch zu reformieren, wird die neue Bundesregierung eine integrierte regional- und strukturpolitische Anpassungsstrategie erarbeiten. Insbesondere strukturschwache ländliche Regionen müssen dazu integrierte regionale Entwicklungskonzepte erarbeiten. Die neue Bundesregierung ist bereit, besonders betroffene Regionen im Rahmen von Modellprojekten bei der Problembewältigung zu unterstützen.

Die neue Bundesregierung unterstützt die Konzentration der Förderung im Rahmen der europäischen Strukturfonds auf die strukturschwächsten und förderbedürftigsten Regionen. Die Förderung muß vereinfacht, dezentralisiert und stärker an ökologischen Kriterien ausgerichtet sowie beschäftigungswirksamer ausgestaltet werden. Bei der Planung und Durchführung vor Ort müssen die relevanten regionalen Akteure stärker einbezogen werden. Die räumlichen und sachlichen Schwerpunkte der Förderung müssen auch künftig von den dafür politisch verantwortlichen Ländern gesetzt werden können. Die Beihilfenkontrolle der Europäischen Union muß Bund und Ländern mehr Spielraum in der Regionalpolitik geben. Die neue Bundesregierung wird sich für eine zügige Umsetzung der innen- und rechtspolitischen Vorhaben im Vertrag von Amsterdam einsetzen. Sie wird für eine weitestgehende Integration des Schengen-Bestandes in das europäische Gemeinschaftsrecht eintreten. Die polizeiliche und justizielle Zusammenarbeit soll auf der Grundlage rechtsstaatlicher Grundsätze und in Bindung an völkerrechtliche Prinzipien intensiviert werden. Die neue Bundesregierung setzt sich dafür ein, daß die Europäische Kommission die in Protokollen zum Vertrag von Amsterdam festgelegten Zusagen zum öffentlich-rechtlichen Rundfunk und zu öffentlich-rechtlichen Kreditinstituten entsprechend den Verhandlungsabsprachen einhält, d. h. den geltenden Rechtsstatus beihilferechtlich nicht beanstandet. Deutschland wird auch künftig einen angemessenen Beitrag zur Finanzierung der Europäischen Union und damit zu einem solidarischen Lastenausgleich leisten. Für den Finanzplanungszeitraum von 2000 bis 2006 muß die bisher geltende Obergrenze für den EU-Haushalt in Höhe von 1, 27 % des BSP unter Einschluß der Kosten der Osterweiterung beibehalten und möglichst unterschritten werden. Die anstehende Neuregelung der EU-Finanzen muß insbesondere durch Reformen auf der Ausgabenseite zu mehr Beitragsgerechtigkeit unter den Mitgliedstaaten führen. Sofern dieses Ziel durch andere Instrumente nicht ebenso gut erreicht werden kann, sollten ab dem Jahr 2000 auf der Basis einer Regelung der Europäischen Union die direkten Einkommensbeihilfen der Gemeinsamen Agrarpolitik durch die Mitgliedstaaten kofinanziert werden, damit die Nettobelastung Deutschlands vermindert werden kann. Die neue Bundesregierung wird in diesem Fall den nationalen Kofinanzierungsanteil für die gemeinsame Agrarpolitik aus Bundesmitteln bereitstellen.

3. Europäische Außen- und Sicherheitspolitik

Die im Amsterdamer Vertrag geschaffenen Instrumente und Mechanismen der GASP wird die neue Bundesregierung nutzen, um die Europäische Union auf dem Feld der internationalen Politik handlungsfähig zu machen und die gemeinsame Vertretung europäischer Interessen voranzutreiben. Die neue Bundesregierung wird sich bemühen, die GASP im Sinne von

mehr Vergemeinschaftung der Außen- und Sicherheitspolitik weiter zu ent-
wickeln. Sie wird sich deshalb für Mehrheitsentscheidungen, mehr außen-
politische Zuständigkeiten und die Verstärkung der Europäischen Sicher-
heits- und Verteidigungsidentität einsetzen. Die neue Bundesregierung
wird sich bemühen, die WEU auf der Basis des Amsterdamer Vertrages
weiterzuentwickeln. Die GASP soll in ihrer weiteren Entwicklung verstärkt
dazu genutzt werden, die Fähigkeit der EU zur zivilen Konfliktprävention
und friedlichen Konfliktregelung zu steigern. Die neue Bundesregierung
wird darauf hinwirken, daß die EU ihrer Verantwortung vor allem
gegenüber den Ländern des Südens besser gerecht wird und durch gemein-
sames Auftreten zur Stärkung von OSZE und VN beiträgt.

4. NATO / Atlantische Partnerschaft

Die neue Bundesregierung betrachtet das Atlantische Bündnis als un-
verzichtbares Instrument für die Stabilität und Sicherheit Europas sowie für
den Aufbau einer dauerhaften europäischen Friedensordnung. Die durch
die Allianz gewährleistete Mitwirkung der Vereinigten Staaten von Amerika
und ihre Präsenz in Europa bleiben Voraussetzungen für Sicherheit auf dem
Kontinent. Die Partnerschaft mit Rußland, die im NATO-Rußland-Rat
institutionell verankert ist, soll im Interesse der europäischen Sicherheit
weiterentwickelt und gestärkt werden. Die Zusammenarbeit mit der Ukraine
und den übrigen Teilnehmern der Partnerschaft für den Frieden soll ausge-
baut werden. Die Tür des Bündnisses bleibt gegenüber weiteren Demokra-
tien offen. Die neue Bundesregierung verfolgt das Ziel einer stabilen
gesamteuropäischen Friedensordnung. Sie fördert deshalb enge Zusammen-
arbeit, wirksame Koordinierung und sinnvolle Arbeitsteilung zwischen der
NATO und den anderen Institutionen, die für die europäische Sicherheit
verantwortlich sind. Die neue Bundesregierung wird im Rahmen der ansteh-

enden NATO-Reform darauf hinwirken, die Aufgaben der NATO jenseits der Bündnisverteidigung an die Normen und Standards von VN und OSZE zu binden. Die USA sind der wichtigste außereuropäische Partner Deutschlands. Die enge und freundschaftliche Beziehung zu den USA beruht auf gemeinsamen Werten und gemeinsamen Interessen. Sie bleibt eine unverzichtbare Konstante der deutschen Außenpolitik. Pflege und Ausbau der deutsch-amerikanischen und der europäisch-amerikanischen Beziehungen sind Voraussetzungen für eine Politik, mit der die neuen globalen Herausforderungen friedlich bewältigt werden können.

5. OSZE

Die OSZE ist die einzige gesamteuropäische Sicherheitsorganisation. Das macht sie unersetzlich. Die neue Bundesregierung wird deshalb Initiativen ergreifen, um die rechtliche Basis der OSZE zu stärken und die obligatorische friedliche Streitschlichtung im OSZE-Raum durchzusetzen. Instrumente und Kompetenzen sind durch bessere personelle und finanzielle Ausstattung zu stärken und ihre Handlungsfähigkeit auf dem Feld der Krisenprävention und Konfliktregelung zu verbessern. Im Rahmen der Friedenskonsolidierung soll zur Schaffung einer stabilen Ordnung das Instrument nicht-militärische internationale Polizeieinsätze entwickelt und genutzt werden. Eine besondere Bedeutung kommt der Zusammenarbeit mit Nichtregierungsorganisationen zu. Die neue Bundesregierung setzt sich für den Aufbau einer Infrastruktur zur Krisenprävention und zivilen Konfliktbearbeitung ein. Hierzu gehört neben der finanziellen Förderung der Friedens- und Konfliktforschung und der Vernetzung bestehender Initiativen, die Verbesserung der juristischen, finanziellen und organisatorischen Voraussetzungen für die Ausbildung und den Einsatz von Friedensfachkräften und-diensten (z. B. ziviler Friedensdienst). Die neue Bundesre-

175

gierung wird für die Aufgaben im Bereich von Peacekeeping und Peace-building Ausbildungsmöglichkeiten schaffen.

6. Abrüstung und Rüstungskontrolle

Die kontrollierte Abrüstung von atomaren, chemischen und biologi-schen Massenvernichtungswaffen bleibt eine der wichtigsten Aufgaben globaler Friedenssicherung. Die neue Bundesregierung hält an dem Ziel der vollständigen Abschaffung aller Massenvernichtungswaffen fest und wird sich in Zusammenarbeit mit den Partnern und Verbündeten Deutsch-lands an Initiativen zur Umsetzung dieses Ziels beteiligen. In bestimmten Situationen kann ein einseitiger Abrüstungsschritt verantwortbar sein und eine sinnvolle Abrüstungsdynamik in Gang setzen. Eine wesentliche Auf-gabe sieht die neue Bundesregierung in der präventiven Rüstungskontrolle. Sie ergreift Initiativen, um im Rahmen der KSE-Verhandlungen die Rüstungsobergrenzen deutlich unter das heutige Niveau zu senken. Sie macht ihren Einfluß geltend, um den internationalen Regimes zur Nicht-verbreitung von Massenvernichtungswaffen Geltung zu verschaffen, beson-ders grausame Waffen wie Landminen weltweit zu verbieten und die weitere Reduktion strategischer Atomwaffen zu befördern. Zur Umsetzung der Ver-pflichtungen zur atomaren Abrüstung aus dem Atomwaffensperrvertrag wird sich die neue Bundesregierung für die Absenkung des Alarmstatus der Atomwaffen, sowie für den Verzicht auf den Ersteinsatz von Atomwaffen einsetzen. Die neue Bundesregierung unterstützt Bemühungen zur Schaffung atomwaffenfreier Zonen. Sie wird eine Initiative zur Kontrolle und Be-grenzung von Kleinwaffen ergreifen.

7. Vereinte Nationen

Die Vereinten Nationen sind die wichtigste Ebene zur Lösung globaler Probleme. Deshalb sieht es die neue Bundesregierung als besondere Aufgabe an, sie politisch und finanziell zu stärken, sie zu reformieren und zu einer handlungsfähigen Instanz für die Lösung internationaler Probleme auszubauen. In diesem Sinne ergreift sie Initiativen, um die Kompetenz und Mittelausstattung der Vereinten Nationen zu verbessern. Die neue Bundesregierung wird dafür sorgen, daß Frauen gleichberechtigt in internationalen Organisationen und Gremien vertreten sind. Ein zunehmend wichtiger Bereich der Tätigkeit der Vereinten Nationen sind Missionen mit dem Ziel, den Frieden zu sichern. Den Vereinten Nationen werden eigenständige Einheiten für friedenserhaltende Maßnahmen (peacekeeping) als " stand by forces " angeboten. Die Beteiligung deutscher Streitkräfte an Maßnahmen zur Wahrung des Weltfriedens und der internationalen Sicherheit ist an die Beachtung des Völkerrechts und des deutschen Verfassungsrechts gebunden. Die neue Bundesregierung wird sich aktiv dafür einsetzen, das Gewaltmonopol der Vereinten Nationen zu bewahren und die Rolle des Generalsekretärs der Vereinten Nationen zu stärken. Deutschland wird die Möglichkeit nutzen, ständiges Mitglied des Sicherheitsrates der Vereinten Nationen zu werden, wenn die Reform des Sicherheitsrates unter dem Gesichtspunkt größerer regionaler Ausgewogenheit abgeschlossen ist und bis dahin der grundsätzlich bevorzugte europäische Sitz im Sicherheitsrat nicht erreicht werden kann. Die neue Bundesregierung setzt sich dafür ein, daß das Instrumentarium zur Durchsetzung von Wirtschaftssanktionen ausgebaut und durch einen Sanktionshilfefonds untermauert wird.

8. Menschenrechtspolitik

Achtung und Verwirklichung der in der Allgemeinen Erklärung der Menschenrechte proklamierten und in den Menschenrechtsverträgen festgeschriebenen Menschenrechte sind Leitlinien für die gesamte internationale

Politik der Bundesregierung. Die neue Bundesregierung wird sich auch hier mit Nachdruck um international abgestimmte Strategien zur Bekämpfung von Menschenrechtsverletzungen und ihrer Ursachen sowie ihrer Prävention bemühen. Sie wird die bestehenden nationalen Instrumente des Menschrechtsschutzes verbessern und um wirkungsvolle internationale Instrumente bemüht sein. Sie unterstützt die Einrichtung eines unabhängigen Menschenrechtsinstitutes in Deutschland.

9. Bundeswehr/Rüstungsexporte

Die Bundeswehr dient der Stabilität und dem Frieden in Europa. Als fest in das atlantische Bündnis integrierte Armee ist sie im Sinne von Risikovorsorge weiterhin zur Landes-und Bündnisverteidigung zu befähigen. Eine vom Bundesminister der Verteidigung für die neue Bundesregierung zu berufende Wehrstrukturkommission wird auf der Grundlage einer aktualisierten Bedrohungsanalyse und eines erweiterten Sicherheitsbegriffs Auftrag, Umfang, Wehrform, Ausbildung und Ausrüstung der Streitkräfte überprüfen und Optionen einer zukünftigen Bundeswehrstruktur bis zur Mitte der Legislaturperiode vorlegen. Vor Abschluß der Arbeit der Wehrstrukturkommission werden unbeschadet des allgemeinen Haushaltsvorbehalts keine Sach- und Haushaltsentscheidungen getroffen, die die zu untersuchenden Bereiche wesentlich verändern oder neue Fakten schaffen. Die neue Bundesregierung wird dem Bundessicherheitsrat seine ursprünglich vorgesehene Rolle als Organ der Koordinierung der deutschen Sicherheitspolitik zurückgeben und hierfür die notwendigen Voraussetzungen schaffen. Die neue Bundesregierung wird die bestehenden Programme der militärischen Ausstattungshilfe überprüfen und grundsätzlich keine neuen Verträge in diesem Bereich abschließen. Statt dessen wird sie verstärkt Maßnahmen der Demokratisierungshilfe fördern und dafür zusätzliche Mittel bereitstellen. Die Koalition unterstützt aktiv die Bemühungen um den Zusammenschluß der europäischen Luft- und Raumfahrtindustrie. Die transnationale europäische Rüstungsindustrie wird für ihre Exporttätigkeit einem verpflichtenden europäischen Verhaltenskodex unterworfen. Die neue Bundesregierung wirkt darauf hin, daß ein Transparenzgebot und der Menschenrechtsstatus möglicher Empfängerländer dabei als Kriterien enthalten sein sollen. Der nationale deutsche Rüstungsexport außerhalb der NATO und der EU wird restriktiv gehandhabt. Bei Rüstungsexportentscheidungen wird der Menschenrechtsstatus möglicher Empfängerländer als zusätzliches Entscheidungskriterium eingeführt. Die neue Bundesregierung wird jährlich dem Deutschen Bundestag einen Rüstungsexportbericht vorlegen. Rüstungskonversion wird auch als bundespolitische Aufgabe und Element regionaler Strukturpolitik begriffen.

10. Gute Nachbarschaft und historische Verantwortung

Die neue Bundesregierung wird sich intensiv um die Pflege der Beziehungen zu allen Nachbarn Deutschland bemühen. Sie wird der deutschfranzösischen Freundschaft neue Impulse geben und die enge Zusammenarbeit mit Frankreich auf eine breite, die Gesellschaften durchdringende Grundlage stellen. Sie wird besonders um mehr kulturellen Austausch bemüht sein. Gegenüber Polen besteht eine besondere historische Verantwortung, der die neue Bundesregierung mit dem Angebot einer immer engeren Partnerschaft zwischen Polen und Deutschland gerecht werden wird. Sie wird die Zusammenarbeit zwischen Deutschland, Frankreich und Polen im Rahmen des Weimarer Dreiecks verstärken. Die neue Bundesregierung wird zügig daran arbeiten, auf der Grundlage der Deutsch-Tschechischen Erklärung noch bestehende Probleme im Verhältnis zwischen Deutschland und der Tschechischen Republik abzubauen. Israel gegenüber bleibt

Deutschland in einer besonderen Verpflichtung. Die neue Bundesregierung wird daher nach Kräften daran mitwirken, die Sicherheit Israels zu bewahren und die Konflikte in der Region friedlich zu lösen.

Die neue Bundesregierung wird die guten Beziehungen zu Rußland und der Ukraine weiterentwickeln und auf eine breite Grundlage stellen. Es ist ihr Ziel, die Stabilität in diesem Raum durch Unterstützung demokratischer, rechtsstaatlicher, sozialer und marktwirtschaftlicher Reformen zu sichern.

11. Entwicklungspolitik

Entwicklungspolitik ist heute globale Strukturpolitik, deren Ziel es ist, die wirtschaftlichen, sozialen, ökologischen und politischen Verhältnisse in Entwicklungsländern zu verbessern. Sie orientiert sich u. a. an dem Leitbild einer globalen nachhaltigen Entwicklung. Die neue Bundesregierung wird die Entwicklungspolitik entlang diesen Leitzielen reformieren, weiterentwickeln und effizienter gestalten und die entwicklungspolitische Kohärenz mit anderen Ressorts sicherstellen. Die derzeitige Zersplitterung entwicklungspolitischer Aufgaben der alten Bundesregierung in unterschiedliche Ressorts wird aufgehoben und im Bundesministerium für wirtschaftliche Zusammenarbeit und Entwicklung (BMZ) konzentriert. Das BMZ wird im Sinne der Förderung internationaler Strukturpolitik zukünftig die Federführung in Fragen der EU-Entwicklungspolitik erhalten. Das BMZ wird Mitglied im Bundessicherheitsrat. Um dem international vereinbarten 0, 7% Ziel näher zu kommen, wird die Koalition den Abwärtstrend des Entwicklungshaushaltes umkehren und vor allem die Verpflichtungsermächtigungen kontinuierlich maßvoll erhöhen. Die neue Bundesregierung wird eine Reform der Außenwirtschaftsförderung, insbesondere der Gewährung von Exportbürgschaften (Hermes) nach ökologischen, sozialen und entwicklungsverträglichen Gesichtspunkten in die Wege leiten. Internationale Entschuldungsinitiativen für die ärmsten und höchstverschuldeten Länder werden unterstützt. Um das Bewußtsein für internationale Zusammenhänge zu stärken, legt die neue Bundesregierung ein besonderes Gewicht auf die entwicklungspolitische Arbeit von Nichtregierungsorganisationen und wird deren Arbeit verstärkt fördern. Die neue Bundesregierung wird die Zusammenarbeit im Rahmen des Lomé-Abkommens fortsetzen und sich für einen erfolgreichen Abschluß der Folgeverhandlungen einsetzen. Sie wird ihre Aufgaben in der europäischen Entwicklungspolitik wirkungsvoller wahrnehmen und besser koordinieren. Die neue Bundesregierung setzt sich für die Neuausrichtung der Strukturanpassungspolitik von IWF und Weltbank nach Kriterien der Entwicklungsverträglichkeit und ökologischen Nachhaltigkeit ein. Internationale Wirtschaftsregime, wie die WTO oder das geplante Multilaterale Investitionsabkommen (MAI), müssen nach ökologischen und sozialen Kriterien neu gestaltet werden. Die Möglichkeit nationaler Gesetzgeber, ökologische und soziale Standards bei Investitionen und Handel einzuführen, muß beibehalten werden. Wir treten für eine Reform und Stärkung der Entwicklungsprogramme der Vereinten Nationen sowie für leistungsfähige internationale Finanzierungsorganisationen ein und werden hier mehr Verantwortung übernehmen. Die im BMZ verankerten zentralen Finanzierungsinstitutionen und Eckpfeiler der multilateralen Entwicklungspolitik, nämlich Weltbank, Internationale Entwicklungsorganisation (IDA) und die Regionalbanken, finanzieren langfristige Entwicklungsprogramme und Projekte. Das BMZ wird die Effizienz der multilateralen Finanzierungsmaßnahmen durch entwicklungs- und sozialverträgliche Strukturanpassungsprogramme und durch eine bessere Verzahnung mit den bilateralen Programmen erhöhen. Frauen sind wichtige

Trägerinnen des Entwicklungsprozesses. Wir werden daher die wirtschaftliche Unabhängigkeit und insbesondere die Grundbildung und Ausbildung sowie die primäre Gesundheitsversorgung von Mädchen und Frauen verstärkt fördern.

Die neue Bundesregierung wird die staatliche Entwicklungszusammenarbeit straffen und die Zusammenlegung verschiedener Durchführungsorganisationen prüfen. Sie wird Erfolgskontrollverfahren bei Projekten der EZ verbessern.

12. Dialog der Kulturen

Gemeinsames weltweites Handeln erfordert Verständigung über kulturelle Unterschiede hinweg. Die neue Bundesregierung wird sich für einen offenen interkulturellen Dialog auf breiter Grundlage einsetzen mit dem Ziel, Feindbilder zurückzudrängen. Sie wird die Möglichkeiten der auswärtigen Kulturpolitik, des Auslandsrundfunks und der wirtschaftlichen und wissenschaftlichen Beziehungen zur Förderung des interkulturellen Dialogs einsetzen.

附录 2　德国红绿联合政府
（2002～2006）执政纲领
（外交和安全政策部分）

2002 年 10 月 16 日，在大选中获胜得以连任的德国红绿联合政府出台了新一届政府联合执政纲领。纲领第 IX 部分题为《公正的全球化——位于欧洲和世界的德国》，集中地阐述了德国新一届红绿联合政府外交和安全政策领域的抱负。这部分内容的中文译文如下。①

外交和安全政策

德国在世界上面临一系列新的挑战。公正地建构全球化、打击恐怖主义、解决地区冲突与欧洲一体化进程以及跨大西洋关系一起决定了德国外交的特点。只有进行国际合作才能完成这些任务。

新一届联合政府因此特别强调在诸如联合国、欧盟、北约、欧安组织以及欧洲委员会等国际机构的框架内所承担的多边义务。外交行动的基础是尊重国际法、尊重人权、时刻做好进行对话的准备、危机预防、放弃暴力以及建立信任。新政府将继续维持其外交准则：与所有邻国进行友好合作、维护跨大西洋伙伴关系、深化和扩大欧盟以及促进可持续性发展。

在建构全球化的框架内，我们继续支持国际关系的文明化和法制化以及对军备进行限制和裁军。我们力争世界的所有区域能够在经济、生态和社会领域进行公正的利益均衡，并与此同时加强同非

---

① 《德国红绿联合政府（2002～2006）执政纲领》，http://www.genderkompetenz.info/w/files/gkompzpdf/koalitionsvertrag_2002.pdf，最后访问日期：2015 年 3 月 19 日。

洲、亚洲以及拉丁美洲国家的合作。

我们的共同任务是在世界范围内发展全球安全合作机制，使得所有人能够在和平、自由以及没有困苦的环境中生存。德国的外交政策是和平政策。

加强和改革联合国以及多边结构

联合国在应对 21 世纪的重大挑战时具有关键性作用。联邦政府决定在 2003~2004 年德国担任安理会非常任理事国期间对国际和平和安全做出贡献。联邦政府所理解的安全概念同时也考虑到了经济、人权以及发展政策等方面。联邦政府坚持认为欧洲谋求安理会常任理事国席位值得期待。只有当欧洲无法获得安理会常任理事国席位，与此同时安理会已结束加大地区平衡力度的改革后，联邦政府才会为德国谋求安理会常任理事国席位。

国际关系的民主化将会长久地加强联合国的作用。德国政府支持并且推动建立和巩固国际刑事法庭的进程。

联邦政府认同《联合国千年宣言》中以及在约翰内斯堡召开的可持续发展世界首脑峰会中确定的目标。

欧安组织是唯一一家拥有广义安全概念的全欧机构。欧安组织同时为与中亚国家的合作提供了平台。我们支持强化欧安组织的政治特性以及从人员和财政上予以合适的配置。

德国联邦政府认为，欧洲委员会在创建和执行法治原则以及一个欧洲价值观共同体方面发挥先锋作用。

跨大西洋关系

美国是德国在欧洲以外的最重要的伙伴。除去欧洲一体化进程之外，与美国发展紧密关系是德国的自由和民主的第二根支柱。与美国的友好关系建立在共同的价值观和共同的利益之上，成为德国外交不可放弃的常量。我们政策的一个关键目标是深化德美和欧美关系。

跨大西洋伙伴共同主张的自由和安全是一个和平的公民社会不可或缺的前提。德国联邦政府主张在这个精神的指导下承担责任并促进世界范围内的公民和民主社会的发展。

北约和北约东扩

联合执政的各党派认为北大西洋公约组织是欧洲稳定和安全的不可放弃的手段，同时也是建立持续性欧洲和平秩序的不可放弃的手段。通过北大西洋公约组织确保的美国的参与仍旧是欧洲大陆安全的前提之一。联邦政府支持北大西洋公约组织坚持不懈地继续适应已经发生改变的安全环境，并保留其对于欧洲安全的重要性。联邦政府目标是力求实现在即将于布拉格召开的北约峰会上达成一致性意见，邀请到尽可能多的国家加入到北大西洋公约组织之中来。

俄罗斯/东欧

我们愿意利用欧盟和北约东扩的机会加深与欧洲东部国家的合作。我们谋求在欧盟、北大西洋公约组织以及八国峰会的范围内与俄罗斯发展具有承受能力和长久性的安全伙伴关系。我们同时支持旨在使民主、法制以及社会改革获得成功的政治、经济和社会领域的合作。

我们愿意在共同价值观的基础上与一个独立的乌克兰继续发展关系，支持其改革措施。促进其公民社会的发展并在此过程中更加牢固地确定民主理念。

通过非军事手段预防危机

对于德国联邦政府而言，通过非军事手段预防危机以及克服危机仍旧是其国际稳定和和平政策的基石。加强冲突地区的公民社会以及和平力量是所有预防和克服危机措施的基本组成部分。

德国联邦政府将继续加强用于预防危机以及非军事解决冲突的基础设施建设，并加强有关和平研究以及德国在国际和平派驻行动中的行动能力。联邦政府将把新近建立的"国际和平派驻中心"建设成为一个实实在在的派驻机构。为了更有效地在冲突地区建设公民社会以及地区和平，德国联邦政府将继续加强已经成功启动的公民和平队以及 2000 年创立的有关在冲突地区预防危机以及支持公民社会和平事业的资助项目。联邦政府将制定出跨部门的针对非军事危机预防、危机解决以及加强和平的行动计划。

2011 年"9·11"恐怖袭击之后，德国坚决与我们的欧洲伙伴一起站在了美国一边。我们坚持在反恐行动中奉行团结一致原则。

国际恐怖危险持续存在。打击恐怖主义是首要政治任务。我们坚决在世界范围内组成结盟的框架内继续打击国际恐怖主义，并在必要时加强打击的力度。必须保证对人权以及法制标准的维护。

德国联邦政府给世界范围内打击恐怖威胁的全球性结构性预防战略提出了自己的倡议，首要任务是追捕"9·11"恐怖袭击的肇事者，同时必须在反恐斗争中将这样一种战略的重点放置在弱化和解决地区冲突上。在这个意义上我们继续在四方的框架内（联合国、美国、欧盟、俄罗斯）为解决中东冲突贡献力量。

从国际角度来看，将阿富汗从内战灾难中摆脱出来以及建立一个保护本国居民的民主的国家体制至关重要。

人权

我们赋予世界范围内实现人权以重要意义。国际范围内确保和平只能通过保护和贯彻人权才能成功地得以实现。人权方面的基本规范不可侵犯，在任何情况下不允许失效。

为了阻止和惩罚对人权的侵犯，德国联邦政府支持在国际安全合作中更关注这一话题，并将在机制方面加强位于斯特拉斯堡的欧洲人权法院的建设。

联邦政府谋求批准尚未制定出的人权领域的公约以及附加议定书，并将致力于使现有的保留意见得以撤回。这一点同样适用于儿童权利公约。联邦政府将会继续特别关注妇女权力的落实，并会继续在这个领域有所作为。

对外文化和教育政策

对外文化和教育政策是德国外交政策的第三大支柱。对外文化和教育政策为在不同层面加强国际文化对话作出了重要贡献，并对人权和民主起到了支持的作用。联邦政府因此将加大用于该领域的资金投入，以促进不同文化之间的对话并预防危机。对外文化和教育政策仍是国际理解的重要基础。

尽管许多国家对于德语和德国文化有着强烈的兴趣，但是不可能在所有的地方开设歌德学院。因此我们将寻找到相应的组织管理体系，使得即使没有歌德学院也能完成宣传德国文化的任务。

联邦国防军和国际派驻

德国联邦国防军和其他国家的军队一起确保阿富汗的和平进程。

在"持久自由行动"的框架范围内，联邦国防军也参与国际反恐的军事措施。联邦国防军做出的贡献表明，德国根据其在欧洲和北大西洋公约组织中的地位承担相应的国际责任，并且兑现了在打击国际恐怖主义的斗争中给予美国的互助承诺。

联邦国防军的士兵参与联合国观察员委员会以及国际军备控制的工作。"9·11"恐怖袭击发生后，德国国际和平派驻的军事行动的重点仍旧是巴尔干地区，那里目前派驻有约7000名士兵。德国联邦国防军参与的波黑地区的多国稳定部队，科索沃维和部队以及马其顿维和部队旨在消除和预防暴力。联邦国防军和警察以及公民力量一起致力于使欧洲这个区域的民众在经历多年的暴力和毁坏后能够拥有和平的未来前景。

我们将继续对联邦国防军进行全面的改革并在必要情况下坚决推进改革，以使联邦国防军的任务、结构、装备以及资金得以均衡发展。

联邦国防军未来的任务将从根本上取决于安全政策的发展以及

联邦国防军向"派驻部队"的转变。联邦国防军的任务是确保本国以及联盟的防务，以及在《联合国宪章》框架内预防国际冲突和克服危机，这其中包括人道主义派驻以及撤离。为此需要现代化的、设备精良的以及能够快速支配的派驻力量。联邦国防军的现代化必须加强欧洲在北大西洋公约组织以及欧盟中的一体化能力。

这一任务的重要性决定了联邦国防军未来发挥的作用以及物质装备特点。中长期财政规划仍是对德国联邦国防军进行规划的基础。

为了遵循这一规划并同时对联邦国防军进行有效的现代化改革，德国政府将依据"联邦国防军共同的安全和未来"委员会（魏茨泽克委员会）做出的建议，使采购规划、物资装备以及人员规模等持续符合未来的要求。在2000年对联邦国防军启动的改革大规模落实后，必须在第15届联邦政府任期结束内再次审核，是否需要对结构进行进一步适应性调整，或者有必要修改军队法，以适应德国自身的以及国际社会的要求。

联邦国防军面临的环境已经发生改变，这就要求进一步加强联邦国防军的内在化管理、政治教育以及传统的保持。联邦国防军以及和平派驻行动中的女性比例理应逐步得以提高。

对特殊派驻行动进行的议会监督将予以保证。

联合执政的各党派达成一致，对包括在屈里茨/鲁平勒草原地区飞行在内的军事规划进行短期审查。

裁军和军备控制

多边的以条约为基础的裁军、军备控制以及坚持不懈的不扩散政策是德国外交和安全政策的完整组成部分。这一政策的持续发展以及促进预防性军备控制——比如在新技术领域——对以预防性为主导的和平政策而言发挥着重要的作用。欧洲必须在未来承担起先锋作用。

联邦政府坚持完全销毁全部大规模杀伤性武器的目标，并参与制定落实这一目标的各种倡议。德国政府继续谋求核裁军以及加强国际不扩散机制。

联邦政府将竭尽全力继续使《不扩散核武器条约》得以加强、《全面禁止核试验条约》得以生效、《反化学武器协议》得以应用以及《禁止生物武器条约》得以验证。

联邦政府着重支持克服裁军会议的停滞不前并谋求尽快举行有关禁止生产用于武器目的的可裂变物质的谈判。另一个工作重点是在确保和销毁俄罗斯现存大规模杀伤性武器中给予支持。

如果俄罗斯一方的前提条件已经满足，德国政府会立即开启相应的《欧洲常规武装力量条约》的批约进程。

为落实《开放天空条约》，联邦政府将再次加大对空中观察的投入。我们支持禁止在太空领域部署武器的谈判。

联邦政府将继续支持在控制小型和轻型武器方面取得进展。因此德国政府将倡议限制小型武器出口并将积极促使就欧洲之外的地区性军备控制达成一致意见。

此外，联邦政府将继续对地雷实行人道主义的军备控制，在世界范围内对地雷对平民造成的伤害予以谴责，并就加强人道主义扫雷提出倡议。

联邦政府未来也将与乡镇和各州一起参加军事用地的改制工作。

军备出口控制

联邦政府以 2000 年 1 月 19 日出台的"联邦政府出口战争武器以及其他军备物资的政治原则"为基础，继续执行其紧缩性的军备出口控制政策，并就统一管理相关出口规定的必要性和可行性进行核查。与此同时，联邦政府支持将这一紧缩性的军备出口控制政策予以欧洲化并使欧盟武器出口行为准则具有法律约束力。

军备出口报告方面将努力提高其透明度。联邦政府将在国际层面支持对限制剩余武器的贸易给予更多的关注。

欧洲一体化进程

我们将继续推进欧洲一体化进程。欧盟的扩大和进一步深化是我们欧洲政策的中心。在这个过程中，德法的合作即使在将来也会发挥其核心作用，因为这两个国家出于共同的责任不断地为欧洲一体化进程注入了重要的动力。《爱丽舍条约》签订40周年为德法共同出台推动欧洲一体化进程的建议提供了契机。

欧盟扩大和深化

我们决定利用欧盟扩大进程赋予德国的巨大机会。联邦政府支持欧洲理事会做出的有关欧盟扩大的决议，并将按照达成的时间表结束入盟谈判，使2004年至多有10个新成员国作为完整意义的成员参加欧洲大选。

联邦政府赞成欧盟宪法的出台并支持德国所倡议的欧盟制宪筹备进程。改革必须将目标放在加强欧盟民主、确保扩大后的欧盟机构具备行动能力以及继续发展欧洲社会模式上。扩大后的欧盟必须在政治上保持可操作性。有必要保证清晰地界定欧盟和各成员国的不同权限并在欧洲层面进行更明晰的分权。然而在欧盟继续发展的同时，不允许质疑欧盟在机制、内部统一大市场、经济和货币联盟以及法律协调方面达到的一体化的深度。

《基本公民权利宪章》应该成为欧盟宪法的具有约束力的以及可起诉的组成部分。必须将欧盟委员会建设成为一个强大的、政治上负责任的执行机构。欧盟委员会主席应该由欧洲议会选举产生。必须通过扩大多数表决制以及预算权力加强欧洲议会的作用。只有当部长理事会原则上用多数来作出决议时，才能确保扩大后的欧盟具备行动能力。

欧洲外交和安全政策

欧盟必须提高其外交行动能力。共同外交和安全领域的决议应该原则上通过有效多数表决制作出。欧盟和各成员国的外交政策应该更好地紧密联结在一起。欧盟委员会负责对外事务的委员一职以及共同外交和安全政策高级代表一职应由一个人担任。

联邦政府支持在对安全概念进行广义理解的框架内均衡发展非军事和军事能力。共同外交和安全政策必须建立在一个具有行动能力的欧洲对外行动署的基础之上。

我们将把欧洲安全和防务政策建设成为欧洲安全和防务联盟。其中的措施包括在武装力量和军备方面加强一体化进程，以及对不同的能力进行整合和分工，这些举措旨在建设一体化的以及与北约之间具有跨行动能力的武装力量，进行欧洲军备合作以及在欧洲安全和防务政策方面进行强化合作。

东南欧稳定公约

联合政府将继续致力于促进东南欧建立民主和法制机构、创造市场经济的框架条件、开展地区合作以及创建安全区域。东南欧稳定和联系进程是欧盟对这一地区国家进行引导的政策核心。旨在促进这一进程以及目的的《东南欧稳定公约》被证明是迄今为止最为重要的应对危机以及推动可持续发展的重要手段。

联邦政府把提供必要的政治、财政以及安全资源视为对东南欧的未来以及扩大后的欧盟的重要投资。

欧洲司法和内务政策

必须依据坦佩雷达成的决议扩大自由、安全以及法制的领域。"9·11"事件恰好清楚地说明很有必要在这个领域采取更多的欧洲行动。

欧洲警察局应该建成为一个具有调查能力的共同体机构。与此同时，应该争取在议会监督和司法监督方面取得进展，并废除欧洲警察局工作人员的豁免权。欧洲刑事调查机构在即将成立的欧洲监察机构的领导下必须负责保护共同体的财产以及打击重大跨境犯罪。

经济刑法在特定领域必须以最低规定的方式予以统一协调。

为了更好地保护欧盟的外部边界打击有组织的犯罪和非法移民，联邦政府支持为建立享有主权的欧洲边防警察设立目标日期。必须将创建边防警察的法律基础纳入新的欧盟宪法条约中。

迄今为止存在于司法和内务政策领域条约的柱状结构必须予以消除。将来必须确保欧洲法院对这些领域进行全面的司法监管。应该通过逐步向共同表决制的过渡使欧洲议会实现进行足够的议会监督。

建立共同的自由、民主和法制区域同时也包括协调共同的避难、难民和移民政策。我们支持将这些规则建立在共同的人权和难民权标准之上。必须对向欧盟的移民进行有意义的调控。联邦政府支持成员国之间进行更公正、更均衡的负担分摊。

强化欧洲的经济和社会模式

我们的中心目标是强化和建设欧洲的社会和福利模式。接下来的十年，欧洲应该为持续性、永久性以及拉动就业的经济增长创造前提，从而发展成为世界上最具活力的经济区域。在这个过程中必须保留并进一步发展团结互助的欧洲社会福利模式。

引入经货联盟后，改善欧盟经济和财政政策的协调能力越发必要。联邦政府支持在每年由经济和财政部长理事会达成的"经济政策基本特征"的基础上对欧洲就业、增长以及结构政策进行更大力度的趋同化以及简化这些政策之间的协调工作。

联邦政府支持在税收政策领域进行更大力度的协调和趋同化，以便打击欧盟内部不正当的税收竞争。

我们坚持《欧洲稳定和增长公约》，这一公约为满足稳固政策方面以及增长政策方面的要求提供了必要的灵活性。

联邦政府支持欧盟成员国，尤其是欧元区的成员以及国际货币基金组织的成员国之间进行更大力度的协调，以便采取一致的欧洲立场。

必须加强欧洲内部统一大市场的建设。这其中包括对能源市场的进一步自由化，以便保证以后所有的客户能够自由选择电气和天然气供应商。联邦政府致力于到 2003 年建立一个完全一体化的有价证券和风险资金市场，到 2005 年建立一个完全一体化的金融服务市场。

工业对于创造就业岗位而言有着关键的作用。欧盟必须为欧洲企业创造环境，以使这些企业能够在与其国际对手的竞争中不相上下。我们支持将提高区位优势的工业政策融入欧洲经济政策的现代化战略之中。

改革共同的农业政策

我们支持对共同的农业政策进行根本性改革。欧洲农业必须以持续性为原则、与世界贸易组织的标准相兼容，并更强地以消费者的利益为导向。应该通过减少扭曲市场的措施，例如内部价格扶持、出口补贴以及在生产过剩无法销售时提供国家补助等，使生产者更好地对市场信号以及消费者的需求作出反应。这会提高共同农业政策与世界贸易组织的兼容性，尤其会对为发展中国家提供公平的贸易机会做出贡献。

应该通过逐步把农业直接支付与生产脱钩，以使过度生产以后不再具有吸引力。与此同时必须将这一支付和环保以及动物保护领域的特定标准挂钩。应该提出相应的建议使目前成员国的直接支付以及相关成员国的资金使用更具社会公正性，以便实现更多的公正，并且有区别地评估不同的生产部门，避免导致对不同的地区或是继续对不同的地区进行片面的歧视。这里尤其必须考虑到农业用地的情况。

我们争取降低欧盟预算中农业支出所占的比例。在这一背景下，必须通过每年相应的老成员国返回的农业直接补助来给新加入国农民的农业提供直接补助。此外还必须通过累减税率为农业地区的发展以及欧盟外交、内部安全以及经济现代化领域的任务提供资金。

为团结互助的欧盟进行公平的财政负担分摊

我们支持 2007 年伊始的对欧盟财政进行的新规划中实行负担分摊。与此同时，在新的财政年度欧盟支出应该明显低于扩大后的欧盟的国民生产总值 1.27% 的这个上限。

欧盟扩大后其内部发展和富裕程度的差距会继续扩大。结构和趋同资金必须集中用于真正需要帮助的区域。尤其考虑到新联邦州必须使目前欧盟内相似的区域得到同等对待。此外，联邦政府将致力于为民族国家结构政策提供足够的援助法空间。

全球公正和发展合作

世界经济体制

一个负责的建立在社会和生态市场经济原则基础上的政策必须在全球化的框架内提高所有国家的发展机会，并减少不稳定、社会紧张局势以及浪费自然资源所带来的风险。

新的世界贸易谈判回合（多哈回合）必须成为发展的回合。发展中国家的收入必须得以改善。联邦政府支持在欧洲层面以及在世界贸易组织中为发展中国家扩大市场准入、减少不利于生态的补贴以及更好地保护生态多样性。联邦政府赞成消除因发达国家给发展中国家提供出口补贴造成的不公平竞争。

我们尤其支持《知识产权协定》带来的改革和进一步的细化。这主要涉及更好地获得性命攸关的药品、保护生态多样性、保护当地居民的权利以及对植物基因资源的保护。

金融市场的全球化为世界经济的发展和就业做出了贡献。金融危机在过去几年对许多地区造成了动荡，但是却同时表明，如果框架条件不能得以满足的话，敞开的金融市场将隐藏着巨大的危险。

联合执政的各党派致力于在国际货币基金组织和危机预防中发挥更重要的作用，尤其应更加深入地分析资金的流动、国外的负债以及金融领域的发展并使之具备透明性。

此外必须继续加强国际金融市场的运行能力，减少不合时宜的金融市场价格以及资金流动的波动性，为此必须继续发展国际标准以及规则，支持发展中国家和门槛国家落实和建设相关监督机构。

总体而言，应该加强各个国家在不影响其国民经济开放性的情况下通过各自民族国家经济和金融政策影响短期资金流入和流出的可能性。

联邦政府将与欧盟、欧安组织以及七国峰会/八国峰会成员国一起加大对所谓的避税天堂的打击力度，以便提高税收公正性，并打击洗钱、资助犯罪以及恐怖主义。

重债穷国计划旨在对负债高的贫穷国家进行免债，由此多出来的经费应该用于减少贫困的投资。联邦政府支持在考虑到所有参与者，尤其是含有私营经济领域参与者的情况下以公平和透明的程序（国家破产法）解决问题。

我们谋求使跨国企业承认自己的社会责任，并为世界的经济、社会和生态进步以及可持续发展作出贡献。

"自由贸易"对发展中国家的可持续性经济发展有着积极的影响并会提高德国开明的消费者意识。联邦政府将在这个领域进行有针对性的行动，从而加大教育和宣传工作的力度。

发展政策

发展政策是德国外交的独立组成部分。它为以下领域的发展做出了贡献：可持续性地改善经济、社会、生态以及政治状况；促进人权、法制、民主；克服贫困；预防危机和暴力冲突；构建全球化使之具备社会公正性、具备生态承载力并具有可持续性。核心目标是加强国民经济的经济和社会效能，这尤其适用于非洲、亚洲以及拉丁美洲的国家。

我们发展政策的规划框架是联合国千年宣言、蒙特雷共识以及约翰内斯堡行动计划。我们将坚持不懈地落实旨在将世界范围内的贫困减少一半的 2015 行动计划，并在此过程中支持为确保基础教育、改善医疗状况以及抗击艾滋病而提出的倡议。

在欧盟框架内德国已承诺为了达到 0.7% 的目标，在 2006 年前先达到 0.33% 的中期目标。这个目标应该得到相应的落实。

鉴于我们面临的任务重大，联邦政府将在国际委员中审核融资手段（例如托宾税和使用补偿费）。

必须提高发展中国家在国际委员会中参与表决的可能性。联邦政府支持已经开展的国际货币基金组织和世界银行的改革能够得以贯彻。联邦政府将使正在进行的世界贸易谈判回合成为真正的"发展回合"。联邦政府将明显改善南部和东部国家产品（尤其是农业产品）的市场准入，并减少对农业产品的出口补贴。旨在为最贫困的发展中国家免债的倡议将坚持不懈地予以继续执行。

财政合作的债务转换项目将更加灵活处理并予以加强。联邦政府竭力主张国际破产程序，力求使相关国家的债务状况下降到一个可以承受的水平。

我们将和发展中国家合作，为构建一个积极的和可持续性的气候和能源政策作出贡献。联邦政府将在构建持续性能源未来的过程中在全世界发挥先锋作用。

我们强调联邦政府在约翰内斯堡召开的可持续发展峰会上所作出的承诺。我们主张加强在可持续性以及减少贫困的原则下对水资源进行管理。必须改善获取作为基本食物的水的可能性。德国将在今后的几年提供 3.5 亿欧元，用于减少无法获得干净水以及相应污水处理的人群的数目。

获取能源是抗击贫困的前提条件。这里起着关键作用的是可再生能源以及能源效益。在接下来的五年，联邦政府将向发展中国家提供 5 亿欧元用于可再生能源建设，为提高能源效益再提供 5 亿欧元。德国诚邀世界各国 2003 年赴德参加可再生能源国际会议并正在建立一个可再生能源国际代理处。

联邦政府将在国际范围内支持获取食物的权利，并会在双边合作中支持农村地区的发展以及必要的农业改革。德国将积极支持八国峰会"非洲发展新伙伴"倡议行动计划的落实，并支持非洲改革方面的投入。

我们将人权、性别平等以及发展的文化维度作为重点予以加强。促进妇女参与发展过程将得到改进。我们将继续加强发展政策进行危机预防和危机处理领域的手段以及公民和平队的建设。

我们主要也会从财力上支持因良政以及促进和平共处而表现突出的国家。鉴于许多伙伴国制度上的缺陷，联邦政府将加大力度资助发展中国家建立对于社会和生态市场经济、强化民主以及执行国际义务而言不可或缺的民族国家机构以及功能性的行政结构。联邦政府将确保发展合作项目从各民族国家的发展路径出发并适当兼顾对当地情况的掌握以及对当地专业人员的了解。

为了解决全球发展问题，我们也会致力于建立国家、经济和公民社会之间的新的战略伙伴关系。我们将在这个政府任期内加强公私合作的手段和项目，以便加大向发展中国家和转轨国家提供技术、知识和资金的力度。联邦政府将出台倡议，加强促进公正贸易、落实行为准则以及可持续地管理地下资源。

我们支持继续发展国际领域的社会和环保标准并使相关的国际法中有关环保和气候的协议与贸易法同等重要。

联邦出口担保　（赫尔梅斯担保）

在对外经济资助方面我们将依据透明原则做出担保和保证的决议。在做出有关担保决议时应该遵守世界银行的标准，并随之对是否存在侵犯人权进行审核。

与公民社会、 区县城镇的合作

非政府组织、教会以及基金会对我们而言是重要的伙伴。我们愿意以共同倡议的形式发展与这些伙伴的合作。我们支持 21 世纪议程的进程以及城市乡镇在发展政策方面付出的努力。

我们支持国家行为者和非国家行为者在发展合作方面优化合作。公民社会的代表应该尽可能参加国际会议和国际谈判。联邦政府将在国际组织中支持在章程的框架内为非政府组织创造新的合作可能性。

我们将继续加强非政府组织在国内和国际从事的发展政策方面的工作。争取简化对非政府组织在国内和国际开展工作进行资助的发放标准。

Koalitionsvertrag 2002 - 2006: Erneuerung-Gerechtigkeit-Nachhaltigkeit[*]

Für ein wirtschaftlich starkes, soziales und ökologisches Deutschland

Für eine lebendige Demokratie

Berlin, 16. Oktober 2002

(Außen-und sicherheitspolitischer Teil)

IX. GERECHTE GLOBALISIERUNG-DEUTSCHLAND IN EUROPA UND IN DER WELT

Außen-und Sicherheitspolitik

Deutschland ist in der Welt mit einer Vielzahl neuer Herausforderungen konfrontiert. Die gerechte Gestaltung der Globalisierung, der Kampf gegen den Terror und die Bewältigung regionaler Konflikte, bestimmen mit der europäischen Integration und dem transatlantischen Verhältnis die deutsche Außenpolitik. Nur durch internationale Zusammenarbeit können diese Aufgaben gelöst werden.

Die Regierungskoalition bekennt sich daher ausdrücklich zu ihren multilateralen Verpflichtungen im Rahmen internationaler Institutionen wie den Vereinten Nationen, der Europäischen Union, der NATO, der OSZE und dem Europarat. Grundlagen für ihr außenpolitisches Handeln sind

---

[*] Koalitionsvertrag 2002 – 2006: Erneuerung-Gerechtigkeit-Nachhaltigkeit, http://www.genderkompetenz. info/w/files/gkompzpdf/koalitionsvertrag_2002. pdf, 最后访问日期：2015 年 3 月 19 日。

Beachtung des Völkerrechts, Eintreten für Menschenrechte, Dialogbereitschaft, Krisenprävention, Gewaltverzicht und Vertrauensbildung. Sie wird ihre außenpolitischen Grundlinien freundschaftliche Zusammenarbeit mit allen Nachbarn, Pflege der transatlantischen Partnerschaft, Vertiefung und Erweiterung der Europäischen Union und die Förderung nachhaltiger Entwicklung fortführen.

Im Rahmen der Globalisierungsgestaltung setzen wir uns weiterhin für Zivilisierung und Verrechtlichung der internationalen Beziehungen und für Rüstungsbegrenzung und Abrüstung ein. Wir streben einen ökonomisch, ökologisch und sozial gerechten Interessenausgleich aller Weltregionen an und werden dabei unsere Zusammenarbeit mit den Ländern Afrikas, Asiens und Lateinamerikas verstärken.

Unser gemeinsames Ziel ist, weltweit ein System globaler kooperativer Sicherheit zu entwickeln, das allen Menschen ermöglicht, friedlich, frei und ohne Not zu leben. Deutsche Außenpolitik ist Friedenspolitik.

Stärkung und Reform der Vereinten Nationen und multilateraler Strukturen

Bei der Bewältigung der großen Herausforderungen des 21. Jahrhunderts fällt den Vereinten Nationen eine Schlüsselrolle zu. Die Bundesregierung ist entschlossen, als nichtständiges Mitglied des Sicherheitsrats in den Jahren 2003/2004 ihren Beitrag zur Wahrung des internationalen Friedens und der Sicherheit zu leisten. Sie stützt sich dabei auf einen Sicherheitsbegriff, der auch wirtschaftliche, menschenrechtliche und entwicklungspolitische Aspekte berücksichtigt. Die Bundesregierung hält daran fest, dass ein europäischer Sitz im Sicherheitsrat wünschenswert wäre. Sie wird die Aufnahme Deutschlands als ständiges Mitglied des VN-Sicherheitsrats nur anstreben, wenn ein europäischer Sitz nicht erreichbar scheint und gleichzeitig eine Sicherheitsrats-Reform unter dem Gesichtspunkt größerer regionaler Ausgewogenheit abgeschlossen werden kann.

Die Verrechtlichung der internationalen Beziehungen wird zu einer nachhaltigen Stärkung der Vereinten Nationen führen. Die Bundesregierung unterstützt und fördert den Prozess der Errichtung und Konsolidierung des Internationalen Strafgerichtshofs.

Die Bundesregierung bekennt sich zu den in der Millenniumserklärung der Vereinten Nationen sowie zu den beim Weltgipfel für nachhaltige Entwicklung in Johannesburg festgelegten Zielsetzungen.

Die OSZE ist die einzige gesamteuropäische Organisation mit einem umfassenden Sicherheitsbegriff. Sie bietet auch eine Plattform für die Zusammenarbeit mit den Ländern Zentralasiens. Wir werden uns dafür einsetzen, das politische Profil der OSZE zu stärken und auf eine angemessene personelle und finanzielle Ausstattung der OSZE hinwirken.

Aus Sicht der Bundesregierung hat der Europarat eine Vorreiterrolle bei der Schaffung und Durchsetzung rechtsstaatlicher Prinzipien und einer europäischen Wertegemeinschaft.

Transatlantische Beziehungen

Ein enges Verhältnis zu den USA, dem wichtigsten außereuropäischen Partner Deutschlands, ist neben der europäischen Integration der zweite Pfeiler, auf dem die Freiheit und die Demokratie Deutschlands aufgebaut ist. Die freundschaftliche Beziehung zu den USA beruht auf gemeinsamen Werten und gemeinsamen Interessen. Sie bleibt eine unverzichtbare Konstante der deutschen Außenpolitik. Die Vertiefung des deutsch-amerikanischen und des europäisch-amerikanischen Verhältnisses ist ein entscheidendes Ziel unserer Politik.

Freiheit und Sicherheit, für die die atlantischen Partner gemeinsam eintreten, sind unabdingbare Voraussetzungen für eine friedliche

Bürgergesellschaft. In diesem Geist setzt sich die Bundesregierung für eine Politik ein, die Verantwortung übernimmt und zivile und demokratische Gesellschaften in der Welt fördert.

NATO und NATO-Osterweiterung

Die Koalitionsparteien betrachten das Atlantische Bündnis als unverzichtbares Instrument für die Stabilität und Sicherheit Europas sowie für den Aufbau einer dauerhaften europäischen Friedensordnung. Die durch die Allianz gewährleistete Mitwirkung der Vereinigten Staaten von Amerika bleibt eine der Vorrausetzungen für Sicherheit auf dem Kontinent. Die Bundesregierung wird sich dafür einsetzen, dass die NATO die notwendige Anpassung an das veränderte sicherheitspolitische Umfeld konsequent fortsetzt und ihre Bedeutung für die europäische Sicherheit erhält. Die Bundesregierung verfolgt das Ziel, auf dem bevorstehenden NATO-Gipfel in Prag im Konsens einen möglichst großen Kreis von Staaten zur Mitgliedschaft im Bündnis einladen zu können.

Russland/Osteuropa

Wir wollen die Erweiterung der Europäischen Union und der NATO zur Intensivierung der Zusammenarbeit mit den Nachbarn im Osten nutzen.

In der Europäischen Union, im Atlantischen Bündnis und im G8-Kreis streben wir den Ausbau einer belastbaren und dauerhaften Sicherheitspartnerschaft mit Russland an.

Zugleich wollen wir die politische, wirtschaftliche und gesellschaftliche Zusammenarbeit unterstützen, die zum Erfolg der demokratischen, rechtsstaatlichen und sozialen Reformen beiträgt.

Wir wollen die Beziehungen zu einer unabhängigen Ukraine auf der Grundlage gemeinsamer Werte fortentwickeln, die Reformpolitik unterstützen, die Entwicklung der Zivilgesellschaft fördern und dabei helfen, die

Demokratie fester zu verankern.

Zivile Krisenprävention

Zivile Krisenprävention und Konfliktbewältigung bleiben für die Bundesregierung Eckpfeiler ihrer internationalen Stabilitäts- und Friedenspolitik. Die Stärkung der Zivilgesellschaften und der friedensbereiten Kräfte in Konfliktregionen ist dabei ein elementarer Bestandteil jeglicher Konfliktprävention und Krisenbewältigung.

Die Bundesregierung wird die Infrastruktur zur Krisenprävention und zivilen Konfliktbearbeitung weiter ausbauen und die Friedensforschung sowie die deutsche Handlungsfähigkeit im Rahmen internationaler Friedenseinsätze stärken. Sie wird das jüngst gegründete "Zentrum für Internationale Friedenseinsätze" zu einer vollwertigen Entsendeorganisation ausbauen. Um zivilgesellschaftliche und lokale Friedensbemühungen in Konfliktregionen wirksamer werden zu lassen, wird die Bundesregierung den erfolgreich gestarteten Zivilen Friedensdienst sowie das im Jahre 2000 begründete Förderungsprogramm zur Krisenprävention und Unterstützung zivilgesellschaftlicher Friedensbemühungen in Konfliktregionen weiter ausbauen. Die Bundesregierung wird einen ressortübergreifenden Aktionsplan zur „Zivilen Krisenprävention, Konfliktlösung und Friedenskonsolidierung" erarbeiten.

Kampf gegen den Terrorismus

Deutschland hat sich nach dem 11. September 2001 entschlossen gemeinsam mit unseren europäischen Partnern an die Seite der USA gestellt. Unsere Solidarität im Kampf gegen den internationalen Terrorismus gilt fort.

Die Bedrohung durch den internationalen Terrorismus hält an. Seine Bekämpfung ist primär eine politische Aufgabe. Wir sind entschlossen,

den Kampf gegen den inter-nationalen Terrorismus im Rahmen der welt-
weiten Koalition fortzuführen und wo erforderlich zu intensivieren. Die
Wahrung der Menschenrechte und rechtsstaatlicher Standards muss
gewährleistet sein.

Die Bundesregierung hat eigene Initiativen zu einer weltweiten Strate-
gie der globalen, strukturellen Prävention gegen die terroristische Heraus-
forderung ergriffen. Oberste Priorität hat die Verfolgung der Täter des 11.
September. Gleichzeitig muss eine solche Strategie im Kampf gegen den
Terror ihren Schwerpunkt auf die Entschärfung und Lösung regionaler Kon-
flikte legen. In diesem Zusammenhang werden wir weiterhin eigene
Beiträge im Rahmen des Quartetts (UN, USA, EU, Russland) zur Beile-
gung des Nahostkonflikts leisten.

Die Herausführung Afghanistans aus der Bürgerkriegskatastrophe und
der Aufbau eines demokratischen Staatswesens, das die eigene Bevölke-
rung schützt, ist international von großer Bedeutung.

Menschenrechte

Wir messen der weltweiten Durchsetzung von Menschenrechten zen-
trale Bedeutung zu. Internationale Friedenssicherung kann nur mit Schutz
und Umsetzung von Menschenrechten erfolgreich sein. Menschenrechtliche
Grundnormen sind unantastbar und dürfen unter keinen Umständen außer
Kraft gesetzt werden.

Um Menschenrechtsverletzungen zu verhindern und zu ahnden, setzt
sich die Bundesregierung dafür ein, dass diese Thematik bei internationaler
Sicherheitszusammenarbeit stärker berücksichtigt wird. Institutionell wird
sie die Stärkung des Europäischen Gerichtshofes für Menschenrechte in
Straßburg fordern.

Die Bundesregierung wird darauf hinwirken, dass ausstehende Konventionen und Zusatzprotokolle im Menschenrechtsbereich ratifiziert sowie bestehende Vorbehalte zurückgenommen werden. Dies gilt auch für die Kinderrechtskonvention. Die Bundesregierung wird ihr besonderes Augenmerk auf die Durchsetzung von Frauenrechten legen. Sie wird ihr Engagement in diesem Bereich fortführen.

Auswärtige Kultur-und Bildungspolitik

Die Auswärtige Kultur-und Bildungspolitik stellt die dritte Säule deutscher Außenpolitik dar. Sie leistet wichtige Beiträge zur Intensivierung des internationalen kulturellen Dialogs auf allen Ebenen und unterstützt so Menschenrechte und Demokratie. Die Bundesregierung wird daher die Mittel ihrer Auswärtigen Kultur- und Bildungspolitik verstärkt zur Förderung des Dialogs zwischen den Kulturen und zur Krisenprävention einsetzen. Das Programm Auswärtiger Kultur- und Bildungspolitik bleibt eine wichtige Grundlage internationaler Verständigung.

Trotz des in vielen Ländern starken Interesses an deutscher Sprache und Kultur ist es nicht möglich, überall Goethe-Institute zu errichten. Wir wollen daher Strukturen finden, auch dort die deutsche Kultur zu repräsentieren, wo dies nicht durch Goethe-Institute geleistet werden kann.

Bundeswehr und internationale Einsätze

Die Bundeswehr sichert gemeinsam mit den Streitkräften anderer Nationen den Friedensprozess in Afghanistan.

Auch im Rahmen der Operation ENDURING FREEDOM beteiligt sich die Bundeswehr an den militärischen Maßnahmen der internationalen Anti-Terror-Koalition. Ihr Beitrag macht deutlich, dass sich Deutschland der internationalen Verantwortung seinem Gewicht in Europa und der Atlantischen Allianz entsprechend stellt und die Zusage seiner Solidarität mit den Vereinigten Staaten im Kampf gegen den internationalen Terrorismus einlöst.

Soldaten der Bundeswehr wirken mit in den VN-Beobachtermissionen und der internationalen Rüstungskontrolle. Schwerpunkt des deutschen militärischen Engagements in internationalen Friedenseinsätzen bleibt auch nach dem Einschnitt des 11. September 2001 der Balkan. Dort sind derzeit rund 7000 Bundeswehrangehörige eingesetzt. Im Rahmen der SFOR in Bosnien und Herzegowina, der KFOR im Kosovo und der Task Force FOX in Mazedonien dienen sie der Gewalteindämmung und -verhütung. Zusammen mit Polizisten und zivilen Kräften tragen sie dazu bei, dass die Menschen in diesem Teil Europas nach Jahren der Gewalt und der Zerstörung eine Perspektive für eine friedliche Zukunft haben.

Wir werden die umfassende Reform der Bundeswehr fortsetzen und - wo erforderlich - konsequent weiterentwickeln. Aufgaben, Struktur, Ausrüstung und Mittel der Bundeswehr werden wieder in ein ausgewogenes Verhältnis gebracht.

Das künftige Aufgabenspektrum der Bundeswehr wird ganz wesentlich durch die sicherheitspolitischen Entwicklungen und den Wandel der Bundeswehr zu einer Armee im Einsatz bestimmt. Aufgaben der Bundeswehr sind Landes- und Bündnisverteidigung und internationale Konfliktverhütung und Krisenbewältigung im Rahmen der Charta der Vereinten Nationen einschließlich humanitärer Einsätze und Evakuierungen. Dafür sind moderne, gut ausgerüstete und schnell verfügbare Einsatzkräfte erforderlich. Ihre Modernisierung muss die europäischen integrierten Fähigkeiten in der NATO und in der EU stärken.

Die Gewichtung dieser Aufgaben hat grundlegenden Charakter für die künftige Rolle und die materielle Ausstattung der Bundeswehr. Die mittelfristige Finanzplanung bleibt die Grundlage für die Planungen der Bundeswehr.

Um diese Planungsvorgaben einzuhalten und gleichzeitig die Bundes-
wehr effizient zu modernisieren, wird die Bundesregierung die Beschaffungs-
planung, die materielle Ausstattung und den Personalumfang der Bundeswehr
fortlaufend den künftigen Anforderungen anpassen. Hierbei werden die
Vorschläge der Kommission ,, Gemeinsame Sicherheit und Zukunft der
Bundeswehr" (Weizsäcker-Kommission) die Richtschnur bilden. Nach
der weitgehenden Umsetzung der im Jahr 2000 eingeleiteten Bundeswehrre-
form, aber noch vor Ende der laufenden 15. Legislaturperiode, muss er-
neut überprüft werden, ob weitere Strukturanpassungen oder Änderungen
bei der Wehrverfassung notwendig sind, um den sich weiterentwickelnden
nationalen und internationalen Anforderungen gerecht zu werden.

Die veränderten Bedingungen der Bundeswehr erfordern eine Weiter-
entwicklung der Inneren Führung, politischen Bildung und Traditions-
pflege in der Bundeswehr. Der Frauenanteil in der Bundeswehr und in
Friedenseinsätzen soll schrittweise erhöht werden.

Die parlamentarische Kontrolle von Spezialeinsätzen wird gewährleistet.

Die Koalitionsparteien verständigen sich auf eine kurzfristige überprüfung
der militärischen Planung einschließlich der Flugbewegungen am Standort
Kyritz/Ruppiner Heide.

Abrüstung und Rüstungskontrolle

Multilaterale, vertraglich gestützte Abrüstung, Rüstungskontrolle und
eine konsequente Nichtverbreitungspolitik sind integraler Bestandteil deut-
scher Außen-und Sicherheitspolitik. Ihre Weiterentwicklung und Imple-
mentierung sowie die Förderung präventiver Rüstungskontrolle - etwa im
Bereich neuer Technologien - ist von zentraler Bedeutung für eine präventiv
orientierte Friedenspolitik. Europa muss dabei künftig eine Vorreiter-
rolle übernehmen.

207

Die Bundesregierung hält an dem Ziel der vollständigen Abschaffung aller Massenvernichtungswaffen fest und beteiligt sich an den Initiativen zur Umsetzung dieses Ziels. Die Bundesregierung wird sich weiter für die nukleare Abrüstung und für die Stärkung des internationalen Nichtverbreitungsregimes einsetzen.

Die Bundesregierung wird insbesondere alles tun, damit der nukleare Nichtverbreitungsvertrag weiter gestärkt wird, der Vertrag über einen umfassenden nuklearen Teststopp in Kraft tritt, das Chemiewaffenübereinkommen implementiert wird und das B-Waffenübereinkommen verifiziert werden kann.

Die Bundesregierung wird sich nachdrücklich für eine überwindung des Stillstands in der Abrüstungskonferenz und die umgehende Aufnahme von Verhandlungen über ein Verbot der Produktion von spaltbarem Material für Waffenzwecke einsetzen. Die Hilfe bei der Sicherung und Beseitigung vorhandener Massenvernichtungsmittel in Russland wird einen weiteren Schwerpunkt bilden.

Die Bundesregierung wird die Ratifizierung des angepassten KSE-Vertrages unverzüglich einleiten, wenn die Voraussetzungen hierfür auf russischer Seite geschaffen worden sind.

Die Bundesregierung wird sich bemühen, wieder zu einer Luftbeobachtungskapazität zur Umsetzung des Vertrages über den Offenen Himmel beizutragen. Wir treten für Verhandlungen zum Verbot der Stationierung von Waffen im Weltraum ein.

Die Bundesregierung wird sich weiter für Fortschritte bei der Kontrolle von kleinen und leichten Kriegswaffen einsetzen. Deshalb wird die Bundesregierung Initiativen zur Begrenzung des Kleinwaffenexports ergreifen und regionale Rüstungskontrollübereinkünfte außerhalb Europas aktiv fördern.

Darüber hinaus will die Bundesregierung die humanitäre Rüstungs-
kontrolle bei Landminen mit dem Ziel der weltweiten Ächtung aller Land-
minen, die die zivile Bevölkerung gefährden, weiterentwickeln und Initia-
tiven zur Stärkung der humanitären Minenräumung ergreifen.

Die Bundesregierung wird auch in Zukunft gemeinsam mit Kommunen
und Ländern an der Konversion militärisch genutzter Liegenschaften arbeiten.

Rüstungsexportkontrolle

Die Bundesregierung setzt ihre restriktive Rüstungsexportkontroll-
politik auf der Grundlage der „Politischen Grundsätze der Bundesregierung
für den Export von Kriegswaffen und sonstigen Rüstungsgütern" vom 19.
1. 2000 fort. Notwendigkeit und Möglichkeit einer Harmonisierung der
Genehmigungsvoraussetzungen in den einschlägigen Exportvorschriften wer-
den geprüft. Zugleich tritt sie für eine weitere Europäisierung dieser re-
striktiven Rüstungsexportpolitik und die rechtliche Verbindlichkeit des EU-
Verhaltenskodex für Waffenausfuhren ein.

Beim Rüstungsexportbericht wird angestrebt, die Transparenz zu
erhöhen. Die Bundesregierung setzt sich auf internationaler Ebene dafür
ein, dass der Begrenzung des Handels mit überschüssigen Waffen mehr
Bedeutung zugewiesen wird.

Europäischer Einigungsprozess

Wir wollen den europäischen Einigungsprozess weiter vorantreiben. In
den Mittelpunkt unserer europäischen Politik stellen wir die Erweiterung
und weitere Vertiefung der Europäischen Union. Dabei wird auch in Zukunft
der deutsch-französischen Zusammenarbeit eine zentrale Rolle zukommen,
da beide Länder aus einer gemein-samen Verantwortung heraus immer
wieder wichtige Impulse für die europäische Einigung gegeben haben. Der

40. Jahrestag des Elysée-Vertrags wird die Gelegenheit bieten, die europäische Integration mit gemeinsamen deutsch-französischen Vorschlägen weiter voranzubringen.

Erweiterung und Vertiefung

Wir sind entschlossen, die großen Chancen, die für Deutschland in der Erweiterung der Europäischen Union liegen, zu nutzen. Die Bundesregierung steht zu den Erweiterungsbeschlüssen des Europäischen Rates und wird die Beitrittsverhandlungen im vereinbarten Zeitplan zum Abschluss bringen, so dass bis zu zehn neue Mitgliedstaaten im Jahre 2004 als vollwertige Mitglieder an den Wahlen zum Europäischen Parlament teilnehmen.

Die Bundesregierung setzt sich für eine europäische Verfassung ein und unterstützt den von ihr initiierten Konventsprozess. Die Reformen müssen auf eine stärkere Demokratisierung der EU, die Sicherung der Handlungsfähigkeit der europäischen Institutionen in einer erweiterten EU und eine Fortentwicklung des europäischen Gesellschaftsmodells zielen. Die erweiterte Union muss politisch führbar bleiben. Notwendig ist eine klarere Kompetenzabgrenzung zwischen der Europäischen Union und ihren Mitgliedstaaten und eine klarere Gewaltenteilung auf europäischer Ebene. Bei der Weiterentwicklung der EU darf jedoch der bereits erreichte Integrationsstand bei den Institutionen, beim Binnenmarkt, bei der Wirtschafts- und Währungsunion und bei der Rechtsangleichung nicht in Frage gestellt werden.

Die Grundrechtscharta soll rechtsverbindlicher und einklagbarer Bestandteil der Verfassung werden. Die Europäische Kommission muss zu einer starken, politisch verantwortlichen Exekutive ausgebaut werden. Der Präsident der Kommission sollte vom Europäischen Parlament gewählt werden.

Das Europäische Parlament muss durch die Ausweitung des Mitentschei-
dungsverfahrens und seiner Budgetrechte gestärkt werden. Die Hand-
lungsfähigkeit der erweiterten EU wird nur zu sichern sein, wenn der Min-
isterrat grundsätzlich mit Mehrheit entscheidet.

Europäische Außen-und Sicherheitspolitik

Die Europäische Union muss ihre außenpolitische Handlungsfähigkeit
erhöhen. Im Bereich der Gemeinsamen Außen- und Sicherheitspolitik
(GASP) sollten Entscheidungen grundsätzlich mit qualifizierter Mehrheit
getroffen werden. Die Außenpolitiken der EU und der Mitgliedstaaten
müssen besser verzahnt werden. Die Ämter des Kommissars für die Außen-
beziehungen und des Hohen Repräsentanten für die GASP sollten von einer
Person ausgeübt werden.

Die Bundesregierung setzt sich im Rahmen eines erweiterten
Sicherheitsverständnisses für eine ausgewogene Entwicklung von zivilen
und militärischen Fähigkeiten ein. Die GASP muss sich auf einen leistungs-
fähigen europäischen diplomatischen Dienst abstützen können.

Wir wollen die Europäische Sicherheits- und Verteidigungspolitik zu
einer Europäischen Sicherheits-und Verteidigungsunion (ESVU) fortent-
wickeln. Dies umfasst verstärkte Integration bei Streitkräften und Rüstung
einschließlich der Bündelung von Fähigkeiten und Arbeitsteilung mit dem
Ziel integrierter, mit der NATO interoperabler Streitkräfte, eine europä-
ische Rüstungskooperation sowie die Einführung der verstärkten Zusammen-
arbeit für die Europäische Sicherheits-und Verteidigungspolitik (ESVP).

Stabilitätspakt Südosteuropa

Die Koalition wird sich weiterhin dafür einsetzen, demokratische und
rechtsstaatliche Institutionen, marktwirtschaftliche Rahmenbedingungen,
regionale Kooperation und einen Sicherheitsraum in Südosteuropa zu

fördern. Der Stabilisierungs- und Assoziationsprozess für Südosteuropa ist das Kernstück der Politik der Europäischen Union zur Heranführung der Länder der Region. Der Stabilitätspakt für Südosteuropa, der diesen Prozess ergänzt und seine Ziele fördert, hat sich bisher als wichtiges Instrument der Krisenbewältigung und zur Initiierung einer nachhaltigen Entwicklung erwiesen.

Die Bereitstellung der notwendigen politischen, finanziellen und Sicherheits-Ressourcen wird von der Bundesregierung als wichtige Investition in die Zukunft Südosteuropas und einer erweiterten EU gesehen.

Europäische Justiz- und Innenpolitik

Der Raum der Freiheit, der Sicherheit und des Rechts muss entsprechend den Beschlüssen von Tampere ausgebaut werden. Gerade die Ereignisse des 11. September 2001 haben deutlich gemacht, dass mehr europäisches Handeln in diesem Bereich erforderlich ist.

Die europäische Polizeibehörde EUROPOL sollte zu einer mit Ermittlungsbefugnissen ausgestatteten Gemeinschaftseinrichtung ausgebaut werden. Parallel dazu wird der Ausbau der parlamentarischen und justiziellen Kontrolle sowie die Abschaffung der Immunität der EUROPOL-Bediensteten angestrebt. Ein europäisches Strafverfolgungsorgan unter Sachleitung einer neu zu schaffenden europäischen Staatsanwaltschaft muss für den Schutz von Gemeinschaftsgütern und die Verfolgung schwerer grenzüberschreitender Kriminalität zuständig sein. Das materielle Strafrecht muss in ausgewählten Bereichen im Wege von Mindestvorschriften harmonisiert werden. Zur besseren Sicherung der Außengrenzen der Europäischen Union gegen organisierte Kriminalität und illegale Einwanderung wird sich die Bundesregierung für ein Zieldatum für eine europäische Grenzpolizei mit hoheitlichen Befugnissen einsetzen. Im neuen Verfassungsvertrag sollte eine Rechtsgrundlage für die Schaffung der Grenzpolizei verankert werden.

Die bisherige Säulenstruktur der Verträge im Bereich der Justiz- und Innenpolitik muss überwunden werden. Für diese Bereiche muss künftig eine umfassende gerichtliche Kontrolle durch den Europäischen Gerichtshof sichergestellt werden. Durch den schrittweisen Übergang zum Mitentscheidungsverfahren soll eine ausreichende parlamentarische Kontrolle durch das Europäische Parlament verwirklicht werden.

Zum Aufbau eines gemeinsamen Raumes der Freiheit, der Sicherheit und des Rechts gehört auch die Harmonisierung gemeinsamer Regelungen in der Asyl-, Flüchtlings-und Einwanderungspolitik. Wir setzen uns dafür ein, dass diese auf hohen menschen- und flüchtlingsrechtlichen Standards gründen. Die Zuwanderung in die Europäische Union muss sinnvoll gesteuert werden. Die Bundesregierung wird sich für eine gerechtere und gleichmäßigere Lastenteilung zwischen den Mitgliedstaaten einsetzen.

Das europäische Wirtschafts-und Sozialmodell stärken

Die Stärkung und der Ausbau des europäischen Gesellschafts- und Sozialmodells bleibt unser zentrales Ziel. Durch die Schaffung der Voraussetzungen für ein dauerhaftes, nachhaltiges und beschäftigungsintensives Wirtschaftswachstum soll Europa in den nächsten zehn Jahren zum dynamischsten Wirtschaftsraum der Welt werden. Dabei muss das solidarische europäische Sozialstaatsmodell erhalten und weiter entwickelt werden.

Durch die Einführung der Wirtschafts- und Währungsunion wächst die Notwendigkeit, die wirtschafts- und finanzpolitische Koordinierung in der Europäischen Union zu verbessern. Die Bundesregierung setzt sich für eine stärkere Vereinheitlichung und Vereinfachung der Koordinierung der europäischen Beschäftigungs-, Wachstums- und Strukturpolitik auf der Grundlage der jährlich vom Rat der Wirtschafts- und Finanzminister vereinbarten "Grundzüge der Wirtschaftspolitik" ein.

Die Bundesregierung tritt für eine stärkere Koordinierung und Harmonisierung der Steuerpolitik ein, um den unfairen Steuerwettbewerb in der Europäischen Union zu bekämpfen.

Wir halten am europäischen Stabilitäts- und Wachstumspakt fest. Er bietet genügend Flexibilität, um sowohl konsolidierungs- als auch wachstumspolitischen Erfordernissen gerecht zu werden.

Die Bundesregierung wird sich für eine noch stärkere Koordinierung der EU-Mitgliedstaaten, insbesondere der Mitglieder der Euro-Zone, im Internationalen Währungsfonds einsetzen, um eine einheitliche europäische Position herbeizuführen.

Der europäische Binnenmarkt muss ausgebaut werden. Hierzu gehört die weitere Liberalisierung der Energiemärkte, so dass die freie Wahl der Anbieter von Strom und Gas künftig für alle Kunden gewährleistet ist. Die Bundesregierung wird darauf hinwirken, dass bis 2003 ein voll integrierter Wertpapier- und Risikokapitalmarkt sowie bis 2005 ein voll integrierter Markt für Finanzdienstleistungen geschaffen werden.

Der Industrie hat eine Schlüsselrolle bei der Schaffung von Arbeitsplätzen. Die Europäische Union muss den europäischen Unternehmen ein Umfeld schaffen, das ihnen einen Wettbewerb mit ihren internationalen Konkurrenten auf gleicher Augenhöhe ermöglicht. Wir setzen uns dafür ein, die standortstärkende Industriepolitik in die europäische wirtschaftspolitische Modernisierungsstrategie einzubringen.

Reform der Gemeinsamen Agrarpolitik

Wir treten für eine grundlegende Reform der Gemeinsamen Agrarpolitik ein. Die europäische Landwirtschaft muss an den Prinzipien der Nachhaltigkeit ausgerichtet werden, kompatibel mit den Standards der

Welthandelsorganisation (WTO) sein und sich stärker an den Interessen der Verbraucher orientieren. Durch einen Abbau marktverzerrender Maßnahmen, wie interne Preisstützungen, Exporterstattungen und staatliche Intervention im Falle nicht absetzbarer überschüsse, sollen die Erzeuger besser auf die Signale des Marktes und die Bedürfnisse der Verbraucher reagieren können. Dies erhöht die WTO-Konformität der gemeinsamen Agrarpolitik und trägt zu fairen Handelschancen insbesondere für die Entwicklungsländer bei.

Durch eine schrittweise Entkoppelung der Agrardirektzahlungen von der Produktion sollen Anreize zur überproduktion künftig entfallen. Gleichzeitig müssen diese Zahlungen an die Erfüllung bestimmter Standards in den Bereichen Umwelt- und Tierschutz gebunden werden. Die Vorschläge zur sozial gerechteren Gestaltung der Direktzahlungen in den derzeitigen Mitgliedstaaten und der Verwendung der Gelder in den jeweiligen Mitgliedstaaten müssen so gestaltet werden, dass mehr Gerechtigkeit hergestellt wird, Produktionszweige differenziert beurteilt werden und keine einseitige Benachteiligung von Regionen fort- oder herbeigeführt wird. Insbesondere die Situation der Grünlandstandorte muss hier berücksichtigt werden. Der besonderen strukturellen, betriebsgrößenbedingten Situation der Landwirtschaft in den Neuen Ländern muss unter dem Gesichtspunkt der Vermeidung von Arbeitsplatzverlusten angemessen Rechnung getragen werden.

Wir streben eine Absenkung des Anteils der Agrarausgaben am EU-Haushalt an. Vor diesem Hintergrund muss die schrittweise Einführung von Agrardirekthilfen für die Landwirte in den Beitrittsländern durch eine entsprechende jährliche Rückführung der Agrardirekthilfen in den alten Mitgliedstaaten gegenfinanziert werden. Zudem müssen durch Degression Mittel für die ländliche Entwicklung und wichtige EU-Aufgaben im Bereich

der Außenpolitik, der inneren Sicherheit und der wirtschaftlichen Moderni-
sierung freigemacht werden.

Faire finanzielle Lastenverteilung für eine solidarische Union

Bei der Neuregelung der Finanzen der Europäischen Union ab 2007
streben wir faire Lastenteilung an. Dabei müssen sich die Ausgaben der
Europäischen Union auch im neuen Finanzplanungszeitraum deutlich un-
terhalb der Obergrenze in Höhe von 1, 27 % des Bruttosozialprodukts der
erweiterten Union bewegen.

In der erweiterten Union wird das Entwicklungs- und Wohlstandsgefälle
weiter zunehmen. Die Struktur- und Kohäsionsmittel müssen auf die wirklich
bedürftigen Regionen konzentriert werden. Insbesondere im Hinblick auf
die Neuen Länder muss dabei gelten, dass vergleichbare Regionen in der
gegenwärtigen Europäischen Union gleich behandelt werden. Daneben wird
sich die Bundesregierung für ausreichende beihilferechtliche Spielräume
einer nationalen Strukturpolitik einsetzen.

Globale Gerechtigkeit und Entwicklungszusammenarbeit

Weltwirtschaftsordnung

Eine verantwortungsvolle, auf dem Prinzip einer sozialen und ökolo-
gischen Marktwirtschaft fußende Politik muss dazu beitragen, die Entwick-
lungsmöglichkeiten aller Länder im Rahmen der Globalisierung zu erhöhen
und die Risiken von Instabilität, sozialen Spannungen und der Versch-
wendung natürlicher Ressourcen zu mindern.

Die neue Welthandelsrunde (Doha-Runde) muss zur Entwicklungs-
runde werden. Die Einkommen der Entwicklungsländer müssen sich ver-
bessern. Die Bundesregierung wird sich sowohl auf europäischer Ebene als
auch in der WTO für einen erweiterten Marktzugang für Entwicklungs-

länder, den Abbau ökologisch schädlicher Subventionen und den besseren Schutz der biologischen Vielfalt einsetzen. Die Bundesregierung wird dafür eintreten, die unfaire Konkurrenz durch Exportsubventionen der Industrieländer gegenüber den Ländern des Südens zu überwinden.

Wir werden uns insbesondere für eine Reform und Präzisierung des Abkommens zum Schutz des geistigen Eigentums einsetzen (TRIPS-Abkommen) . Dabei geht es um einen verbesserten Zugang zu lebensnotwendigen Medikamenten, den Erhalt der Artenvielfalt, die Rechte indigener Völker und den Schutz pflanzengenetischer Ressourcen.

Die Globalisierung der Finanzmärkte hat zu Wachstum und Beschäftigung in der Weltwirtschaft beigetragen. Die Finanzkrisen, die in den vergangenen Jahren mehrere Regionen erschütterten, haben aber gezeigt, dass offene Finanzmärkte bei unzureichenden Rahmenbedingungen mit erheblichen Risiken verbunden sind.

Die Koalitionsparteien werden sich für eine stärkere Rolle des Internationalen Währungsfonds in der Krisenvorbeugung einsetzen. Insbesondere sollen die Kapitalflüsse, die Auslandsverschuldung und Entwicklungen im Finanzsektor intensiver analysiert und transparent werden.

Außerdem müssen die Funktionsfähigkeit der internationalen Finanzmärkte weiter gestärkt und eine Verminderung unangemessener Volatilitäten von Finanzmarktpreisen und von Kapitalflüssen erreicht werden. Dazu müssen internationale Standards und Kodizes weiterentwickelt und die Entwicklungs- und Schwellenländer bei der Umsetzung und dem Aufbau von kontrollierenden Institutionen unterstützt werden.

Generell sollten die Möglichkeiten der Länder gestärkt werden, den Zu-bzw. Abfluss kurzfristigen Kapitals durch ihre nationale Wirtschafts- und Finanzpolitik zu beeinflussen, ohne die Offenheit der Volkswirtschaften in Frage zu stellen.

Die Bundesregierung wird gemeinsam mit der EU, der OECD und den G7/G8-Staaten stärkeren Druck auf die so genannten Steueroasen ausüben, um die Steuergerechtigkeit zu erhöhen und Geldwäsche, Finanzierung von Verbrechen und Terrorismus entschlossen zu bekämpfen.

Mittel, die durch die HIPC-Initiative zur Entschuldung hochverschuldeter armer Länder frei werden, sollen für Investitionen zur Armutsminderung eingesetzt werden. Die Bundesregierung setzt sich für ein faires und transparentes Verfahren (Staateninsolvenzrecht) unter Einbeziehung aller Akteure, vor allem auch des Privatsektors, zur Lösung des Problems ein.

Gegenüber den transnational tätigen Unternehmen werden wir uns dafür einsetzen, dass sie ihre soziale Verantwortung anerkennen und ihren Beitrag zum wirtschaftlichen, sozialen und ökologischen Fortschritt und zur nachhaltigen Entwicklung in der Welt leisten.

"Fairer Handel" hat eine positive Wirkung auf nachhaltiges Wirtschaften in den Ländern des Südens und stärkt ein aufgeklärtes Verbraucherbewusstsein in Deutschland. Die Bundesregierung wird die Bildungs- und Öffentlichkeitsarbeit durch gezielte Kampagnen in diesem Bereich deutlich erhöhen.

Entwicklungspolitik

Die Entwicklungspolitik ist ein eigenständiger Teil der gemeinsamen deutschen Außenpolitik. Sie leistet die entwicklungspolitischen Beiträge zur nachhaltigen Verbesserung der wirtschaftlichen, sozialen, ökologischen und politischen Verhältnisse, zur Förderung von Menschenrechten, Rechtsstaatlichkeit und Demokratie, zur Bekämpfung der Armut, zur Prävention von Krisen und gewalttätigen Konflikten sowie zu einer sozial gerechten, ökologisch tragfähigen und damit nachhaltigen Gestaltung der Globalisierung. Zentrales Ziel ist die Stärkung der ökonomischen und sozialen Leistungsfähigkeit der Volkswirtschaften. Dies gilt vor allem in den Ländern Afrikas, Asiens und Lateinamerikas.

Die Millenium-Erklärung der Vereinten Nationen, der Monterrey-Konsens sowie der Johannesburg-Aktionsplan bilden den programmatischen Rahmen unserer Entwicklungspolitik. Wir werden das Aktionsprogramm 2015 zur weltweiten Halbierung extremer Armut konsequent umsetzen und dabei Initiativen zur Sicherstellung von Grundbildung, zur Verbesserung der Gesundheitssituation sowie zur Bekämpfung von HIV/Aids unterstützen.

Im Rahmen der EU ist Deutschland als Zwischenschritt zum 0, 7%-Ziel die Verpflichtung eingegangen, bis 2006 einen Wert von 0, 33 % zu erreichen. Dieses Ziel soll entsprechend umgesetzt werden.

Angesichts der Größe der Aufgabe, die vor uns liegt, wird die Bundesregierung in den internationalen Gremien Finanzierungsinstrumente prüfen (z. B. Tobinsteuer und Nutzungsentgelte) .

Die Mitbestimmungsmöglichkeiten der Entwicklungsländer in den internationalen Gremien müssen verbessert werden. Die Bundesregierung setzt sich dafür ein, dass die eingeleitete Reform von IWF und Weltbank umgesetzt wird. Sie wird die laufende Welthandelsrunde zu einer echten „Entwicklungsrunde" machen. Sie wird sich dafür einsetzen, den Marktzugang für Produkte, insbesondere landwirtschaftliche Produkte, der Länder des Südens und Ostens wesentlich zu verbessern und die Exportsubventionen für Agrarprodukte abzubauen. Die Initiative zur Entschuldung für die ärmsten Entwicklungsländer wird konsequent weitergeführt. Das Schuldenumwandlungsprogramm der Finanziellen Zusammenarbeit wird flexibilisiert und ausgebaut. Die Bundesregierung wird sich mit Nachdruck für ein internationales Insolvenz-verfahren einsetzen, das den Schuldendienst der betreffenden Länder auf ein tragbares Niveau zurückführt.

Wir werden in der Zusammenarbeit mit Entwicklungsländern dazu beitragen, eine aktive und konsequente Klima- und Energiepolitik zu gestalten. Die Bundesregierung wird bei der Ausgestaltung einer nachhaltigen Energiezukunft weltweit eine Führungsrolle einnehmen.

Wir unterstreichen die Verpflichtungen, die die Bundesregierung beim Weltgipfel für nachhaltige Entwicklung in Johannesburg eingegangen ist. Wir setzen uns für stärkere Förderung einer nachhaltigen und auf Armutsminderung orientierten Bewirtschaftung der Wasserressourcen ein. Der Zugang zum elementaren Lebensmittel Wasser muss verbessert werden. Deutschland wird in den nächsten Jahren 350 Mio. bereitstellen, um die Zahl der Menschen zu verringern, die keinen Zugang zu sauberem Wasser und einer angemessenen Abwasserbehandlung haben.

Zur Bekämpfung von Armut ist der Zugang zu Energie eine Voraussetzung. Hierbei spielen Erneuerbare Energien und Energieeffizienz eine Schlüsselrolle. Die Bundesregierung wird in den nächsten fünf Jahren den Entwicklungsländern 500 Mio. zum Ausbau der Erneuerbaren Energien und weitere 500 Mio. zur Steigerung der Energieeffizienz bereitstellen. Deutschland wird im Jahr 2003 zu einer internationalen Konferenz für Erneuerbare Energien einladen und an der Schaffung einer Internationalen Agentur für Erneuerbare Energien arbeiten.

Die Bundesregierung wird sich international für das Recht auf Nahrung einsetzen und in der bilateralen Zusammenarbeit die ländliche Entwicklung und notwendige Agrarreformen unterstützen. Deutschland wird sich aktiv bei der Umsetzung des G8-Aktionsplans zur Initiative „Neue Partnerschaft für die Entwicklung Afrikas" (NEPAD) engagieren und damit die afrikanischen Reformanstrengungen unterstützen.

Wir werden die Menschenrechte, die Gleichberechtigung der Geschlechter sowie die kulturelle Dimension von Entwicklung als Schwerpunkt festigen. Die Förderung von Frauen im Entwicklungsprozess wird ausgebaut. Wir werden unser entwicklungspolitisches Instrumentarium in den Bereichen Krisenprävention und Konfliktbewältigung sowie den Zivilen Friedensdienst weiter ausbauen.

Länder, die sich durch gute Regierungsführung und Förderung friedlichen Zusammenlebens auszeichnen, werden wir vor allem auch finanziell fördern. Angesichts der institutionellen Schwäche vieler Partnerländer wird die Bundesregierung verstärkt den Aufbau nationaler Institutionen und funktionaler Verwaltungsstrukturen in Entwicklungsländern fördern, die unerlässlich für eine soziale und ökologische Marktwirtschaft, Stärkung der Demokratie sowie die Umsetzung internationaler Verpflichtungen sind. Die Bundesregierung wird sicherstellen, dass Programme der Entwicklungszusammenarbeit von nationalen Entwicklungspfaden ausgehen und lokales Wissen und lokale Fachkräfte angemessen berücksichtigt werden.

Zur Lösung der globalen Entwicklungsprobleme setzen wir auch auf neue strategische Partnerschaften zwischen Staat, Wirtschaft und Zivilgesellschaft. Die Instrumente und Programme der öffentlich-privaten Zusammenarbeit werden wir in dieser Legislaturperiode ausbauen, um damit den Entwicklungs- und Transformationsländern verstärkt Technologie, Wissen und Kapital zugänglich zu machen. Die Bundesregierung wird Initiativen zur Förderung des Fairen Handels, zur Umsetzung von Verhaltenskodizes und zur nachhaltigen Bewirtschaftung von Bodenschätzen stärken.

Wir werden uns dafür einsetzen, dass internationale Sozial- und Umweltstandards weiterentwickelt werden und die entsprechenden völkerrechtlichen Umwelt- und Klimavereinbarungen gleichgewichtig neben dem

Handelsrecht stehen.

Ausfuhrgewährleistungen des Bundes (HERMES)

Bei der Außenwirtschaftsförderung werden wir die Entscheidungen über Bürgschaften und Garantien transparent gestalten. Weltbankstandards sollen bei Bürgschaftsentscheidungen eingehalten werden und eine Prüfung von Menschenrechtsverletzungen soll erfolgen.

Zusammenarbeit mit Zivilgesellschaft, Gemeinden und Kommunen

Nichtregierungsorganisationen, Kirchen und Stiftungen sind für uns wichtige Partner. Die Zusammenarbeit mit diesen Partnern wollen wir in Form von gemeinsamen Initiativen ausgestalten. Wir unterstützen den Agenda 21-Prozeß sowie das entwicklungspolitische Engagement der Städte und Gemeinden.

Wir unterstützen eine verbesserte Zusammenarbeit zwischen staatlichen und nicht-staatlichen Akteuren in der Entwicklungszusammenarbeit. Vertreter der Zivilgesellschaft sollten an internationalen Konferenzen und Verhandlungen so weit wie möglich beteiligt sein. Die Bundesregierung wird sich in internationalen Organisationen dafür einsetzen, dass Nichtregierungsorganisationen im Rahmen der Satzung neue Wege der Mitarbeit eröffnet werden.

Die entwicklungspolitische Arbeit der Nichtregierungsorganisationen im In- und Ausland wollen wir weiterhin stärken. Die Vereinfachung der Vergaberichtlinien für die Förderung der Arbeit von Nichtregierungsorganisationen im In- und Ausland wird angestrebt.

附录 3 干预还是克制？

——2014 年特恩斯市场研究公司政治研究部
针对德国人对待外交的态度进行的抽样
问卷调查结果分析*

"干预还是克制？"有关德国外交角色的讨论经常面临这两种抉择。几十年来，德国外交政策一直被打上了克制的烙印，20 世纪 90 年代末开始，德国外交逐渐发生转变，外交和军事上的参与度越来越高。2014 年初，德国总统高克（Joachim Gauck）、德国外长施泰因迈尔以及德国国防部长冯·德莱恩（Ursula von der Leyen）呼吁承认德国在世界舞台享有的日益显著的政治和经济重要性，并与此相应地在外交方面更积极有为。

然而，德国人是否愿意承担更多的责任？德国能够以及应该在国际舞台的哪些领域更积极有为？德国外交应该遵循何种目标和任务？为了回答这些问题，德国科尔伯基金会（Körber – Stiftung）在 2014 年 4 月份和 5 月份委托特恩斯市场研究公司（TNS Infrates）就 1000 名 18 岁以上的德国人进行了抽样问卷调查。调查的结果显示了德国人对待外交的态度，要点归纳如下。

一、多数受访者对外交话题的兴趣浓厚，然而只有少数受访者支持德国在外交方面更积极有为。20 年来，支持德国在外交方面更

---

* 资料来源：Körber – Stiftung，"Einmischen oder zurückhalten? Ergebnisse einer repräsentativ-en Umfrage von TNS Infratest Politikforschung zur Sicht der Deutschen auf die Außenpolitik"，http://www. review2014. de/fileadmin/user_upload/allgemein/Koerber – Stiftung_Umfrage_Aussenpolitik_Broschuere. pdf，最后访问日期：2015 年 2 月 23 日。

积极有为的比例急剧下降。德国人尤其对德国国防军派驻问题持怀疑态度；

二、德国外交最重要的任务和目标是在世界范围内保护人权以及确保和平；

三、德国人明确地优先考虑用非武力手段处理外交事务的可能性；

四、除去与欧盟国家如法国、波兰以及英国等欧盟国家更加紧密合作之外，德国人赞成与中国加强合作；

五、年轻的德国人对外交兴趣最低，但是最支持德国更积极有为参与国际事务。

为了便于通过不同时期的数据对比发现变化和趋势，调查数据表中同时使用了 1994 年受兰德公司（RAND Corporation）委托进行的特恩斯问卷调查的数据，该问卷调查当时就德国统一带给德国在外交和安全领域方面的新角色进行了分析。

详细的问卷调查结果可在科尔伯基金会官网上下载，下载地址为：www. koerber‐stiftung. de/umfrage‐aussenpolitik。

一　对外交的浓厚兴趣

总体而言，德国人对外交的兴趣很浓厚（见附图 3‐1），12%的受访者表示对外交的兴趣非常强烈，56%的被采访者表示对外交的兴趣强烈，共占被调查者的 68%。尤其是年龄较大的被采访者以及学历较高的受访者对外交话题颇感兴趣。受访者的年龄越小，学历越低，其对外交的兴趣也就越低。

26%的受访者表示对外交兴趣不是很强烈，5%的受访者表示对外交毫无兴趣。这些受访者认为，导致他们兴趣不浓厚的原因要么是因为其他更重要话题的存在（57%），要么是因为外交领域的问题太复杂（46%）。

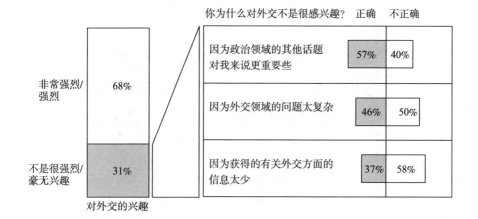

附图 3 - 1　对外交缺乏兴趣的原因

资料来源：Körber - Stiftung，2014，"Einmischen oder zurückhalten? Ergebnisse einer repräsentativen Umfrage von TNS Infratest Politikforschung zur Sicht der Deutschen auf die Außenpolitik"，http://www.review2014.de/fileadmin/user_upload/allgemein/Koerber - Stiftung_Umfrage_Aussenpolitik_Broschuere.pdf，最后访问日期：2015 年 2 月 23 日。

由于问卷调查是 2014 年 4 月份和 5 月份开展的，所以受访者认为国际政治中最大的问题是乌克兰/克里米亚岛危机以及俄罗斯。其他的话题，例如叙利亚、阿富汗、美国国家安全局监听丑闻以及欧元危机等相比较而言并不突出。

二　不准备更积极有为参与国际事务

如果要问德国人是否愿意响应德国政治家的呼吁，更积极有为参与国际事务，答案很明确：60% 的受访者认为德国应该继续在外交事务中保持克制。37% 的受访者赞成德国更积极有为参与国际事务。与 1994 年相比，这两个数据正好相反：当时只有 37% 的受访者支持德国继续保持克制，62% 的受访者支持承担更多的国际责任（见附图 3 - 2）。

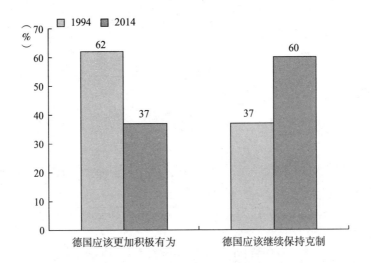

附图 3 - 2   在国际危机中承担责任：1994 年和 2014 年调查结果对比图

资料来源：Körber - Stiftung, 2014，"Einmischen oder zurückhalten？Ergebnisse einer repräsentativen Umfrage von TNS Infratest Politikforschung zur Sicht der Deutschen auf die Außenpolitik"，http://www. review2014. de/fileadmin/user_upload/allgemein/Koerber - Stiftung_ Umfrage_Aussenpolitik_Broschuere. pdf，最后访问日期：2015 年 2 月 23 日。

2014 年的问卷调查中，赞成德国在国际事务中越来越克制的受访者有 73% 的人认为，德国本身的问题已经足够多，应该先关注德国自身的问题。50% 的人认为，之所以赞成克制的原因是因为德国的历史，这一点尤其适用于 60 岁以上的受访者。37% 的人认为德国在世界上的影响力太小，不能起到什么作用。

37% 的赞成德国更加积极有为参与国际事务的受访者列出了以下理由：

1. 德国经济的富足归功于国际贸易，德国理应为世界的和平和安全作出贡献（93%）；

2. 德国的政治和经济重要性日益上升，必须承担更多的国际责任（89%）；

3. 德国作为世界范围内的协调者受到尊重（85%）。

三　明确的首选目标：世界和平以及维护人权

不管受访者处于哪一个年龄层，拥有何种教育背景，他们都认为德国外交最为重要的目标是维护"世界和平"，赞成这一选项的受访者比例高达 51%，并且这一结果不受受访者的政党倾向的影响。其他的目标，例如安全（23%）、自由（15%）或是富裕（8%）所占比例都不太高。

问卷调查数据显示：对于德国人而言，德国外交最重要的任务是世界范围内的保护人权，赞成这一选项重要的受访者比例高达 66%，与 1994 年相比增加了 27%（见附图 3 - 3）。此外，受访者还认为，外交应该加强关注与环境政策以及能源政策相关的话题。保护盟友的安全以及保护弱势国家避免外部侵略等排序较低。

引人注目的是，与 1994 年的数据相比，保护德国在国外的经济利益以及确保国外市场在 2014 年的问卷调查中显得无关紧要。看来，对于德国人而言，经济上的考量对外交而言不再重要。

四　偏爱以非武力的方式处理外交事务

令人惊讶的是，受访者一方面反对德国积极投身于国际事务，另一方面却在回答有关德国外交应该在哪些领域积极有为的问题时，大都给出了非常高的赞成值（见附图 3 - 4）。

受访者认为，德国应该在人道主义援助、外交谈判、公民社会项目、裁军和军备控制、警察和安全力量建设以及国家机构建设方面投入更多的精力。在涉及军事干涉以及武器出口问题时，受访者的态度不再积极。

		非常重要	比较重要	比较不重要	完全不重要
世界范围内的保护人权	（+27）*	66	27	5	1
改善环境和气候保护	（-10）**	59	32	6	2
确保能源供应	（+4）	57	35	6	1
关注网络数据安全		56	28	10	3
打击国际恐怖主义		54	35	9	2
世界范围内控制军备	（-13）	46	36	14	2
改善发展中国家的生活条件	（-3）	42	44	12	2
控制和减少非法移民	（-19）	39	37	19	3
阻止种族冲突的爆发	（-11）	36	43	16	3
保护我们盟友的安全	（+5）	26	55	15	3
防止弱势国家受到外部侵略	（-2）	26	49	20	2
支持他国引入民主的政府体制	（+2）	26	44	25	4
保护在国外的经济利益	（-14）	25	54	17	3
开发国外市场以确保德国的就业岗位	（-32）	24	49	21	4

附图 3-3　德国外交的优先任务

*1994 年的表述：促进以及保护其他国家的人权

**1994 年的表述：世界范围内改善环境状况

不足 100% 的指标：不知道／未做说明

括号中的数据：与 1994 年的数据进行对比后的结果

数据单位：百分比

资料来源：Körber – Stiftung, 2014, "Einmischen oder zurückhalten? Ergebnisse einer repräsentativen Umfrage von TNS Infratest Politikforschung zur Sicht der Deutschen auf die Außenpolitik", http://www. review2014. de/fileadmin/user＿upload/allgemein/Koerber – Stiftung＿Um-frage_Aussenpolitik_Broschuere. pdf，最后访问日期：2015 年 2 月 23 日。

	增加参与度	减少参与度	大致保持不变
人道主义援助	86	9	4
外交谈判	85	10	3
旨在强化公民社会的项目	80	14	2
促进裁军和军备控制	80	16	3
培训警察和安全力量	75	20	3
在国家机制建设方面提供援助	68	25	2
为贫困地区提供财政援助	51	39	6
接受难民	47	45	6
在不直接军事参与的情况下支持他国的军事派驻	41	53	3
联邦国防军的军事派驻	13	82	2
向盟友国家提供武器	13	82	2

附图 3 - 4　德国应该在哪些领域积极有为？

不足 100% 的指标：不知道/未做说明

数据单位：百分比

资料来源：Körber - Stiftung, 2014, "Einmischen oder zurückhalten? Ergebnisse einer repräsentativen Umfrage von TNS Infratest Politikforschung zur Sicht der Deutschen auf die Außenpolitik", http://www. review2014. de/fileadmin/user _ upload/allgemein/Koerber - Stiftung_Umfrage_Aussenpolitik_Broschuere. pdf, 最后访问日期：2015 年 2 月 23 日。

五　军事干涉支持力度低

绝大多数的受访者（82%）赞成德国减少联邦国防军的军事派驻（见附图 3 -4），这一结果在所有的年龄层以及受教育层都相仿，并且不受受访者的政党倾向以及来自德国东部还是德国西部的影响。尤其是 60 岁以上的受访者赞成的比例最高，达到了 80% 。微弱多数的受访者拒绝在德国不直接军事参与的情况下支持其他国家的军事派驻，大多数的受访者拒绝德国向盟友国家提供武器。

虽然保护人权被看作德国外交的最重要的任务，大屠杀是军事干涉的重要原因（见附图 3 - 5），但是大多数德国人（66%）不赞成未经联合国授权出于人道主义原因进行军事派驻。只有 33% 的受访者表示能够容忍未经联合国授权出于人道主义原因进行的干预。

	赞成，我认为理由充分	不赞成，我认为理由不充分
当欧洲的和平和安全受到直接威胁时	87	11
出于人道主义的目的，例如确保冲突地区的供给 （-1）	85	13
阻止种族屠杀 （+3）	82	15
制止大规模杀伤性武器的扩散 （+5）*	77	20
参与国际维和 （-4）	74	23
当盟友受到直接威胁时 （-6）	70	26
确保获取生命攸关的原料以及贸易通道 （+4）*	48	49
对入侵者实施国际经济制裁 （-11）	44	49

附图 3 - 5 德国军队在海外的派驻

不足 100% 的指标：不知道/未做说明

括号中的数据：与 1994 年的数据进行对比后的结果

数据单位：百分比

资料来源：Körber - Stiftung, 2014， "Einmischen oder zurückhalten? Ergebnisse einer repräsentativen Umfrage von TNS Infratest Politikforschung zur Sicht der Deutschen auf die Außenpolitik"，http://www.review2014.de/fileadmin/user_upload/allgemein/Koerber - Stiftung_Umfrage_Aussenpolitik_Broschuere.pdf，最后访问日期：2015 年 2 月 23 日。

六 渴望与中国加强合作

德国人希望能和"魏玛三角"之一的法国和波兰更紧密地合作，与英国的合作也应该予以加强。在回答德国外交应该加强与哪个国家合作的问题时，作为非欧洲国家的中国位列第四（见附图3-6）。不管受访者处于哪一个年龄层、拥有何种教育程度以及党派倾向，他们都一致认同这一观点。中国也因此比美国略微靠前，年龄较轻的受访者对美国的评价较为冷淡。尽管目前局势紧张，德国人还是一如既往地认为有必要加强同俄罗斯的合作。唯一一个被提及的要减少合作的国家是土耳其。

		更多合作	减少合作	基本保持不变
法国		79	12	8
波兰		71	22	4
英国		63	27	7
中国		61	32	5
美国		56	33	9
南非		55	32	5
俄罗斯		53	41	3
巴西		51	35	5
土耳其		40	53	4

附图3-6 德国应该与这些国家加强合作还是减少合作?

不足100%的指标：不知道/未做说明

数据单位：百分比

资料来源：Körber - Stiftung, 2014, "Einmischen oder zurückhalten? Ergebnisse einer repräsentativen Umfrage von TNS Infratest Politikforschung zur Sicht der Deutschen auf die Außenpolitik", http://www.review2014.de/fileadmin/user _ upload/allgemein/Koerber - Stiftung_Umfrage_Aussenpolitik_Broschuere.pdf, 最后访问日期：2015年2月23日。

七　年轻受访者更赞成积极有为

有关年龄结构方面的问卷调查数据分析显示，受访者年纪越轻，越赞成德国应更积极有为参与国际事务。尽管整体而言，29 岁以下的年轻人对外交没有年长者那样兴趣浓厚，但是年轻人更赞成德国积极有为。

年轻的受访者大都愿意出于人道主义的原因进行军事干预，即使未能得到联合国授权。他们不太从历史的角度解释原因，最支持将保护人权作为德国外交的任务。

对于政治行动的建议：

从问卷调查数据中得出以下对德国外交的建议：

1. 有关德国更积极有为的问题被公众过度联想到军事干预。非军事手段以及外交方式必须置于公众舆论的焦点。

2. 必须更加深刻地让公众了解到，德国的富裕和安全比以往任何时候都更取决于国际事务的发展，实现德国的利益对我们国家大有裨益。

3. 必须更加明确地告诉公众真实的情况。这里也包括说出令人不悦的真相。类似保护人权以及确保和平等目标并非随便能实现，也不能通过在外交方面的克制而获得。

4. 应该提高年轻一代公民对外交话题的兴趣。应该创新沟通方式，使外交话题在中小学阶段就具有更大的重要性。

参考文献

外文参考书目

Bahr, Egon. *Der Deutsche Weg – Selbstverständlich und normal.* München: Karl Blessing Verlag. 2003.

Bahr, Egon. *Deutsche Interessen – Streitschrift zu Macht, Sicherheit und Außenpolitik.* München: Karl Blessing Verlag. 1998.

Besson, Waldemar. *Die Außenpolitik der Bundesrepublik – Erfahrungen und Maßstäbe.* München: Ullstein Taschenbuchverlag. 1970.

Bierling, Stephan. Vormacht wider Willen. Deutsche Außenpolitik von der Wiedervereinigung bis zur Gegenwart. München: Verlag C. H. Beck oHG. 2014.

Bröckenförde, Stefan (Hrsg.). *Wohin steuert die deutsche Außenpolitik?* Dresden: Verlag der Wissenschaften. 2005.

Bundeszentrale für politische Bildung. *Grundgesetz für die Bundesrepublik Deutschland.* Bonn: Bundeszentrale für politische Bildung. 2009.

Bühl, Walter L. "Gesellschaftliche Grundlagen der deutschen Außenpolitik". In *Deutschlands neue Außenpolitik. Band* 1: *Grundlagen.* Karl Kaiser/ Hanns W. Maull (Hrsg.). 3. Auflage. München: Oldenbourg Verlag. 1997.

Czempiel, Ernst – Otto. *Kluge Macht.* München: C. H. Beck Verlag. 1999.

Czempiel, Ernst – Otto. *Weltpolitik im Umbruch – Die Pax Americana, der Terrorismus und die Zukunft der internationalen Beziehungen.*

München: C. H. Beck Verlag. 2002.

Dehio, Ludwig. *Deutschland und die Weltpolitik im* 20. *Jahrhundert.* München: Oldenbourg Verlag. 1955.

Egle, Christoph, Ostheim, Tobias, Zohlnhöfer, Reimu (Hrsg.). *Das Rot – Grüne Projekt. Eine Bilanz der Regierung Schröder* 1998 – 2002. Wiesbaden: Westdeutscher Verlag. 2003.

Fischer, Joschka. *Die Rückkehr der Geschichte – Die Welt nach dem* 11. *September und die Erneuerung des Westens.* Köln: Kiepenheuer und Witsch Verlag. 2005.

Fischer, Joschka. *Die rot – grünen Jahre. Deutsche Außenpoliti k – vom Kosovo bis zum* 11. *September.* Köln: Kiepenheuer&Witsch Verlag. 2007.

Fukuyama, Francis. *Das Ende der Geschichte – Wo stehen wir?* München: Kindler Verlag. 1992.

Fröhlich, Stephan. "Weltordnung durch Gleichgewichtspolitik – Der neorealistische Ansatz vonKenneth Waltz". In *Macht und Zeitkritik, Festschrift für Hans – Peter – Schwarz zum* 65. *Geburtstag.* Weilemann, Peter R./Küsters, Hans – Jürgen/Buchstab, Günther (Hrsg.). Paderborn. 1999.

Hacke, Christian. *Weltmacht wider Willen – Die Außenpolitik der Bundesrepublik Deutschland.* Stuttgart: Klett – Cotta Verlag. 1998.

Hacke, Christian. *Die Außenpolitik der Bundesrepublik Deutschland – Von Konrad Adenauer bis Gerhard Schröder,* aktualisierte Neuauflage. Frankfurt am Main und Berlin: Ullstein Verlag. 2003.

Hacke, Christian. *Zur Weltmacht verdammt – Die amerikanische Außenpolitik von J. F. Kennedy bis G. W. Bush.* München: Ullstein Verlag. 2002.

Haftendorn, Helga. *Sicherheit und Entspannung – Zur Außenpolitik der Bundesrepublik Deutschland* 1955 – 1982. Baden – Baden: Nomos Verlag. 1983.

Hanrieder, Wolfram F. *Deutschland Europa Amerika – Die Außenpolitik der Bundesrepublik Deutschland* 1949 – 1994. Paderborn, München, Wien und Zürich: Schöningh Verlag. 1995.

Hartmann, Jürgen. *Internationale Beziehungen.* Opladen: UTB Verlag. 2001.

Hellmann, Gunther. "Konsolidierung statt machtpolitischer Resozialisierung – Kernelemente einer neuen deutschen Außenpolitik", In *Wohin steuert die deutsche Außenpolitik?* Bröckenförd, Stefan (Hrsg.). Dresden: TUDPress. 2005.

Huntington, Samuel P. *Kampf der Kulturen – Die Neugestaltung der Weltpolitik im 21. Jahrhundert.* München: Goldmann Verlag. 2002.

Kaiser, Karl. *Deutschlands Wiedervereinigung – Die internationalen Aspekte*, Bergisch Gladbach: Gustav Lübbe Verlag. 1991.

Kaiser, Karl/Maull, Hanns W. (Hrsg.). *Deutschlands neue Außenpolitik*, Band 1: *Grundlagen.* München: Oldenbourg Verlag. 1995.

Kaiser, Karl/Maull, Hanns W. (Hrsg.). *Deutschlands neue Außenpolitik*, Band 2: *Herausforderungen.* München: Oldenbourg Verlag. 1995.

Kaiser, Karl/Maull, Hanns W. (Hrsg.). *Deutschlands neue Außenpolitik*, Band 3: *Interessen und Strategien.* München: Oldenbourg Verlag. 1995.

Kaiser, Karl/Schwarz, Hans – Peter (Hrsg.). *Weltpolitik im neuen Jahrhundert.* Baden – Baden: Nomos Verlag. 2000.

Katzenstein, Peter J. (Hrsg.). *Tamed Power – Germany in Europe*, Ithaca and London: Cornell University Press. 1997.

Kennedy, Paul. *Aufstieg und Fall der großen Mächte.* 3. Auflage. Frankfurt am Main: Fischer Taschenbuch Verlag. 2002.

Klein, Markus/Falter, Jürgen W. *Der lange Weg der Grünen - Eine Partei zwischen Protest und Regierung.* München: C. H. Beck Verlag. 2003.

Kobylińska, Ewa/Lawaty, Andreas/Stephan, Rüdiger (Hrsg.) . *Deutschland und Polen* 100 *Schlüsselbegriffe.* München: Piper Verlag. 1992.

Krippendorff, Ekkehart. *Kritik der Außenpolitik.* Frankfurt am Main: Suhrkamp Verlag. 2000.

Langguth, Gerd. *Kohl, Schröder, Merkel. Machtmenschen.* München: Deutscher Taschenbuch Verlag. 2009.

Lehmann, Hans Georg. *Deutschland - Chronik* 1945 *bis* 1995. Bonn: Bouvier Verlag. 1996.

Markovits, Andrei S. /Reich, Simon. *Das deutsche Dilemma - Die Berliner Republik zwischen Macht und Machtverzicht.* Berlin: Alexander Fest Verlag. 1998.

Maull, Hanns/Harnisch, Sebastian/Grund, Costantin (Hrsg.). *Deutschland im Abseits? Rot - grüne Außenpolitik* 1998 - 2003. Baden - Baden: Nomos Verlag. 2003.

Morgenthau, Hans J. *Macht und Frieden, Grundlegung einer Theorie der internationalen Politik.* Güterloch: Bertelsmann Verlag. 1963.

Münkler, Herfried. *Die neuen Kriege.* Reinbek bei Hamburg: Rowohlt Verlag. 2002.

Nohlen, Dieter (Hrsg.) . *Kleines Lexikon der Politik.* München: C. H. Beck Verlag. 2001.

Pfetsch, Fank R. *Die Außenpolitik der Bundesrepublik 1949 - 1992 - Von derSpaltung zur Vereinigung,* München: Fink Verlag. 1993.

Raschke, Joachim. *Die Zukunft der Grünen - "So kann man nicht regieren".* Frankfurt am Main: Campus Verlag. 2001.

Rudzio, Wolfgang. *Das politische System der Bundesrepublik Deutsch-*

land. 3. Auflage. Opladen: Leske und Budrich Verlag. 1991.

Schmidt, Helmut. *Menschen und Mächte*. Berlin: Siedler Verlag. 1987.

Schmidt, Helmut. *Auf der Suche nach einer öffentlichen Moral*. Stuttgart: Deutsche Verlags – Anstalt. 1998.

Schmidt, Helmut. *Globalisierung – Politische, ökonomische und kulturelle Herausforderungen*. Stuttgart: Deutsche Verlags – Anstalt. 1998.

Schöllgen, Gregor. *Die Außenpolitik der Bundesrepublik Deutschland – Von den Anfängen bis zur Gegenwart*. 2. Auflage. München: C. H. Beck Verlag. 2001.

Schöllgen, Gregor. *Die Macht in der Mitte Europas – Stationen deutscher Außenpolitik von Friedrich dem Großen bis zur Gegenwart*. München: C. H. Beck Verlag. 1992.

Schöllgen, Gregor. *Der Auftritt – Deutschlands Rückkehr auf die Weltbühne*. Berlin: Propyläen Verlag. 2003.

Schwarz, Hans – Peter. *Die gezähmten Deutschen – Von der Machtbesessenheit zur Machtvergessenheit*. Stuttgart: Deutsche Verlags – Anstalt. 1985.

Schwarz, Hans – Peter. *Die Zentralmacht Europas – Deutschlands Rückkehr auf die Weltbühne*. Berlin: Siedler Verlag. 1994.

Schwarz, Hans – Peter. *Republik ohne Kompass*. Berlin: Propyläen Verlag. 2005.

Sontheimer, Kurt/Bleek, Wilhelm. *Grundzüge des politischen Systems Deutschlands*. München: Piper Verlag. 2001.

Staack, Michael. *Handelsstaat Deutschland – Deutsche Außenpolitik in einem neuen internationalen System*. Paderborn: Schöningh Verlag. 2000.

Staack, Michael, Voigt Rüdiger. *Europa nach dem Irak – Krieg*. Baden – Baden: Nomos Verlag. 2004.

Frank – Walter Steinmeier. "Realismus und Prinzipientreue – Außenpolitik im Zeichen neuer globaler Balancen". In *Wertewandel mitgestalten. Gut handeln in Gesellschaft und Wirtschaft.* Hennerkes, Brun – Hagen/ Augustin, George（Hrsg.）. Freiburg: Verlag Herder. 2012.

Tetzlaff, Rainer（Hrsg.）. *Weltkulturen unter Globalisierungsdruck – Erfahrungen und Antworten aus den Kontinenten.* Bonn: J. H. W. Dietz Nachfolger Verlag. 2000.

Varwick, Johannes/Gareis, Sven Bernhard. *Die Vereinten Nationen – Aufgaben, Instrumente und Reformen.* Opladen: Leske und Budrich Verlag. 2002.

Weidenfeld, Werner/Wessels, Wolfgang（Hrsg.）. *Europa von A – Z – Taschenbuch der europäischen Integration. 4. aktualisierte Auflage.* Bonn: Europa Union Verlag. 1995.

Weller, Christoph. "Bundesministerien". In *Handbuch zur deutschen Außenpolitik.* Siegmar Schmidt/Gunther Hellmann/Reinhard Wolf（Hrsg.）. Wiesbaden: VS Verlag für Sozialwissenschafen. 2007.

Weilemann, Peter R. /Küsters, Hans – Jürgen, Buchstab, Günther（Hrsg.）. Macht und Zeitkritik – Festschrift für Hans – Peter – Schwarz zum 65. Geburtstag. Paderborn: Schöningh Verlag. 1999.

Wickert, Ulrich. *Gerhard Schröder im Gespräch mit Ulrich Wickert – Deutschland wird selbstbewusster*, Stuttgart und Leipzig: Hohenheim Verlag. 2000.

Woyke, Wichard（Hrsg.）. *Handwörterbuch Internationale Politik.* 7. Auflage. Opladen: Leske + Budrich Verlag. 1998.

Wolfrum, Edgar. *Rot – Grün an der Macht. Deutschland 1998 – 2005.* München: C. H. Beck Verlag. 2013.

外文报刊文章

Ahbe, Thomas/Gibas, Monika. "Der Osten in der Berliner Republik", In *Aus Politik und Zeitgeschichte*. B 1 – 2/2001.

Clement, Rolf. "Die neue Bundeswehr als Instrument deutscher Außenpolitik". In *Aus Politik und Zeitgeschichte*. B 11/2004.

Czempiel, Ernst – Otto. "Determinanten zukünftiger deutscher Außenpolitik", In *Aus Politik und Zeitgeschichte*. Band 24/2000.

Dahrendorf, Ralf. "Die Zukunft des Nationalstaates", In *Merkur*. 48 (1994) 9/10.

Hellmann, Gunther. "Von Gipfelstürmern und Gradwanderern: „Deutsche Wege" in der Außenpolitik". In *Aus Politik und Zeitgeschichte*. B11/2004.

Herzog, Roman. "Die Grundkoordinaten deutscher Außenpolitik". In *Internationale Politik*. Nummer 4/1995. S. 3 – 11.

Olschowsky, Burkhard. "Die Gegenwart des Vergangenen". In *Aus Politik und Zeitgeschichte*. 5 – 6/2005.

Sommer, Theo. "Amerikas Mr. No. Präsident Bush verprellt die besten Freunde". Die ZEIT 26. 07. 2001. Nr. 31/2001.

Steinmeier, Frank – Walter. "Neuvermessung der Welt", In *Zeitschrift für Außen – und Sicherheitspolitik*. (2011) 4.

Zimmermann, Hubert. "Nach Vietnam, No, Sir!". Die ZEIT. 14/2003.

中文参考书目

《中国大百科全书·地理卷》，中国大百科全书出版社，1990。

〔英〕艾伦·沃森:《德国人——他们现在是谁?》，德意志联邦共和国大使馆，1997。

〔英〕爱德华·卡尔：《二十年危机》，秦亚青译，世界知识出版社，2005。

〔德〕奥斯卡·拉封丹：《心在左边跳动》，周慧译，社会科学文献出版社，2001。

曹卫东编《欧洲为何需要一部宪法》，中国人民大学出版社，2004。

陈玉刚、袁建华：《超越威斯特伐利亚？——21世纪国际关系的解读》，时事出版社，2004。

〔美〕大卫·A.鲍德温：《新现实主义和新自由主义》，肖欢容译，浙江人民出版社，2001。

丁纯、李君扬：《后危机背景下德国经济表现和政策演化》，载郑春荣、伍慧萍（主编）：《德国发展报告（2015）》，社会科学文献出版社，2015。

丁建弘等：《战后德国的分裂与统一1945～1990》，人民出版社，1996。

〔德〕格哈德·施罗德，《抉择：我的政治生涯》，徐静华、李越译，译林出版社，2007。

顾俊礼：《西欧政治》，经济科学出版社，2001。

〔美〕汉斯·摩根索：《国家间政治——寻求权力与和平的斗争》，徐昕、郝望、李保平译，中国人民公安大学出版社，1990。

〔德〕赫尔穆特·施密特：《全球化与道德重建》，柴方国译，社会科学文献出版社，2001。

〔德〕赫尔穆特·施密特：《伟人与大国——施密特回忆录》，梅兆荣等译，世界知识出版社，1989。

〔美〕亨利·基辛格：《大外交》，顾淑馨、林添贵译，海南出版社，1998。

〔美〕亨利·基辛格:《美国需要外交政策吗?》,胡利平、凌建平译,中国友谊出版公司,2003。

姜安:《外交谱系和外交逻辑》,中国社会科学出版社,2004。

〔英〕杰弗里·帕克:《地缘政治学:过去、现在和未来》,刘从德译,新华出版社,2003。

〔德〕康德:《历史理性批判文集》,何兆武译,商务印书馆,1990。

李梅:《权利与正义 康德政治哲学研究》,社会科学文献出版社,2007。

连玉如:《新世界政治与德国外交政策》,北京大学出版社,2003。

梁守德、洪银娴:《国际政治学理论》,北京大学出版社,2000。

刘东国:《绿党政治》,上海社会科学院出版社,2002。

〔德〕马克斯·韦伯:《学术与政治》,冯克利译,生活·读书·新知三联书店,2013。

牛海彬:《欧洲治理的三个变量:主权、民主与认同》,载陈玉刚、袁建华主编《超越威斯特伐利亚——21世纪国际关系的解读》,时事出版社,2004。

潘琪昌:《欧洲国际关系》,经济科学出版社,2000。

潘琪昌:《走出夹缝——联邦德国外交风云》,中国社会科学出版社,1990。

钱永祥等:《韦伯作品集Ⅰ学术与政治》,广西师范大学出版社,2004。

〔美〕塞谬尔·亨廷顿:《文明的冲突与世界秩序的重建》,周琪等译,新华出版社,2002。

王建政等:《德国新总理 施罗德》,军事谊文出版社,1998。

王逸舟:《创造性介入——中国之全球角色的生成》,北京大学出版社,2013。

王逸舟：《西方国际政治学：历史与理论》（第二版），上海人民出版社，2006。

王逸舟：《西方国际政治学：历史与理论》，上海人民出版社，1997。

王真：《希拉克闲聊惹恼英国》，《环球时报》2005 年 7 月 6 日，第 2 版。

〔德〕威廉·格雷韦：《西德外交风云纪实》，梅兆荣等译，世界知识出版社，1984。

吴江：《德国红绿联盟外交的两难》（博士论文原稿），2006。

肖刚：《在单极与多极之间：中国外交的平衡》，《太平洋学报》2008 年第 3 期。

邢爱芬：《影响世界格局的国际关系理论》，北京师范大学出版社，2001。

熊炜：《统一后的德国外交政策（1990～2004）》，世界知识出版社，2008。

许嘉：《权力与国际政治》，长征出版社，2001。

阎学通，孙学峰：《国际关系研究实用方法》，人民出版社，2003。

阎学通：《国际政治和中国》，北京大学出版社，2005。

殷桐生主编《德国外交通论》，外语教学与研究出版社，2010。

〔德〕尤尔根·哈贝马斯，米夏埃尔·哈勒：《作为未来的过去——与著名哲学家哈贝马斯对话》，章国峰译，浙江人民出版社，2001。

俞可平等：《全球化和国家主权》，社会科学文献出版社，2004。

俞沂暄：《无法完成的"规划"——对国际政治理想主义的再思考》，载陈玉刚，袁建华（主编）：《超越威斯特伐利亚——21 世纪国际关系的解读》，时事出版社，2004。

袁正清：《国际政治理论的社会学转向：建构主义研究》，上海人民出版社，2005。

〔美〕约翰·米尔斯海默：《大国政治的悲剧》，王义桅、唐小松译，上海世纪出版集团，2003。

张铭、严强：《政治学方法论》，苏州大学出版社，2003。

周弘等：《欧洲蓝皮书1998～1999年欧洲发展报告》，社会科学文献出版社，1999。

周弘等：《欧洲宪法的命运2005～2006欧洲发展报告》，社会科学文献出版社，2006。

周敏凯：《国际政治学》，华东师范大学出版社，1998。

朱绍中：《德国红绿联盟新政府的欧盟政策评析》，载顾俊礼、刘立群（主编）：《迈入21世纪的德国与中国》，社会科学文献出版社，2000。

朱宇方：《德国经济形势综述与展望》，载郑春荣、伍慧萍（主编）：《德国发展报告（2014）》，社会科学文献出版社，2014。

〔美〕兹比格涅夫·布热津斯基：《大抉择 美国站在十字路口》，王振西主译，新华出版社，2005。

中文报刊文章

毕云红：《外交决策及其影响因素》，《世界经济与政治》2002年第1期。

曹芊：《欧洲反恐——在鲜血和分歧中团结》，《南方周末》2005年7月28日，第A7版。

柴野：《德英再生龃龉》，《光明日报》2005年6月28日。

常喆：《俄罗斯人如何划分敌友》，《环球时报》2005年6月22日，第19版。

陈勇：《联合国"争常"，双方严重对立》，《当代世界》2005年第7期。

段聪聪：《1/4德国选民拿不准选谁当总理》，《环球时报》2005

年9月9日，第3版。

顾俊礼：《德国大联合政府的政策走向》，《德国研究》2005年第4期。

郭业洲：《惨淡经营的德国"红绿联盟"》，《世界纵横》1999年第11期。

〔美〕I. 赫里普诺夫：《正在形成的权力均衡：尚存的单极、不稳定的多极和未经检验的无极》，《俄罗斯研究》2008年第6期。

〔德〕贡特·霍夫曼：《为提高效率而改革》，《德国》2004年第5期。

《清华环球论坛》，《环球时报》2004年8月13日，第26版。

江建国：《人口是德国经济的要害》，《环球时报》2003年3月12日。

江建国：《施罗德尝试走出困境》，《人民日报》2004年2月10日。

江建国：《德国平民代希特勒受过——战后被驱逐者问题引发的争论（中）》，《人民日报》2004年10月19日。

江建国：《施罗德想要提前大选　以退为进不易》，《人民日报》2005年7月1日。

江凌飞：《全球化时代，中国如何安全》，《环球时报》2005年5月11日。

焦亚尼：《德国的联邦参议院》，《学习时报》2005年6月20日。

〔美〕亨利·基辛格：《默克尔不会选边站》，《国际先驱导报》2005年11月25日。

金钊：《要么尼斯，要么死亡：波兰反对欧洲宪法有关条款》，《人民日报》2003年12月18日。

〔英〕汉斯·昆德纳尼：《统一以来德国外交政策"正常化"的

概念》，罗湘衡译，《太平洋学报》2014 年 7 月第 7 期。

李乐曾：《德国红绿联盟政府外交政策初探》，《德国研究》1999 年第 4 期。

连玉如：《聚焦德国问题》，《欧洲研究》2003 年第 2 期。

刘洪潮：《北约轰炸南联盟及其对国际形势的影响》，《思想理论教育导刊》1999 年第 6 期。

刘兴华：《国际道义与中国外交》，《外交评论》2007 年 6 月总第 96 期。

刘兆兴：《论德国议会》，《环球法律评论》1993 年第 4 期。

冷慧：《从"两个半政党制"到"流动五党制"——德国政党体制的类型转变？》，《德国研究》2010 第 2 期。

罗会钧：《单极、多极还是无极？——当今世界格局及其发展趋势大探讨》，《湘潭大学学报》（哲学社会科学版）2014 年 1 月第 38 卷第 1 期。

欧览：《德让美把核武器撤走》，《环球时报》2005 年 5 月 11 日。

潘忠岐：《现实主义范式的困境与出路》，《世界经济与政治》2004 年第 7 期。

钱文荣：《论联合国改革与联合国的未来》，《世界经济与政治》2000 年第 3 期。

秦亚青：《现实主义理论的发展及其批判》，《国际政治科学》2005 年第 2 期。

《国际观察：土耳其——向往西方的东方》，《人民日报》2004 年 11 月 19 日。

戎昌海，《两成德国人希望重建柏林墙》，《国际先驱导报》2004 年 10 月 8 日。

苏惠民：《美英 VS. 法德：西方联盟分裂？》，《世界知识》2003

年第 6 期。

孙恪勤，胡小兵：《德国施罗德政府执政后对内外政策的调整》，《国际资料信息》1999 年第 5 期。

孙恪勤：《试析当前德美战略矛盾》，《欧洲研究》2003 年第 2 期。

唐志超：《土耳其：向往西方的东方》，《人民日报》2004 年 11 月 19 日。

王明芳：《从社会民主党和绿党的变化看红绿联盟的形成》，《兰州大学学报》（社会科学版）2003 年第 31 卷第 5 期。

王湘穗：《从大西洋同盟到太平洋世纪——全球力量重心转移的历史趋势》，《现代国际关系》2012 年第 1 期。

王逸舟：《中国外交影响因子探析》，《世界经济与政治》2009 年第 9 期。

熊炜：《双重矛盾掣肘外交转型》，《人民日报》2014 年 4 月 18 日。

吴江：《〈里斯本条约〉的出台：解析和展望》，《欧洲研究》2008 年第 1 期。

吴江：《刍议施泰因迈尔的外交理念》，《德国研究》2014 年第 3 期。

闫瑾：《德国利比亚危机政策分析》，《欧洲研究》2011 年第 3 期。

殷桐生：《政治的社会心理环带——论联邦德国政治文化》，《西欧研究》1990 年第 4 期。

殷桐生：《德国经济与"德国病"》，《国际论坛》2001 年 4 月第 2 期。

殷桐生：《从 2001 年德国经济的发展看施罗德的"新中派"经济政策》，《国际论坛》2002 年第 4 期。

游殿书：《德国冲破"禁区"》，《世界知识》1993 年 5 月 31 日。

禹岩：《美国：奥巴马政府反恐话语始变温和》，《世界语言战略咨询》2010 年 6 月 5 日。

赵心树：《从德国大选看西式选举之走向僵局和困局》，《环球时报》2005 年 9 月 28 日。

章百家：《中国内政与外交：历史思考》，《国际政治研究》2006 年第 1 期。

张磊：《论冷战后西方人道主义干涉的模式演进》，《暨南学报》（哲学社会科学版）2012 年第 12 期。

张文红：《德国"红绿政府"的福利改革评析》，《当代世界与社会主义》2004 年第 3 期。

郑春荣：《德国外交政策的新动向》，《欧洲研究》2014 年第 2 期。

郑春荣：《德国联合国"争常"与欧洲一体化》，《国际论坛》2012 年第 6 期。

郑春荣：《利比亚危机以来德国安全政策的新动向》，《德国研究》2013 年第 2 期。

郑汉根：《专访德国绿党主席　中德核工厂交易告吹》，《国际先驱导报》2004 年 4 月 6 日。

郑园园：《布莱尔想大干一场》，《环球时报》2005 年 7 月 1 日，第 2 版。

周勋：《统一 15 年"柏林墙"并未彻底倒塌　专访东德末代国防部长霍夫曼将军》，《国际先驱导报》2004 年 9 月 28 日，第 6 版。

左希迎：《大国崛起与政治家的责任》，《国际观察》2009 年第 1 期。

郇庆治：《选举向度下的西欧社民党：以德国 2002 年大选为例》，《欧洲研究》2003 年底 6 期。

主要参考网站

人民网

http://www.people.com.cn/

新华网

http：//www. xinhuanet. com/

德国外交部网站

http：//www. auswaertiges – amt. de/

德国联邦政治教育中心网站

http：//www. bpb. de/

德国每日新闻网站

http：//www. tagesschau. de/

德国《明镜》周刊网站

http：//www. spiegel. de/

德国《时代》周报网站

http：//www. zeit. de/

德国《法兰克福汇报》网站

http：//www. faz. net/

德国《南德意志报》网站

http：//www. sueddeutsche. de/

后 记

　　1997 年 5 月至 1998 年 5 月，笔者在研究生阶段最后一个学年度赴德国康斯坦茨大学交流学习。博登湖畔的这座小城宁静秀美，宛如世外桃源。可是即便在这样一座远离尘嚣的小城，笔者也强烈地感受到了德国普通民众对于政治变革的期待。大学研讨课组织的两次学术远足让我至今记忆犹新：波兰奥斯维辛集中营之行压抑沉重，维也纳联合国总部之行昂扬振奋。两次不同的体验仿佛是德国外交面临新旧交替的写照。

　　1998 年底，社民党和绿党成功组阁，笔者此时已回到母校——北京外国语大学开始了教学生涯。1999 年德国派兵参加科索沃战争引发了有关德国外交走向的大辩论，笔者在关注德国红绿联合政府外交动向的同时积极着手准备攻读博士学位。2001 年，笔者有幸得到中国国家留学基金委和德国汉斯·赛德尔基金会的资助，前往德国波恩大学政治系研修，为博士论文《德国红绿联盟外交的两难》的撰写搜集材料。无论是学术激情的点燃还是学术视野的开阔，两年的研修真的是一笔财富。从德国派兵参加阿富汗战争到德美遭遇伊拉克危机，从德波关系再起波澜到德俄关系的持续升温，德国红绿联合政府的外交舞台为"德国红绿联盟外交的两难"这一选题提供了一个又一个鲜活的案例。2003 年回国后不久，笔者担任了本科四年级德国外交课程的主讲教师。有了教学与科研的"双引擎"，博士论文的写作很顺畅。2006 年初，博士论文顺利通过答辩。

　　感谢导师殷桐生教授的厚爱，将博士论文的部分内容收录在由他主编的《德国外交通论》一书中，该书于 2013 年 4 月获教育部第六届高等学校科学研究优秀成果国际问题研究著作类三等奖。虽然完整的博士论文因种种原因未能交付出版，但是笔者对德国外交研究的兴趣始终有增无减。自2005年开始，德国政坛进入了"默克尔时代"，笔者发现，博士论文中提出的许多论点在默克尔时期一再得到应验。红绿联合政府的外交面临的诸多两难揭开了新时期德国外交再平衡的序幕。2013年夏天，德国的政坛再一次经历如火如荼的联邦议院大选。一时间，媒体展开了社民党和绿党是否能够再次携手的猜想。正在德国海德堡大学访学的笔者在大学政治系图书馆读到了几本刚刚出版的有关红绿联合政府的书籍。兴许是受到这些书籍的鼓舞，又或许是心底里一直都挥之不去的"红绿情结"，笔者开始酝酿《平衡的艺术：德国红绿联合政府外交研究（1998～2005）》这本迟到的专著。

感谢母校北京外国语大学德语系的教诲培养，让我与德语和德语国家结下了不解之缘；感谢导师殷桐生教授的言传身教，为我开启了德国外交研究的大门；感谢国家留学基金委与德国赛德尔基金会的资助，让赴德研究外交的心愿得以实现；感谢德国波恩大学政治系教授 Prof. Christian Hacke 指点迷津，使我明白学术研究任重道远；感谢刘立群教授的无私帮助，为专著的初稿提出了宝贵的修改建议。同时，我还要向为本专著的出版付出辛勤劳动的社会科学文献出版社的编辑老师们表示由衷的敬意。

从2006年博士论文答辩到2016年这本专著的出版，笔者也经历了人生中弥足珍贵的十年。难忘每一届学生求知若渴的眼神，让寂寞的书斋和温暖的课堂冷暖相通；感恩家人一直以来的默默支持，为我的学术研究解除了后顾之忧；感谢生活赐予我的一切，使我懂得人生本身就是一门平衡的艺术。

图书在版编目（CIP）数据

平衡的艺术：德国红绿联合政府外交研究：1998 ~2005 / 吴江著.
—北京：社会科学文献出版社，2016.4
ISBN 978 - 7 - 5097 - 8887 - 5

Ⅰ.①平…　Ⅱ.①吴…　Ⅲ.①外交史 - 研究 - 德国 - 1998 ~
2005　Ⅳ.①D851.69

中国版本图书馆 CIP 数据核字（2016）第 051795 号

平衡的艺术：德国红绿联合政府外交研究（1998 ~2005）

著　　者 / 吴　江

出 版 人 / 谢寿光
项目统筹 / 祝得彬
责任编辑 / 赵怀英

出　　版 / 社会科学文献出版社·当代世界出版分社（010）59367004
　　　　　 地址：北京市北三环中路甲 29 号院华龙大厦　邮编：100029
　　　　　 网址：www. ssap. com. cn
发　　行 / 市场营销中心（010）59367081　59367018
印　　装 / 三河市尚艺印装有限公司

规　　格 / 开　本：787mm × 1092mm　1/16
　　　　　 印　张：16　字　数：210 千字
版　　次 / 2016 年 4 月第 1 版　2016 年 4 月第 1 次印刷
书　　号 / ISBN 978 - 7 - 5097 - 8887 - 5
定　　价 / 69.00 元